El SOCIALISMO EN EL BANQUILLO
DE LOS ACUSADOS

Acerca de la portada

DISEÑO: Toni Gorton

FOTO DE LA IZQUIERDA: Quince de los 18 miembros del Partido Socialista de los Trabajadores y del sindicato de choferes 544-CIO se reportan en Minneapolis el 31 de diciembre de 1943 para comenzar a cumplir sentencias por cargos falsos de "conspiración para abogar por el derrocamiento del gobierno norteamericano por la fuerza y la violencia". Desde la derecha: alguacil federal, V.R. Dunne, James P. Cannon, Oscar Coover padre, Albert Goldman, Carl Skoglund, alguacil federal, Farrell Dobbs, Felix Morrow, Emil Hansen (parcialmente tapado), Carlos Hudson, Grace Carlson, Harry DeBoer, Clarence Hamel, Max Geldman, Ed Palmquist, Jake Cooper (tapado). Otros tres se reportaron en Nueva York para cumplir sentencia en Connecticut. (Crédito: *Militant*)

FOTO DE LA DERECHA: Nueva York, junio de 1944. Acto de 800 personas exige: "Revocar la Ley Smith de la Mordaza, Indultar a los 18". (Crédito: *Militant*)

PERIÓDICO A LA IZQUIERDA: Primera plana del *Militant*, julio de 1941, destaca caso amañado por el FBI como ataque contra el movimiento sindical CIO (Congreso de Organizaciones Industriales).

PERIÓDICO A LA DERECHA: Primera plana del *Industrial Organizer*, semanario del Local 544-CIO en Minneapolis, octubre de 1941, denuncia inicio de juicio contra "militantes obreros opuestos a la guerra".

TESTIMONIO EN EL JUICIO POR SEDICIÓN EN MINNEAPOLIS

El SOCIALISMO *en el* BANQUILLO *de los* ACUSADOS

JAMES P. CANNON

PATHFINDER
Nueva York   Londres   Montreal   Sydney

Acerca de esta edición

El testimonio de James P. Cannon en el juicio de 1941 se publicó por primera vez en inglés en 1942, titulado *Socialism on Trial*. La primera traducción al español fue publicada en 1945 por Ediciones Lucha Obrera en Ciudad de México bajo el título *Wall Street enjuicia al socialismo*. La segunda edición en español la publicó Pathfinder en 1981. La presente tercera edición, *El socialismo en el banquillo de los acusados*, contiene por primera vez "Política comunista en el juicio de Minneapolis: James P. Cannon contesta a sus críticos ultraizquierdistas". La crítica de Grandizo Munis a la dirección del Partido Socialista de los Trabajadores y la respuesta de Cannon, ambas publicadas originalmente en inglés en 1942, han sido traducidas al español por Pathfinder.

Editado por Steve Clark
Edición en español: Martín Koppel

ISBN 978-1-60488-061-8
Número de Control de la Biblioteca del Congreso
(Library of Congress Control Number) 2013958195

Impreso y hecho en Canadá
Manufactured in Canada

Primera edición, 1945
Segunda edición, 1981
Tercera edición, 2014

Pathfinder
www.pathfinderpress.com
Correo electrónico: pathfinder@pathfinderpress.com

Tabla de materias

Fotos e ilustraciones

James P. Cannon

James P. Cannon nació en Rosedale, Kansas, en 1890 y se unió al Partido Socialista a los 18 años. Organizador itinerante de los Obreros Industriales del Mundo (Industrial Workers of the World, IWW) antes de la Primera Guerra Mundial y durante la guerra, así como dirigente del ala izquierda proletaria del Partido Socialista, fue uno de los dirigentes fundadores del movimiento comunista en Estados Unidos.

Durante los siete meses que estuvo en Rusia soviética, de junio de 1922 a enero de 1923, Cannon fue delegado al Cuarto Congreso de la Internacional Comunista y miembro de La Presidencia del Comité Ejecutivo de la Internacional Comunista en Moscú. Luego fue secretario ejecutivo de la Defensa Obrera Internacional (International Labor Defense, ILD) en Estados Unidos, una organización nacional que enarbolaba la bandera proletaria de "Un ataque contra uno es un ataque contra todos" y luchaba por la excarcelación de todo prisionero de la guerra de clases que fuera objeto de cargos amañados por su combatividad en el movimiento obrero, sin importar su filiación política.

Junto con otros veteranos dirigentes del Partido Comunista, Cannon fue expulsado en 1928 por dirigir la batalla política para continuar la trayectoria internacionalista revolucionaria de V.I. Lenin. Se sumaron al dirigente bolchevique León Trotsky en esa lucha internacional.

Cannon fue uno de los dirigentes fundadores en 1929 de la Liga Comunista de América, que evolucionó hasta fundarse el Partido Socialista de los Trabajadores en 1938. Fue secretario nacional del Partido Socialista de los Trabajadores hasta 1953, cuando asumió el cargo de presidente nacional del partido, y después, en 1972, el de presidente nacional emérito hasta su muerte en 1974.

MILITANT

Arriba: Minneapolis, Minnesota, 31 de diciembre de 1943. Quince de los 18 dirigentes sentenciados del Partido Socialista de los Trabajadores y del Local 544-CIO de los Teamsters en Minneapolis —los primeros encarcelados bajo la Ley Smith— se reportan a alguaciles federales para comenzar sus condenas. El *Militant* publicó sus nombres como "La Lista de Honor".

Desde la derecha: dos alguaciles federales, V.R. Dunne, James P. Cannon, Oscar Coover padre, Carl Skoglund, Albert Goldman, Farrell Dobbs, Felix Morrow, Grace Carlson, Carlos Hudson, Max Geldman, Harry DeBoer, Emil Hansen, Clarence Hamel (rostro tapado), Ed Palmquist y Jake Cooper. Carlson cumplió su sentencia en la prisión de mujeres en Alderson, Virginia del Oeste, y los demás en la penitenciaría federal Sandstone en Minnesota.

Los otros tres condenados —Karl Kuehn, Alfred Russell y Oscar Schoenfeld— se reportaron a los alguaciles federales en Nueva York y fueron encarcelados en Danbury, Connecticut.

Prefacio

El socialismo en el banquillo de los acusados presenta el testimonio completo que James P. Cannon dio desde el estrado de un tribunal federal en Minneapolis en el transcurso de tres días en noviembre de 1941.

Cannon era el secretario nacional del Partido Socialista de los Trabajadores. También fue uno de los 18 dirigentes comunistas y de los Teamsters condenados ese año en un caso amañado bajo cargos federales de "conspiración" basados en la Ley Smith, una ley de control del pensamiento. Ese nuevo garrote contra las organizaciones obreras —que prohibía "enseñar, propugnar y fomentar" las ideas revolucionarias— había sido adoptado por el Congreso y promulgado por el presidente Franklin Roosevelt en 1940.

Roosevelt tenía un "motivo político de mucho más peso para emprender un enjuiciamiento", escribió Joseph Hansen en su introducción a *Socialism on Trial* (El socialismo en el banquillo de los acusados). "La administración, que anticipaba en cualquier momento lanzar a Estados Unidos a la catástrofe de la Segunda Guerra Mundial, pretendía aislar y callar a los que abogaban por el socialismo, para impedir que sus ideas obtuvieran una recepción entre las masas que estaban siendo arrastradas a la matanza".

En esta edición ampliada en español incluimos la introducción de Hansen a la edición de 1944. Hansen, quien en esos momentos tenía 33 años, fue por muchas décadas uno de los dirigentes centrales del Partido Socialista de los Trabajadores, desempeñándose como director del semanario *The Militant* y de otras publicaciones hasta su muerte en 1979. Su introducción cuenta la historia del caso amañado bajo la Ley Smith que llevó al juicio de Minneapolis, así como la amplia lucha política en contra del enjuiciamiento que el PST inició y organizó en el movimiento obrero y entre otros partidarios de las libertades civiles garantizadas por la Constitución de Estados Unidos.

"Nunca antes se había visto en un juicio contra el movimiento obrero en este país", escribe Hansen, "a acusados que defendían su programa revolucionario de forma tan firme, consciente y sistemática, utilizando el tribunal como foro desde el cual lo proclamaban".

Esto es lo que hallará el lector en el testimonio de Cannon: una presentación clara y directa del programa comunista de la vanguardia combativa de la clase trabajadora.

El 1 de diciembre de 1941, al final de un juicio de 23 días, el jurado presentó sus veredictos. Dieciocho de los 28 acusados, cuyas edades variaban entre 25 y casi 60 años, fueron declarados culpables. A mediados de febrero de 1944, cuando Hansen estaba completando la introducción, ya habían estado presos un mes y medio, desde la víspera de Año Nuevo. Los seis acusados que recibieron sentencias de un año cumplieron 10 meses, siendo excarcelados en octubre de 1944. Los otros 12, cada uno sentenciado a 16 meses, cumplieron casi 13 meses antes de salir de la cárcel el 24 de enero de 1945.

Esta nueva edición de *El socialismo en el banquillo de los acusados* también ofrece, por primera vez en español, "Política comunista en el juicio de Minneapolis: James P. Cannon contesta a sus críticos ultraizquierdistas". Publicado originalmente en inglés en Estados Unidos en 1942, contiene una extensa crítica a la dirección del Partido Socialista de los Trabajadores escrita por Grandizo Munis, así como la réplica de Cannon. Munis era un socialista revolucionario que residía en México en aquel entonces, exiliado de su nativa España desde la derrota de las fuerzas republicanas españolas por el movimiento fascista de Francisco Franco a fines de los años 30.

"Cannon explica cómo los revolucionarios se defienden contra ataques, dentro y fuera de los tribunales", escribe George Novack en la nota de introducción a este intercambio. Novack fue secretario nacional del Comité de Defensa de los Derechos Civiles, el cual organizó la campaña de defensa que buscó apoyo entre sindicalistas, organizaciones por los derechos de los negros, agricultores, trabajadores agrícolas y otras personas para combatir el caso fabricado y luego para exigir la libertad y el indulto de los 18.

La política comunista que la dirección del PST llevó a cabo, escribe Cannon en su réplica a Munis, fue una respuesta eficaz e intransigente a los intentos del gobierno de "proscribir al partido y privarlo, posiblemente por mucho tiempo, de los servicios activos de un buen número de sus dirigentes más experimentados".

Pero la respuesta a Munis representa mucho más que eso, dice Cannon. Presenta el curso de política y propaganda comunista que es necesario "para movilizar a los trabajadores hacia la acción de masas en todas las etapas del desarrollo de la revolución proletaria en Estados Unidos".

Steve Clark
enero de 2014

Introducción

JOSEPH HANSEN

Desde que salió la primera edición de *Socialism on Trial* [El socialismo en el banquillo de los acusados, publicada en 1942], los 18 acusados en el famoso juicio por "sedición" en Minneapolis fueron encarcelados. Catorce de ellos se encuentran ahora en la penitenciaría Sandstone en Minnesota, tres en Danbury, Connecticut, y una en la prisión federal para mujeres, Alderson, en Virginia del Oeste. Encerraron a estos socialistas y sindicalistas en la América "democrática" a pesar de que no eran culpables de crimen alguno salvo ejercer su derecho a la libertad de expresión.

Están presos porque se oponían a la guerra imperialista, y porque abogaban por la construcción de una sociedad socialista como única forma de acabar con estas guerras y los demás males del capitalismo en su agonía mortal. Las perspectivas por las que ahora se encuentran tras las rejas se presentan en este libro, que es una reproducción de las actas oficiales del testimonio de James P. Cannon, el Socialista No. 1 de Estados Unidos y principal acusado en el juicio.

Aunque el caso de Minneapolis fue el primer enjuiciamiento federal por sedición en tiempos de paz en la historia de Estados Unidos, fue claramente maquinado por la administración Roosevelt como parte de su programa de guerra. Los hechos lo demuestran más allá de toda duda honesta.

En la primavera de 1941, Daniel J. Tobin, jefe del sindicato internacional de los Teamsters y uno de los esbirros políticos del régimen de Roosevelt, entró en conflicto con los dirigentes del Local 544 de los Teamsters en Minneapolis. En mayo de 1941 Tobin publicó un duro ataque en el *Teamster Journal*,

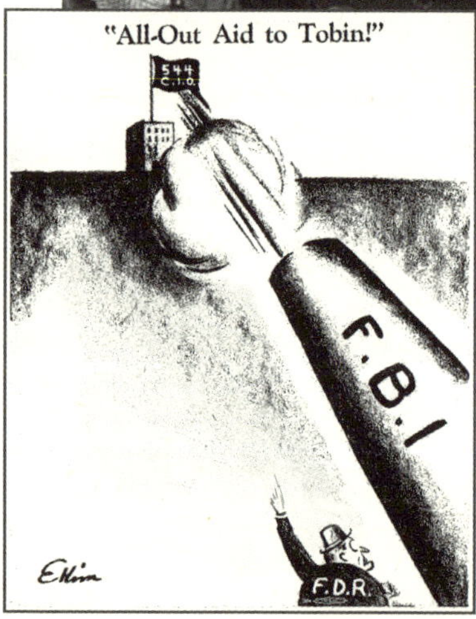

"En 1941 Daniel Tobin, jefe de los Teamsters y del Comité Sindical del Partido Demócrata, entró en conflicto directo con el Local 544, cuyos dirigentes rehusaban abandonar la lucha por mejores condiciones de trabajo y rechazaban la trayectoria de Roosevelt hacia el ingreso de Estados Unidos a la Segunda Guerra Mundial. Poco después de que Tobin se quejara a Roosevelt, un gran jurado federal presentó acusaciones". ***—Joseph Hansen, 1944***

Arriba: El presidente Franklin Roosevelt (izq.) en congreso de los Teamsters en Washington, septiembre de 1940, con el presidente sindical Daniel Tobin (der.). "El gobierno está resuelto a ayudar a los sindicatos a hacer limpieza en su propia casa", dijo Roosevelt.

Abajo: Caricatura del *Northwest Organizer.* El rótulo dice, "¡Pleno apoyo a Tobin!"

su órgano personal, en el que denunció a los trotskistas en el movimiento de los Teamsters en Minnesota. Poco después ordenó que la dirección democráticamente electa del Local 544 fuera juzgada ante su Junta Ejecutiva Internacional en Washington la primera semana de junio. Cuando los dirigentes del Local 544 se negaron a aceptar que él nombrara a un síndico con poderes absolutos sobre los asuntos del sindicato, incluido el poder de expulsar a cualquier miembro, Tobin empezó a atacar al sindicato: todo esto porque los trotskistas en el sindicato se negaban a abandonar su vigorosa lucha por mejorar las condiciones de trabajo y se negaban a darle apoyo político a Roosevelt a favor del ingreso de Estados Unidos en la Segunda Guerra Mundial que se aproximaba rápidamente.

A consecuencia de las acciones de Tobin, 4 mil miembros del Local 544 votaron casi unánimemente en una asamblea ordinaria de los miembros a favor de desafiliarse de la organización de Tobin en la Federación Americana del Trabajo (AFL) y de aceptar una carta constitutiva del Congreso de Organizaciones Industriales (CIO).

Tobin no perdió tiempo. Cuatro días después de la votación del Local 544, el 13 de junio, el secretario de Roosevelt, Stephen Early, dijo en una rueda de prensa de la Casa Blanca, según informó el *New York Times*, que Tobin se había quejado a Roosevelt en un telegrama desde Indianapolis. Afirmó, *"Cuando le comuniqué al presidente esta mañana los reclamos de Tobin, él me pidió que informara inmediatamente a los departamentos y a las agencias del gobierno interesados en este asunto…"*

Además de concederle a Tobin un favor personal, Roosevelt tenía un motivo político de mucho más peso para emprender un enjuiciamiento. La administración, que anticipaba en cualquier momento lanzar a Estados Unidos a la catástrofe de la Segunda Guerra Mundial, pretendía aislar y callar a los

For Unconditional Defense of the Soviet Union

A Program Of Victory For The Soviet Union

THE MILITANT

Formerly the SOCIALIST APPEAL

Official Weekly Organ of the Socialist Workers Party

NEW YORK, N. Y. SATURDAY, JULY 19, 1941 — FIVE (5) CENTS

SOCIALIST WORKERS PARTY, 544-CIO LEADERS INDICTED

Indicted Union Leader

Indicted Party Leader

FBI Frameup Is Aid To Tobin's Anti-CIO Drive

Crushing Of Minneapolis Truck Drivers Is Aim Of Federal Indictments; Roosevelt Thus Pays His Political Debt To AFL And Tobin

James P. Cannon's Statement On FBI Frameup of the CIO and SWP

Roosevelt Ordered FBI To Aid Tobin Against CIO, Says Goldman

The Honor Roll: Those Indicted In St. Paul

"Ante la exigencia de la administración Roosevelt, un gran jurado federal formuló acusaciones de 'conspiración sediciosa' contra 29 dirigentes del CIO y miembros del Partido Socialista de los Trabajadores".

—*Militant*, julio de 1941

Arriba: El *Militant* informa en primera plana, "Acusados líderes del Partido Socialista de los Trabajadores y del Local 544-CIO; caso amañado por el FBI ayuda a Tobin en ataque contra CIO". El titular más arriba dice, "Por la defensa incondicional de la Unión Soviética".

que abogaban por el socialismo, para impedir que sus ideas obtuvieran una recepción entre las masas que estaban siendo arrastradas a la matanza.

Las promesas que la Casa Blanca le hizo a Tobin fueron seguidas muy pronto por la acción. Apenas 13 días más tarde, el 27 de junio de 1941, agentes del FBI allanaron las sedes de las ramas del Partido Socialista de los Trabajadores en St. Paul y Minneapolis, llevándose grandes cantidades de publicaciones marxistas, muchas de las cuales podían haber sido obtenidas en cualquier biblioteca pública.

El 15 de julio de 1941, menos de un mes después, cargos formulados por el Departamento de Justicia fueron presentados por un gran jurado federal contra los 29 hombres y mujeres.

El primer cargo de la acusación —basado en un estatuto de 1861 promulgado durante la Guerra Civil contra los esclavistas del Sur— era "conspiración para derrocar al gobierno por la fuerza y la violencia".

El segundo cargo de la acusación era: (1) Abogar por el derrocamiento del gobierno por la fuerza; (2) Publicar y diseminar literatura que abogue por ello; (3) Formar organizaciones "para enseñar, abogar y atizar" dicho derrocamiento; (4) Ser miembros de tales organizaciones; (5) Distribuir publicaciones que "recomendaban, aconsejaban e instaban" a la insubordinación en las fuerzas armadas. Este cargo se basó completamente en la Ley Smith, la "Ley General de la Mordaza", invocada por primera vez en el caso de Minneapolis.

Como las connotadas Leyes sobre Extranjeros y Sedición de 1798, la Ley Smith convierte la simple promoción de ideas en un crimen federal. Su legalidad constitucional ha sido impugnada por la Unión Americana de Libertades Civiles (ACLU), *The Nation, The New Republic* y muchos más. El patrocinador de esta ley ultrarreaccionaria es el representante republicano Howard W. Smith, promotor del impuesto para votar, dirigente del bloque antiobrero en el Congreso y coautor de la brutal ley antihuelga Smith-Connally.

El 27 de octubre de 1941 comenzó el juicio en la Corte Federal de Distrito en Minneapolis. Las principales "pruebas" del gobierno consistían en innumerables citas de artículos de la prensa trotskista en Estados Unidos que se remontaban a 1929. Escritos públicos, discursos públicos de los acusados, discursos por radio, volantes repartidos en decenas de miles: estas eran las principales pruebas de "conspiración" que presentó el gobierno.

El gobierno además presentó como pruebas fotografías de los grandes maestros del marxismo (incluido un retrato de Daniel DeLeon). Presentó volantes tales como uno que anunciaba que Vincent Raymond Dunne sería un orador en un foro público sobre la acción de los trotskistas para combatir a "20 mil fascistas en el Madison Square". En la formulación de cargos y en los argumentos de los fiscales, el gobierno calificó tajantemente de criminales las doctrinas de Marx, Engels, Lenin y Trotsky.

La defensa proletaria se enfrentó sin vacilaciones a este ataque infame. Nunca antes se había visto, en un juicio contra el movimiento obrero en este país, a acusados que defendían su programa revolucionario de forma tan firme, consciente y sistemática, utilizando el tribunal como foro desde el cual lo proclamaban. La conducta de los acusados en el juicio y en todas las fases siguientes del caso corresponde a las mejores tradiciones del marxismo internacional.

El jurado emitió un veredicto de no culpable por el primer cargo de la acusación, exponiendo así la debilidad absoluta del caso presentado por el gobierno. En cuanto al segundo cargo, basado en una nueva ley cuya constitucionalidad aún no había sido puesta a prueba, el jurado emitió un veredicto de culpable contra 18 de los acusados. De los demás, cinco fueron absueltos por orden directa del juez y los otros cinco fueron exonerados por el jurado. Grant Dunne, organizador del Local 544 y uno de los 29 acusados originales, se suicidó tres semanas antes del inicio del juicio. Por mucho tiempo había sufrido de mala salud debido al trauma de guerra provocado durante la Primera Guerra Mundial.

El Comité de Defensa de los Derechos Civiles (CRDC), que dirigía el caso en estrecha colaboración con la Unión Americana de Libertades Civiles y con el apoyo de organizaciones sindicales y de defensa, ayudó a los 18 con la apelación de su condena ante el Tribunal de Apelaciones del Octavo Circuito.

Entretanto, Tobin había instigado un proceso judicial contra Kelly Postal, secretario-tesorero del Local 544. Cuando los Teamsters de Minnesota votaron a favor de aceptar una carta constitutiva del CIO, también votaron unánimemente a favor de entregar 5 mil dólares de las arcas del sindicato local al Comité de Defensa Sindical. Kelly Postal entregó los fondos según sus instrucciones. Acusado ante un tribunal de hurto mayor, se le dio la razón a Postal cuando el juez desestimó el caso. Pero las ruedas de la justicia capitalista no se detuvieron simplemente por el hecho de que un juez no pudo pasar por alto la crudeza del caso amañado. Llamado a comparecer ante el juez Selover, Postal fue declarado culpable y sentenciado a cinco años en la penitenciaría Stillwater. El juez Selover, quien impuso esta cruel sentencia, denegó una moción para apelar el caso. Kelly Postal se encuentra ahora tras las rejas porque obedeció la voluntad de los miembros del sindicato que lo eligieron a ese cargo.

El 20 de septiembre de 1943, el Tribunal de Apelaciones del Octavo Circuito anunció su decisión. En desafío a la ley, a la Constitución y a todos los principios y tradiciones de la democracia, el tribunal ratificó la Ley Smith "de la mordaza", brindando apoyo incondicional a la fiscalía. Los acusados, privados de sus derechos democráticos fundamentales, fueron encarcelados bajo cargos amañados. Los jueces del tribunal de circuito declararon que todo se hizo de forma legal y correcta. Fue así que el tribunal de apelaciones defendió el derecho a la libre expresión, una de las "cuatro libertades" que Roosevelt ha prometido solemnemente exportar a otros países.

El Comité de Defensa de los Derechos Civiles llevó el caso entonces ante la Corte Suprema. ¿Qué hizo este organismo prestigioso, integrado casi completamente por jueces nombrados por Roosevelt? ¿Protegieron la inviolabilidad de la Carta de Derechos? ¿O actuaron como los "departamentos y las agencias del gobierno interesados en este asunto" a los que el secretario de Roosevelt, Stephen Early, notificó al recibir las quejas de Tobin?

El 22 de noviembre de 1943, un poco más de dos meses después de ser entablada la apelación, la Corte Suprema anunció su fallo. *Denegó la petición de los 18 para celebrar una audiencia sobre su apelación.*

Esta decisión indudablemente se recordará como histórica. He aquí una ley en tiempos de paz que es manifiestamente inconstitucional, una ley que abroga directamente la libertad de expresión. Este caso es el primero en ser juzgado bajo esta ley. El presidente que nombró a estos jueces está llevando a cabo una guerra supuestamente para hacer al mundo libre para la democracia. La ley ha sido denunciada universalmente, hasta en los pasillos del Congreso, como medida "que haría que Thomas Jefferson se revolviera en su tumba" e "inaudita en la historia de las leyes laborales". Sin embargo, el tribunal de apelaciones de última instancia —sin una sola palabra de explicación— ¡deniega la petición de los 18 acusados de que se escuche su caso!

Es imposible restarle importancia a esta decisión reaccionaria calificándola como "incidental". Dos veces más, la Unión de Libertades Civiles solicitó a la Corte Suprema que examinara este caso importante. Dos veces más la Corte Suprema rechazó la petición sin ofrecer explicación.

Como dijo el gran agitador socialista Eugene V. Debs, encarcelado durante la última guerra, "Es sumamente peligroso ejercer el derecho constitucional de libre expresión en un país que está luchando para asegurar la democracia en el mundo".

El 31 de diciembre de 1943, con James P. Cannon y Vincent R. Dunne a la cabeza, 15 de los acusados se formaron en fila frente a la sede del Partido Socialista de los Trabajadores en Minneapolis y marcharon en grupo por las abarrotadas calles de la ciudad hasta la corte federal. Allí los recibió un alguacil federal. El mismo día, los otros tres acusados se presentaron en la oficina del alguacil en Nueva York. El Día de Año Nuevo de 1944, los acusados comenzaron su traslado de las cárceles locales a las prisiones federales.

La flagrante injusticia de este encarcelamiento causó indignación entre círculos muy amplios. Muchos periódicos y partidarios de los derechos y las libertades civiles condenaron la acción de la Corte Suprema. La Unión Americana de Libertades Civiles declaró, "Este es un caso que nunca debió llevarse a juicio bajo una ley que nunca debió ser aprobada. La Corte Suprema nunca antes ha rehusado revisar un caso de tal importancia".

Más de 135 sindicatos, reconociendo la vital importancia del caso de Minneapolis para todo el movimiento obrero y para la causa de las libertades civiles, ya han brindado su apoyo o han contribuido a la causa del Comité de Defensa de los Derechos Civiles. Entre estos se encuentran el Sindicato de Empleados del Servicio del Transporte–CIO, el Consejo Estatal del CIO en Nueva Jersey, el Consejo Unido del CIO en St. Louis, Missouri, el Consejo Unido Industrial de San Francisco, 40 locales del sindicato automotriz UAW-CIO, 11 locales del Sindicato Unido de Obreros del Acero (USWA), 7 locales del sindicato de obreros del caucho (URW) y otras decenas de sindicatos del CIO, de la AFL, así como sindicatos independientes.

La actual campaña del Comité de Defensa de los Derechos Civiles para obtener un indulto presidencial incondicional para los 18 ha encontrado una respuesta alentadora. La preocupación entre los trabajadores conscientes sobre este caso está bien fundada. El encarcelamiento de los 18 sienta un precedente peligroso que amenaza la libertad de todo sindicalista y de todo americano que pueda estar discrepando con la política de la administración Roosevelt. La ratificación de la Ley Smith "de la mordaza" convierte ahora en crimen el ejercicio del derecho a la libre expresión y crea un arma que puede utilizarse para privar a otros sindicalistas y a partidos políticos obreros de sus derechos democráticos.

El socialismo en el banquillo de los acusados ya ha demostrado su popularidad. La primera edición, publicada en 1942, se agotó. No solo ocupa un lugar en las bibliotecas de los trabajadores avanzados en Estados Unidos, sino que se ha puesto al alcance de los trabajadores británicos con dos ediciones publicadas en Gran Bretaña. En América Latina, donde los trabajadores desde hace mucho tiempo están conscientes del papel que juega Wall Street en la política mundial y están sumamente interesados en obtener aliados entre los trabajadores americanos para sus luchas comunes, el folleto se lee ávidamente. En el Medio Oriente se proyecta publicar una traducción al árabe.

Desde luego, la forma de su contenido estaba destinada a ser muy atractiva. Aquí se encuentra la batalla, ni ensayada ni retocada, entre el fiscal y el acusado principal. Aquí se encuentran las preguntas penetrantes del abogado defensor,

Albert Goldman, también uno de los acusados, en su intento de dejar claro lo que realmente creen los trotskistas, a pesar de los constantes intentos de la fiscalía de crear obstáculos, ofuscar los temas y tenderles trampas a los acusados. Pero la simple forma en sí no explica el profundo interés en *El socialismo en el banquillo de los acusados*. Aún más importante es el hecho de que aquí se presenta el programa revolucionario que muestra el único camino para poner fin a los horrores que la sociedad capitalista va acumulando en su agonía mortal.

Desde la sala del tribunal de Minneapolis donde la administración Roosevelt persiguió a representantes destacados de la sociedad del futuro, nos ha llegado un documento extraordinario que sin duda resultará ser un instrumento poderoso en la difícil lucha de construir la sociedad venidera de paz y abundancia. Así como el encarcelamiento de Eugene V. Debs durante la Primera Guerra Mundial no hizo más que ayudar a diseminar y popularizar el socialismo, el encarcelamiento de los acusados de Minneapolis durante la Segunda Guerra Mundial solo ayudará a acercar el día de la victoria final.

Debs lo afirmó proféticamente cuando dijo, "Pueden encarcelar a esos hombres, y a algunos más de nosotros, pero no pueden encarcelar al movimiento socialista".

15 de febrero de 1944

El socialismo en el banquillo de los accusados

TESTIMONIO DE JAMES P. CANNON
EN EL JUICIO POR SEDICIÓN EN MINNEAPOLIS

Thundershowers

Minneapolis Morning Tribune

FOUNDED IN 1867

16 PAGES — MINNEAPOLIS, MINN., SATURDAY, JUNE 28, 1941 — Price 3 Cents

Socialist Worker Party Offices Here Raided by U. S. Marshals

LEADERSHIP FACES CONSPIRACY CHARGE

Literature and Other Articles Seized at Local Office

2 Red Flags and Trotzky Photo Taken

3 Women, One Man Flee Headquarters as Deputies Arrive

Special Assistant U. S. Attorney General Directs Action

Announcement Links Some 544-CIO Chiefs to Group Under Fire

Local Officials Accused of 'Gaining Control of Legitimate Labor Union to Use It for Illegitimate Purposes'

CIO SAYS: *If Government Has Evidence, Why Does It Not Indict?*

29 REDS INDICTED IN 'OVERTHROW PLOT'

St. Paul Federal Grand Jury Charges Conspiracy to the Socialist Workers Party

MEN ARMED FOR REVOLT

Four New Yorkers Involved—Attorney Blames Union Fight on Tobin and Roosevelt

Special to THE NEW YORK TIMES.

ST. PAUL, Minn., July 15—A Federal grand jury today indicted twenty-nine persons, charged with advocating the overthrow of the United States Government through armed intervention.

The defendants are officers or members of the Socialist Workers party, which is accused of plotting a revolution patterned after that in

Arriba: Diario de Minneapolis informa el 28 de junio de 1941 sobre "Redada a sede del Partido Socialista de los Trabajadores por alguaciles federales" y FBI. La policía se llevó cajas de libros, folletos y periódicos. **Foto:** Sede local del partido (piso de arriba).

Izquierda: Dos semanas más tarde, el *New York Times* anunció con titulares sensacionalistas, "29 rojos acusados de complot para derrocar", sobre dirigentes del PST y del Local 544–CIO acusados de "conspiración sediciosa".

COLECCIÓN ESPECIAL DE LA BIBLIOTECA DEL CONDADO DE HENNEPIN

Arriba: Los acusados James P. Cannon (derecha) y Farrell Dobbs en Minneapolis, 1941. **Abajo, desde la izquierda:** Albert Goldman, abogado del PST y uno de los acusados; el juez Matthew M. Joyce; el vicefiscal general Henry Schweinhaut.

MARTES 18 DE NOVIEMBRE DE 1941
SESIÓN DE LA TARDE

Corte de Distrito de Estados Unidos
Distrito de Minnesota, Cuarta División

James P. Cannon
fue llamado como testigo a nombre de los acusados y, habiendo prestado juramento según lo establecido, declaró lo siguiente:

PREGUNTA: Por favor diga su nombre para que conste en las actas.

RESPUESTA: James P. Cannon.

P: ¿Dónde vive, Sr. Cannon?

R: En Nueva York.

P: ¿Y su actual oficio?

R: Secretario nacional del Partido Socialista de los Trabajadores.

P: ¿Qué edad tiene, Sr. Cannon?

R: Cincuenta y un años.

P: ¿Dónde nació?

R: En Rosedale, Kansas.

P: ¿Hace cuánto tiempo que comenzó su carrera en el movimiento marxista, Sr. Cannon?

R: Hace 30 años.

P: ¿Cuál fue la primera organización en el movimiento obrero a la que ingresó?

R: Al IWW, Obreros Industriales del Mundo.

P: ¿Y después perteneció a otra organización?

R: Al Partido Socialista.

P: ¿Y después de esa?

R: En 1919, al fundarse el Partido Comunista, fui uno de

los miembros originales, y fui miembro de su Comité Nacional desde 1920.

P: ¿Cuánto tiempo estuvo en el Partido Comunista?

R: Hasta octubre de 1928.

P: Ahora, por favor dígale a la corte y al jurado la amplitud de sus conocimientos de la teoría marxista?

R: Estoy familiarizado con los escritos más importantes de los maestros marxistas: Marx, Engels, Lenin, Trotsky y los comentaristas de sus obras.

P: ¿Ha leído algún libro en contra de la teoría marxista?

R: Sí. En general estoy familiarizado con la literatura antimarxista, especialmente con el más importante de estos libros.

P: ¿Cuál es el libro más importante?

R: *Mein Kampf* [*Mi lucha*] de Hitler.

P: ¿Ha editado algún periódico obrero, Sr. Cannon?

R: Sí, unos cuantos. Efectivamente, he trabajado unos 25 años como periodista en el movimiento obrero.

P: ¿Recuerda los nombres de algunos de los periódicos de los que ha sido director?

R: El *Workers' World* en Kansas City, el *Toiler*, publicado en Cleveland, Ohio. En una época fui director del *Militant*. Fui director del periódico llamado *Labor Action* publicado en San Francisco. He formado parte del consejo editorial de muchos otros periódicos y revistas editados en el seno del movimiento.

P: ¿Ha dictado conferencias sobre la teoría del socialismo y otros aspectos del movimiento marxista?

R: Sí, lo he hecho continuamente durante unos 30 años.

Origen del Partido Socialista de los Trabajadores

P: Díganos las razones por las que rompió sus relaciones con el Partido Comunista, Sr. Cannon.

R: Bueno, cuando surgió la controversia en el partido ruso entre Trotsky, por una parte, y Stalin y su grupo, por la otra —controversia que tocó muchos de los principios más fundamentales del socialismo— esta se extendió gradualmente por la Internacional Comunista y llegó a ser tema de preocupación en los otros partidos de la Internacional Comunista. Yo y otras personas en este país adoptamos una posición de apoyo a Trotsky, y eso condujo a nuestra expulsión del Partido Comunista de Estados Unidos.

P: ¿Puede darnos brevemente una idea de la naturaleza de esa controversia?

R: Comenzó en torno al problema de la burocracia en el aparato del gobierno de la Unión Soviética y en las plantillas del partido en Rusia. Trotsky emprendió una lucha por una mayor democracia en el partido, en el gobierno, en los sindicatos y en el país en general. Esta lucha contra lo que Trotsky —y coincido con él— caracterizaba como una creciente burocratización de todo el régimen, la controversia que se originó en torno a esto, se desarrolló gradualmente a lo largo de unos años hasta llevar a conflictos fundamentales en torno a prácticamente todos los principios básicos de la práctica y la teoría socialistas.

P: ¿Y a consecuencia de esa controversia, ocurrió la expulsión?

R: A consecuencia de eso se dio la expulsión de nuestro grupo aquí en Estados Unidos, como había ocurrido también en Rusia.

P: ¿En qué año sucedió eso?

R: En 1928.

P: Díganos qué pasó con el grupo expulsado.

R: Nos organizamos como grupo y comenzamos a publicar un periódico llamado el *Militant*.

P: Denos una idea del tamaño de ese grupo, Sr. Cannon.

R: Pues, al comienzo éramos solo tres. Gradualmente logramos ganar partidarios en otras ciudades. Seis meses más tarde, cuando hicimos nuestra primera conferencia, éramos ya aproximadamente 100 miembros en todo el país.

P: Y después, ¿ese grupo organizó un partido?

R: Sí, este grupo al principio se llamó Liga Comunista de América, y se consideraba una facción del Partido Comunista, intentando ser restituido al partido, con la estipulación de que tuviéramos derecho a sostener nuestros criterios y discutirlos en el partido. Esta propuesta nuestra fue rechazada por el partido, así que nos desarrollamos como organización independiente.

En 1934 llegamos a un acuerdo con otra organización que nunca había estado vinculada con el movimiento comunista y que había surgido de los sindicatos. Esta organización, que al principio se conocía como la Conferencia para la Acción Progresista del Trabajo, tomó el nombre Partido Americano de los Trabajadores. En el otoño de 1934, celebramos un congreso conjunto con ellos y formamos una organización común que llamamos el Partido de los Trabajadores de Estados Unidos.

P: ¿Y cuánto tiempo existió este Partido de los Trabajadores?

R: Desde el otoño de 1934 hasta la primavera de 1936.

P: ¿Y entonces qué pasó?

R: Por ese tiempo nuestro partido se incorporó como colectivo al Partido Socialista. El Partido Socialista había tenido un debate y una controversia internos, lo cual culminó en el último mes de 1935 con una escisión, con la salida de los elementos más conservadores. El Partido Socialista entonces había hecho una invitación a que individuos y grupos radicales no afiliados se uniesen al Partido Socialista.

Nosotros aceptamos la invitación y nos incorporamos al partido en 1936, nuevamente con la expresa estipulación que habíamos planteado originalmente en el Partido Comunista, de que debíamos tener el derecho a mantener nuestros propios criterios y discutirlos en el partido: es decir, en los momentos apropiados para debatir, y por nuestra parte nos comprometíamos a cumplir con la disciplina en el trabajo cotidiano y en la actividad común del partido.

P: ¿Cuánto tiempo permaneció su grupo en el Partido Socialista?

R: Aproximadamente un año.

P: ¿Y qué sucedió después?

R: Bueno, el Partido Socialista comenzó a imponernos la misma clase de burocratismo que habíamos sufrido en el Partido Comunista. Había cuestiones importantes que preocupaban a los socialistas en aquella época, especialmente las cuestiones de la guerra civil española.

P: ¿Y eso fue en qué año?

R: Eso fue en el año 1936, pero se agudizó mucho en la primavera de 1937. Nosotros teníamos una posición definida sobre la cuestión española. La estudiamos con atención y queríamos dar a conocer nuestros puntos de vista a los demás miembros del partido. Se permitió hacerlo por un tiempo, pero después el Comité Ejecutivo Nacional dio una orden prohibiendo que hubiera más discusión, y hasta prohibió que las ramas del partido adoptaran resoluciones sobre este tema. Y nos rebelamos contra esa condición e insistimos en nuestros derechos.

Al mismo tiempo, surgió una gran disputa en Nueva York sobre la campaña electoral: era la segunda campaña de La Guardia, y el Partido Socialista decidió oficialmente apoyar su candidatura. Nos opusimos afirmando que el apoyo al candidato de un partido capitalista era una violación de los principios socialistas. La Guardia era candidato de los partidos Republicano y Fusión, así como del Partido del Trabajo.

Igualmente insistimos en dar a conocer nuestros puntos de vista sobre esta cuestión, y eso llevó a la expulsión de toda nuestra gente.

P: ¿Y cuándo se organizó el Partido Socialista de los Trabajadores?

R: En los últimos días de diciembre de 1937 y el primero o el segundo día de enero de 1938.

P: ¿Quién participó en su organización?

R: Las ramas del Partido Socialista que habían sido expulsadas. Estaban unidas en un comité de ramas expulsadas, y en una conferencia se le instruye a este comité que organizara y preparara un congreso, y las ramas expulsadas del Partido Socialista enviaron delegados al congreso de fundación del Partido Socialista de los Trabajadores.

P: ¿Este comité de las ramas expulsadas publicó algún periódico?

R: Sí, publicó un periódico después de la expulsión, a partir de mayo o junio de 1937. Publicamos el *Socialist Appeal* y este se convirtió en el órgano oficial del partido después del congreso. Luego, como un año más tarde, cambiamos el nombre al que había sido nuestro nombre original, el *Militant*.

P: ¿Según lo que usted recuerda, cuántos delegados estuvieron presentes en el congreso de fundación del Partido Socialista de los Trabajadores?

R: Creo que fueron como 100.

P: Y llegaron de todas partes del país, ¿no es así?

R: Sí, de unas 30 ciudades, pienso que de 25 o 30 ciudades.

Objetivos fundamentales del PST

P: Bien, ¿y qué hizo ese congreso?

R: Las decisiones más importantes del congreso fueron: establecer su organización, adoptar una Declaración de Principios y unas resoluciones colaterales sobre cuestiones actuales y elegir un Comité Nacional para dirigir el trabajo del partido basado en la Declaración de Principios.

P: ¿Eligió algún comité que se hiciera cargo del partido durante los intervalos entre los congresos?

R: Sí, ese es el Comité Nacional.

P: Ahora bien, usted dice que se aprobó una Declaración de Principios. Aquí le muestro la Prueba No. 1 de los fiscales, que es la Declaración de Principios y la constitución del Partido Socialista de los Trabajadores, y le pregunto, ¿es la misma que se aprobó en el congreso del Partido Socialista de los Trabajadores?

(Se le entrega el documento al testigo).

R: Sí, esa es.

P: ¿Quién presentó la Declaración de Principios al congreso, lo recuerda?

R: Sí, fue presentada por el comité, por el Comité Nacional de las ramas expulsadas que había sido escogida en una conferencia anterior del grupo.

P: Y el congreso, el congreso de fundación del Partido Socialista de los Trabajadores, ¿qué adoptó como objetivo fundamental del partido?

SR. SCHWEINHAUT (FISCAL): ¿Cuándo?

SR. GOLDMAN: En ese momento y posteriormente, hasta el momento actual, estando usted sentado aquí en el banquillo.

R: Yo diría que el objetivo fundamental del partido, entonces y ahora, es el de popularizar las doctrinas del socialismo marxista y de ayudar y dirigir el trabajo de transformar la sociedad, de sus bases capitalistas a bases comunistas.

P: Díganos el significado del término socialismo.

R: El término socialismo puede tener dos significados y

normalmente entre nosotros los tiene. Es decir, socialismo es el nombre que se aplica a una nueva forma de sociedad proyectada, y el nombre también se aplica al movimiento que trabaja en ese sentido.

P: ¿Cuál es la naturaleza de esa sociedad proyectada?

R: Concebimos un orden social que se basaría en la propiedad común de los medios de producción, la eliminación del lucro privado en los medios de producción, la abolición del sistema salarial, la abolición de la división de la sociedad en clases.

P: En lo que se refiere a un gobierno con el fin de crear esta sociedad, ¿cuál es, según usted, el objetivo del Partido Socialista de los Trabajadores?

R: Hemos establecido como objetivo la creación de un gobierno de trabajadores y agricultores, para reemplazar al gobierno existente, que denominamos un gobierno capitalista. La tarea de este gobierno sería la de organizar y controlar el tránsito de la sociedad de sus bases capitalistas a bases socialistas.

Propiedad privada en un estado obrero

P: Cuando usted dice "gobierno capitalista" ¿qué quiere decir?

R: Nos referimos a un gobierno que surge de una sociedad que se basa en la propiedad privada, en manos de los capitalistas, de la riqueza del país y de los medios de producción, un gobierno que en general representa los intereses de esa clase.

P: ¿Y en contraste con este gobierno, usted propone establecer un gobierno de trabajadores y agricultores?

R: Sí, en lugar del gobierno capitalista proponemos un gobierno de trabajadores y agricultores que represente abiertamente los intereses económicos y sociales de los trabajadores y de los pequeños agricultores.

P: Bueno, ¿qué pasaría con los capitalistas?

R: Con el gobierno de trabajadores y agricultores, su principal tarea sería el traspaso de los medios de producción más importantes: de la propiedad privada a la propiedad común del pueblo.

P: Bien, ¿y qué sucedería con los capitalistas individuales que perderían su riqueza?

R: ¿Qué quiere decir con "qué sucedería"? ¿En qué sentido?

P: ¿Los fusilarían, los pondrán a trabajar, o qué?

R: Pues, de acuerdo con nuestra teoría, la participación ciudadana en los beneficios de la sociedad estaría al alcance de todos sobre la base de la igualdad. Esto se aplicaría tanto a los antiguos capitalistas como a los trabajadores y agricultores.

P: ¿Cuando usa el término "riqueza productiva", se refiere a la propiedad que un individuo posea?

R: No, cuando hablamos de los medios de producción, de la riqueza del país, nos referimos a la riqueza necesaria para la producción de las necesidades del pueblo. Las industrias, los ferrocarriles, las minas, etcétera. No proponemos —al menos, los socialistas marxistas nunca han propuesto en ninguna parte, que yo sepa— la eliminación de la propiedad privada de los efectos personales. Nos referimos a las cosas necesarias para la producción de lo que el pueblo necesita. Deben ser propiedad común de todo el pueblo.

P: ¿Y qué sucedería con los pequeños negocios, con los propietarios que no contratan mano de obra?

R: Bueno, las mejores autoridades marxistas desde Engels afirman que el gobierno de trabajadores y agricultores no debe interferir de ninguna manera con los pequeños propietarios, que no son explotadores. Se debe permitir que tengan sus fincas, sus pequeñas posesiones, sus pequeños talleres de artesanías, y únicamente en la medida que se convenzan, por el ejemplo de la agricultura colectiva socializada, y voluntariamente decidan unir sus tierras y sus recursos en un esfuerzo colectivo, únicamente en esa medida podrá realizarse una colectivización de las pequeñas empresas agrícolas.

Entretanto, de acuerdo con nuestro programa, el gobierno de trabajadores y agricultores debe ayudar estas empresas asegurándoles precios razonables para sus herramientas, para el fertilizante, facilitándoles crédito y en general actuando como un gobierno que vela por ellos y quiere representar sus intereses.

Me refiero ahora a los pequeños agricultores productores, no a los grandes terratenientes y banqueros, quienes explotan a mucha gente, o quienes rentan tierras a los aparceros. Tenemos toda la intención de socializar *sus* tierras en las primeras etapas del gobierno de trabajadores y agricultores, poniéndolas bajo la gestión de los que realmente trabajan la tierra. Eso también, puedo decir, es la doctrina marxista reconocida desde los primeros días, y es la doctrina de Lenin y Trotsky en la Revolución Rusa.

P: ¿Y cómo será controlada y dirigida esta sociedad socialista?

R: Desde luego, el socialismo tendría que desarrollarse a partir de la nueva situación. Después de que se efectúe la revolución social en el ámbito político y el gobierno capitalista haya sido reemplazado por un gobierno de trabajadores y agricultores —que empezará a socializar las industrias, a abolir las desigualdades, a elevar el nivel de ingreso de las masas del pueblo y a suprimir todo intento de contrarrevolución por parte de los explotadores desposeídos— la importancia y el peso del gobierno como fuerza represiva irá disminuyendo gradualmente.

Después, en la medida que las clases sean abolidas, en la medida que la explotación sea eliminada, en la medida que el conflicto de clase contra clase sea eliminado, la razón de ser de un gobierno, en el estricto sentido de la palabra, comienza a disminuir. Los gobiernos son fundamentalmente instrumentos de represión de una clase contra otra. De acuerdo con la doctrina de Marx y Engels, y de todos los grandes marxistas que les siguieron y se basaron en sus doctrinas, anticipamos, según lo expresara Engels, un desvanecimiento gradual del gobierno como fuerza represiva, como fuerza armada, y su sustitución por consejos puramente administrativos, cuyas funciones serán la planificación de la producción, la supervisión de las obras públicas, la educación y demás cosas de esta índole. A medida que se convierte en sociedad socialista, el gobierno, según lo expresara Engels, tiende a desvanecerse y el gobierno de los hombres será reemplazado por la administración de las cosas.

El gobierno de una sociedad socialista será en realidad un organismo administrativo, porque no anticipamos la necesidad de tener ejércitos y marinas de guerra, cárceles, represión, y por lo tanto ese aspecto del gobierno se extingue por falta de necesidad.

P: ¿Cuál es la teoría marxista en cuanto a las fuerzas sociales que hacen inevitable el socialismo?

R: El capitalismo es una etapa de la sociedad que no siempre existió. Como los sistemas sociales que le precedieron, pasó por una fase de gestación en el seno de la vieja sociedad feudal. Nació y se desarrolló en oposición a la sociedad feudal, finalmente la derrocó por medios revolucionarios, elevó la productividad de la humanidad hasta alturas no soñadas…

SR. SCHWEINHAUT: Un momento, Sr. Cannon. Me parece que esa pregunta podría contestarse de una manera mucho más sencilla. Sospecho que el caballero va a dar un discurso ahora y no veo que la pregunta lo requiera.

Fuerzas sociales que empujan al capitalismo a la bancarrota

P: (DEL SR. GOLDMAN) Bueno, de la forma más breve posible, describa las fuerzas sociales…

R: No deseaba hacer un discurso. Quería decir en pocas palabras cuáles son las fuerzas sociales que están empujando al capitalismo hacia la bancarrota. Las leyes por las que…

SR. SCHWEINHAUT: No era esa la pregunta que se le formuló, Sr. testigo. Se le preguntó cuáles eran las fuerzas sociales que harían inevitable el socialismo, o algo así. Bueno, lo que sea. Prosiga.

EL TESTIGO: Le aseguro que deseo sintetizar la explicación lo más posible.

El capitalismo funciona de acuerdo con ciertas leyes internas que fueron analizadas y expuestas por primera vez por Carlos Marx en sus grandes obras, primero en *El Manifiesto Comunista* y después en *El capital*.

Las dos leyes internas del capitalismo que están haciendo inevitable que su declive y su sustitución por el socialismo son estas:

Una, la propiedad privada de los medios de producción y el empleo del trabajo asalariado con salarios menores del valor del producto creado por el trabajador asalariado. Se crea así un excedente que el dueño capitalista tiene que vender en el mercado. Es evidente que el trabajador asalariado, que recibe por su trabajo una cantidad menor que el valor total de lo que produce, puede ser cliente solo por la parte del valor que recibe en forma de salario. El saldo es una plusvalía, según Marx lo explicó, para la cual el capitalista debe encontrar un mercado.

Entre más se expande el capitalismo en un país determinado, más productivo resulta la mano de obra de los trabajadores, mayor resulta la plusvalía, la cual no puede encontrar mercado porque la gran masa de los que producen la riqueza no reciben suficiente salario para comprarla. Esto lleva al capitalismo a crisis periódicas de lo que llaman sobreproducción, o según la llaman algunos agitadores populares, de subconsumo, pero el término científico es sobreproducción.

El capitalismo, desde sus inicios, durante más de 100 años, casi 200 años, ha sufrido estas crisis. Anteriormente el capitalismo podía resolverlas al final, encontrando nuevos mercados, nuevos campos de inversión, nuevas fuentes de explotación, y mientras el capitalismo pudiera encontrar nuevos campos para la inversión del capital y para la venta de artículos, podía salir de esta crisis cíclica que ocurría aproximadamente cada 10 años, elevando la producción a niveles nuevos. Pero cada vez que el capitalismo experimentaba un nuevo boom, y empezaba a desarrollar un nuevo territorio, iba estrechando más los confines del mundo. Porque en cada sitio donde el capitalismo penetraba, sus leyes le seguían como su sombra, y el nuevo campo de explotación también comenzaba a contar con una plusvalía.

Por ejemplo, Estados Unidos, que fue una gran reserva para la asimilación de los productos excedentes de Europa y le dio al capitalismo europeo un respiro, se ha desarrollado en el transcurso de 150 años hasta el punto de que produce un enorme excedente y tiene que pelear con Europa por nuevos mercados en los cuales venderlo. Así que esta tremenda contradicción entre la propiedad privada de la industria y el trabajo asalariado le presenta al capitalismo más y más una crisis insoluble. Esta es una de las leyes del capitalismo.

La segunda ley es el conflicto entre el desarrollo de las fuerzas productivas y las barreras nacionales a las que están limitadas en el capitalismo.

Cada país que funciona sobre una base capitalista produce un excedente que no puede vender en su mercado interno por las razones que he explicado antes.

¿Entonces cuál es el próximo paso? Los capitalistas deben encontrar un mercado externo. Deben encontrar un mercado externo para vender su excedente y un campo externo donde invertir su excedente de capital. La dificultad que enfrenta el capitalismo, es de que el mundo no crece. Mantuvo el mismo tamaño mientras cada nación capitalista moderna desarrollaba sus fuerzas productivas mucho más allá de su capacidad interna de consumo, o de su capacidad de vender sus productos de manera rentable. Esto llevó al tremendo estallido de la Guerra Mundial en 1914. La Guerra Mundial de 1914 fue, según nuestra teoría y nuestra doctrina, la señal de que el mundo capitalista había llegado a una crisis de bancarrota.

P: ¿Qué podría decir sobre la ley de la competencia que rige en el sistema capitalista?

R: La ley de la competencia entre los capitalistas trae como resultado inevitable que los capitalistas más grandes —los que poseen las empresas más modernas, eficientes y productivas— aplastan a los pequeños, ya sea destruyéndolos o absorbiéndolos hasta que el número de propietarios independientes crece menos y menos y el número de personas empobrecidas crece a grandes zancadas, hasta que la riqueza queda concentrada en manos de muy pocos y la gran masa del pueblo, especialmente los trabajadores, enfrenta dificultades cada vez mayores de carácter económico y social.

Mencioné que la Guerra Mundial de 1914 fue una señal de que el capitalismo a nivel mundial no había sido capaz de resolver pacíficamente ninguno de sus problemas. Tuvieron que matar a 11 millones de hombres, y luego llegar a una paz y prepararse para repetirlo todo. Esto, según el criterio de los socialistas marxistas, es una señal de que el capitalismo ha agotado las posibilidades de resolver sus propios problemas.

P: Entonces ¿que diría usted sobre la importancia relativa, para avanzar hacia el socialismo, entre el factor económico y la agitación a favor del socialismo por parte de los diversos partidos, incluido el Partido Socialista de los Trabajadores?

R: Bueno, si puedo explicar aquí, el socialismo marxista es diferente de lo que conocemos en nuestra terminología como socialismo utópico, o sea, el socialismo de los que conciben una mejor forma de sociedad y creen que basta con ver que pudiera existir una mejor forma de sociedad y persuadir al pueblo de que la adopte, para que así el problema quede resuelto. El socialismo marxista se guía por la teoría de que las propias leyes internas que rigen el capitalismo son las que conducen a la sociedad hacia una solución socialista.

Ya mencioné la guerra: mencioné el conflicto entre las diversas naciones capitalistas que ahora siempre están, o bien en un estado de guerra o bien en un estado de tregua armada preparándose para la guerra. También debo mencionar la experiencia de la depresión de 1929, según se conoce, con sus 15 millones de trabajadores americanos aptos y deseosos de trabajar pero que no podían encontrar empleo. Fue otra señal de la terrible enfermedad en el organismo social llamado capitalismo; y el azote del desempleo se sintió a nivel mundial.

Estas, pues, son las fuerzas que están empujando a la sociedad hacia una solución racional, en nuestra opinión, mediante la nacionalización de las industrias, la eliminación de la competencia y la abolición de la propiedad privada. Nuestra agitación nunca podría efectuar la transformación de un orden social al otro a menos que estuviese impulsada por poderosas leyes económicas internas.

Los verdaderos factores revolucionarios, las verdaderas

fuerzas que están conduciendo hacia el socialismo, son las contradicciones internas del propio sistema capitalista. Lo único que nuestra agitación puede hacer es tratar de prever teóricamente lo que es posible y probable en el marco de la revolución social, para preparar la mente de la gente para esta. Para convencerlos de la conveniencia de esta y tratar de organizarlos para acelerarla y lograrla de la manera más económica y eficaz. Es lo único que se puede lograr con la agitación.

P: ¿Qué papel ocupa el factor del fascismo?

R: El fascismo es otra señal que surge inevitablemente en toda sociedad capitalista cuando alcanza esta etapa de decadencia y crisis y ya no es capaz de mantener la sociedad en un equilibrio basado en el parlamentarismo democrático, que ha sido la forma de gobierno que existe bajo el dominio capitalista en su apogeo. El fascismo crece y se convierte en una terrible amenaza para la humanidad y una terrible advertencia a los trabajadores de que si no toman acción y no toman las riendas en sus manos, sufrirán por muchos años el destino que ahora sufren los pueblos de Alemania e Italia y otros países europeos.

Declaración de Principios

P: ¿Cuál fue el objetivo al adoptar la Declaración de Principios?

R: El objetivo general era poner por escrito una afirmación clara de nuestros principios, para informarle al mundo acerca de lo que nuestro partido defendía, para guiar al partido en sus actividades después del congreso, para establecer un conjunto de doctrinas e ideas que pudieran regir el trabajo del partido y guiar a su Comité Nacional, en la edición de su periódico, etcétera.

P: Este comité que formuló la Declaración de Principios,

¿hizo algún acuerdo que no fue revelado al congreso o a alguien más?

R: No, todo lo que defendemos está en la Declaración de Principios. No lo podríamos hacer de otra manera.

Es imposible organizar un movimiento político sobre la base de un determinado programa y pensar que pueda responder a otro programa. Le puedo afirmar que esa es una ley política conocida por todo político serio. Un partido político o un individuo político tiene que atenerse a sus propias consignas. Si un partido presenta una consigna o un programa…

SR. SCHWEINHAUT: Por favor, Sr. Cannon. Usted ha contestado…

LA CORTE: ¿No le parece que esto es argumentativo?

SR. GOLDMAN: ¡Está bien!

P: ¿Cuánto tiempo estuvo en vigor la Declaración de Principios?

R: Desde la primera semana de enero de 1938 hasta el último mes de 1940.

P: ¿Y qué sucedió en diciembre de 1940?

R: Fue convocado un congreso especial del partido donde se adoptó una resolución para suspender la Declaración de Principios y darle la orientación al Comité Nacional de que preparara un nuevo borrador para ser considerado por el partido en un congreso o conferencia posterior.

P: ¿Cuáles fueron las razones para que el congreso hiciera esto?

R: La principal razón, puedo decir, fue la aprobación por el Congreso de Estados Unidos de una ley conocida como la Ley Voorhis, que penalizaba a los partidos afiliados a organizaciones internacionales. Esa fue la razón principal.

Otras razones secundarias fueron que el partido entretanto había cambiado su posición respecto a la cuestión del partido obrero basado en los sindicatos. Algunas cuestiones se habían vuelto obsoletas con el transcurso de los acontecimientos, y en general nos pareció necesario redactar un borrador nuevo.

P: ¿Puede decirnos en breves palabras la naturaleza del cambio respecto al partido obrero?

R: Fue un cambio en dirección opuesta. Cuando adoptamos la Declaración, rehusamos apoyar estas propuestas para la organización de un partido obrero, o sea, de un partido basado en los sindicatos. Ya para el verano de 1938, cambiamos de parecer al respecto y llegamos a la conclusión de que dicho movimiento podría tener más potencialidades progresistas que al contrario.

P: Díganos qué método utilizaron para adoptar ese cambio.

R: El Comité Nacional aprobó una resolución que establecía su cambio de posición. Esta resolución fue enviada a los miembros del partido a través del boletín interno y se inició un período de discusiones, creo que de 60 días, en que cualquier miembro pudo expresar su opinión a favor o en contra del cambio. El tema fue debatido plenamente en el partido. Inclusive, no todos los miembros del Comité Nacional estaban de acuerdo con el cambio. Al final del período de discusión se sometió a un voto de referéndum de los miembros, y la mayoría votó a favor de la resolución enmendada.

P: ¿Y qué se hizo, si acaso se hizo algo, luego de la suspensión de esta Declaración de Principios respecto a la adopción de un nuevo conjunto de principios?

R: Nombramos un comité para redactar un nuevo borrador de una Declaración.

P: ¿Y se redactó ese borrador?

R: El borrador fue redactado. Celebramos una conferencia en Chicago justamente en la víspera de este juicio, creo que el 10, 11 y 12 de octubre. Hicimos una conferencia del partido conjuntamente con una reunión del Comité Nacional, y el nuevo borrador fue presentado ante la conferencia y aprobado por ella, a fin de presentarlo al partido para ser debatido y posiblemente enmendado.

Revolución social y revolución política

P: Sr. Cannon, la Declaración de Principios que fue aprobada al principio y luego suspendida, ¿plantea la necesidad de una revolución social?

R: Sí.

P: ¿Qué significa "revolución social"?

R: Revolución social significa una transformación, una transformación política y económica de la sociedad.

P: ¿Y cuál es la naturaleza de esa transformación?

R: Es de carácter fundamental y afecta el sistema de propiedad, el método de producción.

P: ¿Existe una diferencia entre una revolución política y una revolución social?

R: Sí.

P: ¿Cuál es la diferencia?

R: Pues, una revolución *política* puede ocurrir sin una transformación radical de la estructura económica subyacente, de los cimientos de propiedad de la sociedad.

En cambio, una revolución *social* no solo afecta el gobierno sino el sistema económico.

P: ¿Puede darnos algunos ejemplos de revoluciones sociales y políticas?

R: Sí. La gran revolución francesa de 1789.

SR. SCHWEINHAUT: ¿Fue esa una revolución política o una revolución social?

EL TESTIGO: Fue una revolución social, porque transformó los cimientos de propiedad de la sociedad: de la propiedad feudal a la propiedad capitalista.

P: (DEL SR. GOLDMAN) ¿Qué quiere decir con "propiedad feudal"?

R: Ese fue todo el sistema económico de la sociedad que se basaba en derechos, privilegios y restricciones, en la servidumbre, etcétera. La propiedad privada capitalista —que transformó las fincas en empresas privadas de agricultores individuales, eliminó completamente todos los vestigios de la servidumbre, y la sustituyó con el trabajo asalariado— llevó a cabo un cambio fundamental en la economía de Francia.

P: ¿Puede darnos un ejemplo de una revolución política?

R: En Francia ocurrieron dos después de la gran revolución social, en 1830 y en 1848. O sea, fueron revoluciones que solo iban dirigidas a cambiar la burocracia gobernante del país sin tocar el sistema de propiedad.

Una revolución como la que ocurrió en Panamá hace unos días —un simple cambio de un régimen por otro en un golpe palaciego— es una revolución política que no afecta para nada el carácter económico de la sociedad.

Nosotros consideramos la Guerra Civil americana una revolución social, porque destruyó el sistema de trabajo esclavo y de esclavos como propiedad, reemplazándolo con la dominación total de la empresa capitalista y del trabajo asalariado.

Condiciones necesarias para una revolución social

P: Enumere las condiciones en las cuales, según la teoría marxista, ocurrirá una revolución social contra el capitalismo.

R: Puedo darle unas cuantas.

La primera es que la sociedad existente debe haber agotado todas sus posibilidades de mayor desarrollo. Marx estableció como ley que ningún sistema social puede ser reemplazado por otro hasta que agote todas sus posibilidades de desarrollo y progreso. Se puede decir que ese es el requisito fundamental para una revolución social.

Puedo agregar unos cuantos requisitos colaterales que han sido aceptados por nuestro movimiento.

La clase dominante ya debe ser incapaz de resolver sus propios problemas, y en gran parte debe haber perdido la confianza en sí misma.

La miseria y la desesperación entre las masas deben aumentar a tal punto que desean un cambio radical a toda costa. El desempleo, el fascismo y la guerra se convierten en problemas de magnitud cada vez mayor y queda evidente que la clase gobernante existente no los puede resolver. Entre las masas de productores debe existir un tremendo sentimiento a favor de las ideas socialistas y de la revolución socialista.

Además de estos requisitos que he mencionado, es necesario contar con un partido obrero capaz de dirigir y organizar resueltamente el movimiento de los trabajadores para darle una solución revolucionaria a la crisis.

P: Ahora, ¿qué puede decirnos sobre la existencia en la actualidad del factor del declive del capitalismo y del hecho de que actualmente ha agotado las posibilidades de un mayor desarrollo, en lo que respecta a Estados Unidos?

R: A nivel mundial, el capitalismo ha agotado sus posibilidades de desarrollo desde 1914. Desde entonces el capitalismo mundial no ha alcanzado el nivel de productividad de 1914. Por otra parte, Estados Unidos, que es el sector más poderoso del mundo capitalista, experimentó un enorme boom durante el mismo período en que el capitalismo como sistema mundial estaba decayendo. Pero indudablemente el capitalismo americano, como lo demostró la crisis de 1929 y ahora lo demuestran los preparativos bélicos, también ha comenzado una etapa de declive.

P: ¿Y cuáles son los síntomas de ese declive?

CASH!

All persons that have SLAVES to dispose of, will do well by giving me a call, as I will give the

HIGHEST PRICE FOR

Men, Women, &

CHILDREN.

Any person that wishes to sell, will call at Hill's tavern, or at Shannon Hill for me, and any information they want will be promptly attended to.

Thomas Griggs.

Charlestown, May 7, 1835.

"La Guerra Civil americana fue una revolución social: destruyó el sistema de trabajo esclavo". —*James P. Cannon*

Con la derrota de la clase esclavista en la Guerra Civil de 1861–65, los esclavos emancipados se sumaron a agricultores explotados y a trabajadores antiesclavistas para formar gobiernos de Reconstrucción Radical en el Sur. Estos gobiernos prohibieron la discriminación racial, ampliaron los derechos de los trabajadores, crearon escuelas públicas gratuitas y hospitales públicos, hicieron valer el sufragio universal masculino y aumentaron los derechos para las mujeres.

Arriba: Por primera vez, tanto mujeres como hombres participaron en actividades políticas. Abajo: Décadas antes, en mayo de 1835, un anuncio para la compra de esclavos en Charleston, Carolina del Sur.

R: Los síntomas eran el ejército de 15 millones de desempleados, la caída de la producción desde 1929; el hecho de que hoy día los índices de mayor productividad se basan casi totalmente en la producción de armamentos, que no ofrece bases algunas para una estabilidad permanente.

P: ¿Qué podría decir sobre la existencia hoy día del segundo factor que usted enumeró como requisito para una situación revolucionaria, es decir, la incapacidad de la clase dominante de resolver sus problemas?

R: Creo que de ninguna manera se ha alcanzado en este país la etapa crítica que obligatoriamente alcanzará en la víspera de una revolución. No pueden resolver sus problemas aquí, pero aún no lo saben.

SR. ANDERSON (FISCAL): ¿Cuál fue la última parte de esa respuesta, señor secretario?

EL TESTIGO: Dije que la clase dominante americana no puede resolver sus problemas, pero todavía no están consciente de eso.

SR. ANDERSON: Ya veo.

EL TESTIGO: No lo digo como burla, porque como dije antes, la clase gobernante primero debe perder la confianza en sí misma, como ha pasado en todos los países donde ha ocurrido una revolución.

P: (DEL SR. GOLDMAN) ¿Cuál es la posición del partido respecto a los intentos de Roosevelt de mejorar el sistema social en este país?

R: ¿En qué sentido, "mejorar el sistema social"?

P: Poner en marcha nuevamente al capitalismo, desde de la depresión de 1929.

R: Bueno, todas esas medidas del Nuevo Trato fueron posibles en este país, y no fueron posibles en los países más pobres de Europa, por la enorme acumulación de riquezas en Estados Unidos. Pero el resultado neto de todo el experimento del Nuevo Trato fue simplemente el desembolso de miles y miles de millones de dólares para crear una estabilidad ficticia, que a fin de cuentas se evaporó.

Ahora la administración Roosevelt pretende lograr lo mismo por el medio artificial de un boom bélico, o sea, un auge de armamentos, pero nuevamente, a nuestro criterio, esto no ofrece posibilidad alguna de una estabilidad permanente.

P: Respecto a la miseria y al sufrimiento de las masas, ¿qué diría sobre la existencia de ese factor en Estados Unidos?

R: A nuestro criterio, el nivel de vida de las masas se ha deteriorado progresivamente en este país desde 1929. Aún no ha alcanzado la etapa que mencioné como requisito para un enorme auge de sentimiento revolucionario, pero millones de trabajadores americanos quedaron empobrecidos después de 1929; y esto, en nuestra opinión, es una clara señal del desarrollo de este requisito para la revolución.

P: ¿Acaso el partido, o algún miembro con autoridad en el partido, ha hecho algún pronóstico de cuánto tiempo tardará para que las masas lleguen a tal estado de miseria y sufrimiento que buscarán una solución aceptando el socialismo?

SR. SCHWEINHAUT: Simplemente conteste sí o no.

SR. GOLDMAN: Puede contestar sí o no y después yo puedo continuar.

SR. SCHWEINHAUT: Lo que quiero saber es: ¿se hizo por escrito o se dijo verbalmente, y en qué circunstancias?

EL TESTIGO: No recuerdo ninguna predicción en término de años, pero el problema ha sido planteado y debatido y han prevalecido diferentes opiniones. Puedo decirle acerca de esto muy brevemente, si lo desea.

SR. SCHWEINHAUT: Protesto.

SR. GOLDMAN: Abundan las pruebas, su Señoría, por parte del gobierno, respecto a lo que los acusados dijeron de cuándo vendrá la revolución y en qué circunstancias, y yo quiero una afirmación oficial del jefe del partido.

SR. SCHWEINHAUT: Retiro la protesta.

EL TESTIGO: No recuerdo ninguna predicción sobre el número de años. Se nos entrena aplicando el método histórico y pensamos en términos históricos.

SR. SCHWEINHAUT: Por favor conteste la pregunta. Usted dijo que no recuerda que alguien haya hecho una predicción en términos de años, pero que se había debatido. Díganos quién lo debatió y dónde, en vez de lo que usted opina al respecto.

EL TESTIGO: Bien. Trotsky planteó la tesis en los primeros días de nuestro movimiento de que Estados Unidos sería el último país en hacerse socialista, y que toda Europa, la Europa socialista, tendría que defenderse contra la intervención del capitalismo americano.

Posteriormente, en la época de la crisis de 1929, Trotsky modificó su predicción y dijo que de ninguna manera podría garantizarse que Estados Unidos no pudiera ser el primero en tomar el camino de la revolución.

En nuestras filas se han expresado diferentes opiniones de esta índole, pero que yo sepa no hay ninguna opinión establecida, ninguna decisión que se haya tomado.

P: (DEL SR. GOLDMAN) Permítame dirigir su atención a ese factor que usted enumeró como requisito para la revolución social aquí en Estados Unidos, concretamente, la aceptación de la idea socialista por la mayoría del pueblo. ¿Qué puede decir respecto a este factor en la actualidad en Estados Unidos?

R: Está un poco ausente, diría yo.

P: Bueno, explíquelo.

R: La gran masa del pueblo americano aún no está familiarizada con las ideas socialistas. Esto se observa de diversas maneras: por los resultados que obtenemos en las elecciones, por la asistencia a nuestros mítines, por la difusión de nuestra prensa, etcétera. Muestra que un porcentaje muy pequeño del pueblo americano está interesado hoy día en las ideas socialistas.

P: ¿Cuántos votos recibió como candidato para alcalde de Nueva York?

R: No sé si los contaron del todo...

LA CORTE: —Haremos nuestro receso ahora.

(Receso de la tarde)

LA CORTE: Prosigan.

P: (DEL SR. GOLDMAN) Permítame dirigir su atención a la condición que según dijo era requisito para una revolución social en Estados Unidos, o sea, la que se refiere a un partido, y le pregunto si eso existe en la actualidad.

R: No, un partido con suficiente influencia, no, de ninguna manera.

P: ¿Qué papel desempeña el partido antes de la transformación del orden social?

R: Pues, lo único que puede hacer, cuando es un partido minoritario, es tratar de popularizar sus ideas, sus programas, publicando periódicos, revistas, libros, folletos, celebrando actividades, trabajando en los sindicatos: a través de la propaganda y la agitación.

P: ¿Podría decirle a la corte y al jurado qué se entiende por el término "lucha de clases", según lo emplea Marx?

R: No puedo decirlo en dos oraciones, por supuesto. ¿Se refiere usted a la lucha de clases en la sociedad actual?

P: Sí, limítese a la lucha de clases en la sociedad actual.

R: Marx sostenía que la sociedad actual está dividida en dos clases principales. Una es la clase capitalista, o la burguesía. Burguesía es un término francés usado por Marx de forma intercambiable con la expresión "el capitalista moderno".

La otra clase principal es la clase trabajadora, el proletariado. Estas son las dos clases principales en la sociedad. Los trabajadores son explotados por los capitalistas. Existe un constante conflicto de intereses entre ellos, una lucha incesante entre estas clases, que solo puede culminar finalmente con la victoria del proletariado y el establecimiento del socialismo.

P: ¿A quién incluye usted en el término "clase trabajadora"?

R: Usamos el término clase trabajadora, o proletariado, para referirnos a los trabajadores asalariados modernos. Frecuentemente se amplía su aplicación para incluir a los pequeños agricultores, aparceros, arrendatarios, agricultores pobres, etcétera, pero ese no es un uso preciso y científico del término según lo define Marx.

P: ¿Qué otras clases existen, si las hay, además de la clase trabajadora y la capitalista, según la teoría marxista?

R: Entre estas dos principales clases poderosas de la sociedad, está la clase que Marx describe como la pequeña burguesía, es decir, los pequeños propietarios, los pequeños operadores, personas que tienen sus propios negocios pequeños, sus pequeñas tiendas, el agricultor que posee una pequeña finca. Ellos constituyen una clase que Marx llamaba la pequeña burguesía.

P: ¿Qué puede decir en referencia a la clase profesional?

R: Sí, en términos generales también se incluyen en esta categoría de la pequeña burguesía en la terminología marxista.

P: ¿Y cuál es la actitud del partido hacia esta clase media?

R: La opinión del partido es que la clase trabajadora asalariada no puede por sí sola llevar a cabo exitosamente la revolución social. Los trabajadores deben tener el apoyo de una mayoría decisiva de la pequeña burguesía, y especialmente de los pequeños agricultores. Esto —que Trotsky ha reiterado una y otra vez, basándose en la experiencia rusa y la alemana— es un requisito absoluto para el éxito de una revolución: que los trabajadores deben tener el apoyo de la pequeña burguesía. Si no, los fascistas los captarán, como sucedió en Alemania, y en lugar de una revolución social progresista, tendremos una contrarrevolución reaccionaria del fascismo.

Dictadura del proletariado

P: Defina el término "dictadura del proletariado".

R: La "dictadura del proletariado" es la definición que Marx le dio a un estado que estará funcionando durante el período de transición entre el derrocamiento del capitalismo y la instauración de la sociedad socialista. Es decir, el gobierno de trabajadores y agricultores, según el criterio de los marxistas, será una dictadura de clase que representará directamente a los trabajadores y agricultores, y ni siquiera pretenderá representar los intereses económicos de los capitalistas.

P: ¿Qué forma asumirá esa dictadura en relación a la clase capitalista?

R: ¿Usted quiere decir cuál será la actitud hacia los capitalistas despojados?

P: Sí, ¿cómo ejercerá esa dictadura sobre la clase capitalista?

R: Eso depende de una serie de condiciones. No hay regla fija. Depende de varias condiciones, de las cuales la más importante es la riqueza y los recursos del país donde ocurra la revolución; y la segunda es la actitud de la clase capitalista: si los capitalistas aceptan al nuevo régimen o emprenden una lucha armada contra él.

P: ¿Cuál es la diferencia entre la definición científica de "dictadura del proletariado" y el uso común de la palabra "dictadura"?

R: La impresión popular de una dictadura es el dominio unipersonal, el absolutismo. Pienso que este es el significado popular de la palabra dictadura. Eso de ninguna manera es el significado del término marxista "dictadura del proletariado". Significa la dictadura de una clase.

P: ¿Y cómo actuará la dictadura del proletariado en lo que se refiere a los derechos democráticos?

R: Pensamos que será el gobierno más democrático que jamás ha existido desde el punto de vista de la gran masa del pueblo, mucho más democrático, en la verdadera esencia del asunto, que la actual democracia burguesa en Estados Unidos.

P: ¿Y qué acerca de la libertad de expresión y todas las libertades que generalmente asociamos con un gobierno democrático?

R: Pienso que en Estados Unidos, podríamos decir con absoluta certeza, que las libertades de expresión, de prensa, de asamblea y de culto, estarán incluidos en el programa de una revolución exitosa.

Violencia capitalista contra la revolución socialista

P: Ahora, ¿cuál es la opinión de los marxistas respecto al cambio del orden social, si irá acompañado o no por la violencia?

R: La opinión de todos los marxistas es que irá acompañado por la violencia.

P: ¿Por qué?

R: Esto se basa, como toda la doctrina marxista, en el estudio de la historia, de las experiencias históricas de la humanidad durante los numerosos cambios de la sociedad de una forma a otra, las revoluciones que los han acompañado y la resistencia que invariablemente presentan las clases caducas en contra del nuevo orden. Sus intentos de defenderse contra el nuevo orden, o de suprimir con violencia al movimiento a favor de ese nuevo orden, han tenido como consecuencia, hasta ahora, que cada transformación social importante haya sido acompañada por la violencia.

P: En la opinión de los marxistas, ¿quién inició esa violencia?

R: Siempre la clase dominante. Siempre ha sido la clase caduca que no quiere abandonar el escenario cuando llega el momento. Quieren aferrarse a sus privilegios, reforzarlos con medidas violentas, en contra de la mayoría en ascenso, y se topan con la violencia de masas de la nueva clase, la cual según ha decretado la historia tomará el poder.

P: ¿Cuál es la opinión de los marxistas respecto a convencer a la mayoría del pueblo a las ideas socialistas?

R: Sí, ese es definitivamente el objetivo del partido. Es la meta del movimiento marxista, y la ha sido desde su origen. Marx dijo que la revolución social del proletariado —creo que puedo citar de memoria sus palabras exactas— "es un movimiento de la inmensa mayoría a favor de los intereses de la inmensa mayoría". Dijo esto al distinguirlo de las revoluciones anteriores que se hicieron a favor de los intereses de minorías, como fue el caso de Francia en 1789.

P: ¿Cuál diría que es la opinión de los marxistas respecto a la conveniencia de una transición pacífica?

R: La posición de los marxistas es que el método más económico y preferible, el más conveniente para la transformación social es, desde luego, hacerla pacíficamente.

P: Y en la opinión de los marxistas, ¿eso está absolutamente excluido?

R: Pues, yo no diría absolutamente excluido. Decimos que las lecciones de la historia no ofrecen ningún ejemplo importante a favor de esta idea de manera que uno pudiera contar con ella.

P: ¿Puede darnos ejemplos en la historia de Estados Unidos de una minoría que se ha negado a someterse a la mayoría?

R: Le puedo dar uno muy importante. La concepción de los

marxistas es que, aun si se logra de forma pacífica el traspaso del poder político de los capitalistas al proletariado, la minoría —la clase capitalista explotadora— se rebelará contra el nuevo régimen, por más legal que sea su creación.

Puedo darle un ejemplo de la historia de Estados Unidos. La Guerra Civil de 1861 fue consecuencia del hecho de que los esclavistas del Sur no aceptaron la victoria parlamentaria legal del capitalismo del Norte, la elección del presidente Lincoln.

P: ¿Puede darnos un ejemplo fuera de Estados Unidos donde una minoría reaccionaria se rebeló contra una mayoría en el poder?

R: Sí, en España. La coalición de partidos obreros y liberales en España obtuvo una mayoría absoluta en las elecciones y estableció el gobierno del Frente Popular. Tan pronto fue instaurado, este gobierno tuvo que enfrentarse a una rebelión armada dirigida por los capitalistas reaccionarios de España.

P: Así que la teoría marxista y la teoría del Partido Socialista de los Trabajadores, en lo que se refiere a la violencia, es una predicción fundada en el estudio de la historia, ¿verdad?

R: Bueno, esa es parte de la respuesta. Es una predicción de que la clase caduca, que queda en minoría ante el ascenso revolucionario en el país, intentará preservar sus privilegios usando métodos violentos contra la voluntad de la mayoría. Es eso lo que predecimos.

Por supuesto, no nos limitamos simplemente a esa predicción. Vamos más allá, y les aconsejamos a los trabajadores que lo tengan en cuenta y se preparen para no permitir que la minoría reaccionaria caduca frustre la voluntad de la mayoría.

P: ¿Qué papel ocupa el surgimiento y la existencia del fascismo en relación a la posibilidad de la violencia?

R: Es realmente el meollo del problema, porque la violencia reaccionaria de la clase capitalista, expresada a través del

"Aun si el traspaso del poder político se logra pacíficamente, la clase capitalista minoritaria se rebelará. La Guerra Civil en Estados Unidos resultó del hecho de que los esclavistas rehusaron aceptar la elección del presidente Lincoln.

"En España, cuando los partidos obreros y los partidos liberales obtuvieron una mayoría y formaron el gobierno del Frente Popular, se enfrentaron a una rebelión armada de los capitalistas reaccionarios". ***—James P. Cannon***

Arriba: Soldados en la Artillería de Color de Estados Unidos hacen prácticas de tiro. Unos 200 mil negros se integraron al Ejército de la Unión para derrotar la rebelión de los esclavistas.

Abajo: Trabajadores en Barcelona forman milicia, 1936, para defender la república contra fuerzas fascistas dirigidas por el general Francisco Franco.

fascismo, se invoca contra los trabajadores. Mucho antes de que el movimiento revolucionario de los trabajadores gane a la mayoría, se organizan pandillas fascistas que son subsidiadas con millones por los principales capitalistas industriales y financieros, según lo demostró el ejemplo de Alemania, y estas bandas fascistas se dedican a desarticular el movimiento obrero por la fuerza. Invaden las sedes sindicales, asesinan a los dirigentes, desbaratan las reuniones, incendian las imprentas y destruyen su funcionamiento mucho antes de que el movimiento obrero haya emprendido el camino de la revolución.

Digo que ese es el meollo de todo el problema de la violencia. Si los trabajadores no reconocen esto y no empiezan a defenderse contra los fascistas, nunca tendrán la posibilidad de votar sobre la cuestión de la revolución. Correrán la misma suerte que el proletariado alemán y el italiano, y se hallarán encadenados por la esclavitud fascista antes de tener la oportunidad de una votación justa sobre la opción de si quieren o no el socialismo.

Para los trabajadores es una cuestión de vida o muerte que se puedan organizar para impedir que el fascismo, que las bandas fascistas, desarticulen las organizaciones obreras, y no esperar hasta que ya sea demasiado tarde. Esto forma parte del programa de nuestro partido.

P: ¿Qué diferencia hay, Sr. Cannon, entre abogar por la violencia y predecir una revolución violenta?

SR. SCHWEINHAUT: Protesto.

LA CORTE: ¿Está calificado este hombre para contestar esa pregunta? ¿Es una pregunta que a él le toca contestar?

SR. SCHWEINHAUT: Es algo que le toca al jurado determinar.

SR. GOLDMAN: Voy a formular la pregunta de otra manera.

P: (DEL SR. GOLDMAN) ¿Cuál es la actitud del Partido Socialista de los Trabajadores respecto a abogar por la revolución violenta?

R: No, hasta donde tengo conocimiento, no hay autoridades entre los más representativos maestros del marxismo que aboguen por la revolución violenta. Si podemos tener la posibilidad de una revolución pacífica haciéndose valer la voluntad de la mayoría del pueblo, me parece que sería completamente absurdo rechazarla, porque si no contamos con el apoyo de la mayoría del pueblo, no podremos hacer una revolución exitosa.

P: Explique la oración que leí en la página 6 de la Declaración de Principios, la Prueba No. 1 del gobierno:

> "Es una ilusión la creencia de que en un país como Estados Unidos vivimos en una sociedad libre y democrática en la cual los cambios económicos fundamentales se pueden realizar por la persuasión, la educación y los métodos legales y puramente parlamentarios".

R: Eso nos lleva de nuevo a lo que dije antes: que consideramos una ilusión que los trabajadores piensen que la clase dominante no recurrirá a la violencia contra ellos cuando ellos estén tratando de organizar a la mayoría del pueblo.

El gobierno en un estado obrero

P: ¿Qué significa la expresión "derrocamiento del estado capitalista"?

R: Significa reemplazarlo con un gobierno de trabajadores y agricultores; eso es lo que queremos decir.

P: ¿Qué significa la expresión "destruir la maquinaria del estado capitalista"?

R: Queremos decir que cuando establezcamos el gobierno de trabajadores y agricultores en este país, el funcionamiento de este gobierno, sus tareas, todo su carácter, será tan profunda y radicalmente diferente de las funciones, las tareas y el carácter del estado burgués que tendremos que cambiarlo en toda su extensión. Desde el principio, el estado obrero tiene una base diferente, y es diferente en todo aspecto. Tiene que crear un aparato estatal totalmente nuevo, un nuevo aparato estatal de arriba abajo. Eso es lo que queremos decir.

P: ¿Quiere decir que no habrá ni Congreso ni Cámara de Representantes y Senado?

R: Será un tipo de Congreso diferente. Será un Congreso de representantes de los trabajadores y soldados y agricultores, basado en sus unidades de trabajo, en vez de la actual forma de representación territorial.

P: ¿Qué significa "soviet"?

R: Soviet es una palabra rusa que significa "consejo". Es el equivalente en ruso de consejo en nuestro idioma. Significa un organismo integrado por representantes de diversos grupos. Eso fue lo que significó en la Revolución Rusa. O sea, los representantes —los llamaban diputados, quizás nosotros los llamaríamos delegados— los delegados de diversos talleres en una determinada ciudad conformaban un organismo central. Los rusos lo llamaban el Soviet de Diputados de Trabajadores y Soldados.

P: Ahora díganos ¿qué quiere decir con "expropiación"?

R: La expropiación la aplicamos a las grandes industrias, que están en manos de capitalistas privados, las Sesenta Familias. Quitarlas de sus manos y ponerlas en manos del pueblo a través de sus representantes: eso es la expropiación.

P: ¿Es cuestión de principio que no se indemnizará por las

propiedades expropiadas a las Sesenta Familias?

R: No, no es cuestión de principio. Este problema ha sido debatido interminablemente en el movimiento marxista. Ninguna autoridad marxista en ningún lugar ha declarado como cuestión de principio la no indemnización. Es una cuestión de posibilidades, de finanzas suficientes, de si los propietarios privados aceptan someterse, etcétera.

P: ¿El partido les pagaría gustosamente a estos propietarios si ellos pudieran evitar la violencia?

R: Solo puedo dar mi opinión.

P: ¿Y cuál es su opinión?

R: Mi opinión personal es que si los trabajadores lograran el apoyo de la mayoría y confrontaran a los dueños capitalistas de la industria privada con la realidad de esa mayoría y de su poder, y si pudiéramos entonces llegar a un arreglo con los capitalistas para indemnizarlos por sus propiedades y dejarles disfrutar esto por el resto de su vida, pienso que sería una manera más barata y satisfactoria de efectuar la transformación social necesaria que con una guerra civil. Personalmente yo votaría por eso, si se pudiera conseguir que los capitalistas lo aceptaran, lo cual no se podría lograr.

P: ¿Y qué actitud toma el partido respecto a las elecciones?

R: Nuestro partido presenta candidatos dondequiera que es capaz de aparecer en la boleta electoral. Llevamos a cabo campañas muy enérgicas durante las elecciones, y en general —dentro de nuestras posibilidades y nuestros recursos— participamos en campañas electorales.

P: ¿En qué campañas recuerda que ha participado el partido en los últimos años?

R: Pues, recuerdo la candidatura el año pasado de la camarada Grace Carlson para el Senado de Estados Unidos. Yo he sido candidato del partido en diversas ocasiones y para diversos puestos. En Newark, donde contamos con una buena organización, hemos postulado candidatos para cada elección desde hace mucho tiempo. Cito estos tres ejemplos. En general el partido mantiene la política de postular a candidatos dondequiera que sea posible.

P: ¿Y el partido a veces apoya a otros candidatos que no sean los suyos?

R: Sí. En los casos donde no tenemos candidato, nuestra política, como regla, es de apoyar a los candidatos de otro partido obrero, o de un partido obrero basado en los sindicatos o de un partido de los agricultores y trabajadores. Damos apoyo crítico a esas candidaturas. O sea, no apoyamos su programa, pero votamos por ellos y solicitamos votos para ellos con la explicación de que no estamos de acuerdo con su programa. Los apoyamos contra los candidatos de los partidos Republicano y Demócrata.

Por ejemplo, siempre hemos apoyado a los candidatos del Partido de los Agricultores y Trabajadores en Minnesota en todos los casos donde nuestro partido no tenía candidato propio. Apoyamos a los candidatos del Partido Americano del Trabajo en Nueva York en condiciones similares.

P: ¿Cuál es el propósito del partido al participar en estas campañas electorales?

R: El primer objetivo, diría, es el de aprovechar plenamente las posibilidades democráticas para popularizar nuestras ideas, para tratar de salir electos cuando sea posible; y desde una perspectiva a largo plazo, probar al máximo las posibilidades de impulsar la causa socialista por medios democráticos.

P: ¿Qué objetivo tenían usted y sus socios al crear el Partido Socialista de los Trabajadores?

R: El objetivo era la organización de nuestras fuerzas para

propagar de forma más eficaz nuestras ideas, con el objetivo final que ya he mencionado: el desarrollo de un partido que sea capaz de dirigir a las masas trabajadoras del país hacia el socialismo por medio de la revolución social.

El gobierno capitalista

P: ¿Cuál es la actitud del partido y la opinión del partido en lo que se refiere al gobierno según existe ahora, al gobierno capitalista?

R: Sí, lo consideramos un gobierno capitalista. Esto se afirma en nuestra Declaración de Principios. O sea, es un gobierno que representa los intereses económicos de la clase capitalista en este país, y no los intereses de los trabajadores y de los agricultores pobres; no representa los intereses de todo el pueblo, como afirman, sino que es un gobierno de clase.

P: ¿Qué opinión tiene el partido en cuanto a diferencias en el seno de la clase dominante, o sea, entre elementos más liberales o más reaccionarios?

R: No vemos a la clase capitalista como unidad sólida y homogénea. Existe toda clase de tendencias diversas, de diversos intereses entre ellos, que se reflejan en distintos partidos capitalistas y en distintas facciones en esos partidos y en luchas muy acaloradas. Un ejemplo es la actual lucha entre los intervencionistas y los aislacionistas.

P: ¿El partido mantiene una actitud de si la administración Roosevelt es más o menos liberal que las administraciones anteriores?

SR. SCHWEINHAUT: Protesto porque no es pertinente.

LA CORTE: Protesta aceptada.

P: ¿Es posible que exista una diferencia de opinión dentro del partido sobre la cuestión de si la transformación será pacífica o violenta?

R: Pienso que es posible, sí.

P: Entonces, ¿no es obligatorio que todo miembro tenga una opinión sobre lo que depara el futuro para el partido o para los trabajadores?

R: No, no pienso que sea obligatorio, ya que es una opinión sobre el futuro que no puede determinarse con precisión científica.

P: ¿Qué medidas ha tomado el partido, si acaso las ha tomado, para asegurar una interpretación correcta de la política del partido por parte de sus miembros individuales?

R: Bueno, además de nuestras charlas públicas, nuestra prensa, foros, etcétera, tenemos reuniones internas, reuniones educativas. En las ciudades más grandes, por lo general organizamos una escuela, donde enseñamos las doctrinas del partido. Con los camaradas en lo individual, con los trabajadores sin preparación escolar que no comprenden nuestro programa o que lo interpretan erróneamente, se toma toda clase de medidas para tratar de explicarles las cosas, para convencerlos del punto de vista del partido. Esto sucede frecuentemente, porque, después de todo, el programa del partido es un documento que representa casi 100 años de pensamiento socialista, y no esperamos que los trabajadores no escolarizados que se integran a nuestro partido comprendan todas esas doctrinas con la precisión de un dirigente profesional del partido.

P: ¿Qué puede decirnos sobre las diferencias, y el grado de conocimientos de los diversos miembros del partido?

R: Bueno, hay una gran diferencia entre diversos miembros y diversos dirigentes.

P: ¿Es posible corregir siempre cada error que cometa cada miembro del partido?

SR. SCHWEINHAUT: Protesto.

LA CORTE: Me parece que la respuesta es obvia.

SR. SCHWEINHAUT: Yo aceptaré como dado que no siempre es posible.

SR. GOLDMAN: Muy bien.

Internacionalismo del PST

P: (DEL SR. GOLDMAN) ¿Y qué posición toma el partido respecto a la cuestión del internacionalismo?

R: El partido es internacionalista en su esencia misma.

P: ¿Y qué quiere decir con eso?

R: Creemos que el mundo moderno es una unidad económica. Ningún país es autosuficiente. Es imposible resolver la acumulación de problemas actuales sin hacerlo a escala mundial. Ninguna nación es autosuficiente y ninguna nación puede permanecer sola.

La economía del mundo está unida hoy día en un solo conjunto, y puesto que pensamos que la solución del problema de estos días —el establecimiento del socialismo— es un problema mundial, creemos que los trabajadores más avanzados en cada país deben colaborar para avanzar hacia esta meta. Nosotros, desde los inicios mismos de nuestro movimiento, hemos colaborado con personas de ideas afines en todos los demás países, tratando de promover el movimiento socialista a escala mundial. Hemos abogado por la organización internacional de los trabajadores y su cooperación en todo sentido, y la mutua ayuda en todo lo que sea posible.

P: ¿Y el partido mantiene alguna actitud hacia la cuestión de diferencias raciales o nacionales?

R: Sí, el partido se opone a todas las formas de chovinismo nacional, de prejuicios raciales, de discriminación, de desprecio hacia razas; me refiero aquí a esa detestable teoría de los fascistas sobre las razas inferiores. Defendemos y creemos en la completa igualdad para todas las razas, las nacionalidades y los credos. Hemos incorporado a nuestro programa el hecho de que luchamos contra el antisemitismo y exigimos igualdad plena e incondicional para el negro en todos los órdenes de la vida. Somos amigos de los pueblos coloniales, de los chinos, de todos los que son convertidos en víctimas y son tratados como inferiores.

P: ¿Y cuál es la posición del partido sobre el socialismo como sistema mundial?

R: No solo estamos a favor de un movimiento socialista internacional, sino que creemos que el orden socialista será un orden mundial, no una autarquía nacional, que ha sido llevada a su extremo absurdo por los fascistas, quienes han tratado de establecer la teoría de que Alemania podría ser una nación totalmente autosuficiente en el sentido económico, que podría serlo Italia, etcétera. Creemos que la riqueza del mundo, las materias primas del mundo y los recursos naturales del mundo están distribuidos por el planeta de tal manera que cada país aporta algo y carece de algo para lograr un desarrollo integral y armonioso de las fuerzas productivas de la humanidad.

Concebimos la futura sociedad humana como un orden mundial socialista donde habrá una división del trabajo entre los diversos países según sus recursos, una colaboración fraternal y finalmente la producción de las necesidades y los lujos de la humanidad de acuerdo con un plan mundial universal y único.

P: ¿El partido perteneció alguna vez a una organización internacional?

R: El partido perteneció a la Cuarta Internacional. Esta fue designada así para distinguirla de las otras tres organizaciones internacionales que se han conocido en la historia del socialismo. La primera, la Asociación Internacional de Trabajadores, se fundó bajo la dirección de Marx en la década de 1860 que duró aproximadamente hasta 1871.*

La Segunda Internacional se organizó a iniciativa de los partidos socialistas alemán, francés y de otros países europeos alrededor de 1890, y continúa hasta el presente. Incluye a los partidos socialistas y sindicatos reformistas de Europa, o por lo menos así fue hasta que fueron destruidos por la plaga hitleriana.

La Tercera Internacional se fundó bajo la dirección de Lenin y Trotsky después de la Revolución Rusa. Se fundó en 1919, como rival de la Segunda Internacional. El principal motivo fue que la Segunda Internacional había apoyado la guerra imperialista de 1914 y, desde la perspectiva de los bolcheviques, había traicionado así los intereses de los trabajadores.

La Cuarta Internacional se organizó a iniciativa de Trotsky como rival de la Tercera Internacional estalinista. Nosotros participamos en la creación de ese movimiento y participamos en su trabajo hasta diciembre último.

P: ¿Y cuál fue la razón para que dejaran de pertenecer a ella?

R: La aprobación por el Congreso de la Ley Voorhis, que decretó sanciones contra las organizaciones que tuvieran alguna afiliación internacional, hizo necesaria nuestra separación. Convocamos a un congreso especial del partido y rompimos formalmente nuestras relaciones con la Cuarta Internacional en cumplimiento con la Ley Voorhis.

P: ¿Y qué papel representan las resoluciones de la Cuarta Internacional en el partido?

R: Bueno, tienen una tremenda autoridad moral en nuestro partido. Todas las secciones de la Cuarta Internacional han sido autónomas en sus decisiones nacionales, pero los docu-

* La Primera Internacional se fundó el 28 de septiembre de 1864, y se disolvió formalmente el 15 de julio de 1876.—Ed.

mentos programáticos de la Cuarta Internacional, en la medida que son aplicables a las condiciones americanas, tienen una influencia decisiva para nosotros.

P: ¿Así que ustedes los aceptan en tanto son aplicables a las condiciones nacionales?

R: Sí, no al pie de la letra en el sentido de nuestra Declaración de Principios, pero constituye una línea general ideológica que nos guía.

Los sindicatos

P: ¿Y el partido está interesado en el movimiento sindical?

R: Sí, claro, enormemente.

P: ¿Y por qué?

R: Consideramos al movimiento sindical como la organización básica de los trabajadores, que debe incorporar a la gran masa de los trabajadores, y debe integrarlos a la lucha cotidiana para defender sus intereses. Estamos a favor de los sindicatos y participamos en el trabajo de organizarlos dondequiera que podamos.

P: ¿Y qué objetivo fundamental tiene el partido al tratar de fortalecer los sindicatos y organizarlos en los lugares donde no existen?

R: Pues, tenemos un doble objetivo. Uno, que estamos realmente interesados en cualquier cosa que beneficie a los trabajadores. Los sindicatos ayudan a los trabajadores a resistir la opresión, y posiblemente a ganar mejores condiciones; eso para nosotros es una razón decisiva para apoyarlos, porque estamos a favor de todo lo que beneficie a los trabajadores.

Una segunda razón es que los sindicatos, que son grandes organizaciones de masas, ofrecen el terreno más fecundo para nuestro trabajo de popularizar las ideas del partido y ampliar la influencia del partido.

P: ¿Qué instrucciones, si las hay, les dan a los miembros del partido respecto a sus actividades en los sindicatos?

R: Orientamos a nuestros miembros para que sean los mejores sindicalistas, para hacer el máximo trabajo en los sindicatos —ser los más atentos, los más activos en el trabajo sindical— y ser los más diestros en su oficio, a fin de resultar influyentes por sus habilidades y sus acciones a favor de los trabajadores en el sindicato.

P: ¿El partido toma alguna posición en relación al CIO y a la AFL?

SR. SCHWEINHAUT: Protesto porque no es pertinente, Su Señoría.

LA CORTE: ¿Qué pertinencia tiene eso, Sr. Goldman?

SR. GOLDMAN: Pues, explicará la lucha aquí en el Local 544-CIO, sobre la cual los testigos del gobierno han prestado testimonio.

LA CORTE: Puede contestar.

EL TESTIGO: Sí, tomamos una posición.

P: (DEL SR. GOLDMAN) ¿Y cuál es esa posición, Sr. Cannon?

R: En general estamos a favor del sindicalismo industrial. O sea, la forma de sindicalismo que organiza a todos los trabajadores de una misma fábrica o de una misma industria en un solo sindicato. La consideramos una forma de organización más progresista y eficaz que los gremios por oficios, así que apoyamos el principio del sindicalismo industrial.

El CIO ha encontrado el mayor terreno para su trabajo en las grandes industrias de producción en masa, como las industrias automotriz y del acero, que antes no estaban organizadas, donde los obreros no gozaban de la protección de ninguna organización, y donde la experiencia mostró que a través de los gremios de oficios —con una decena o más de estos gremios en una sola planta— era imposible organizarlos. Lo consideramos un fenómeno inmensamente progresista —la sindicalización de varios millones de obreros en las industrias de producción en masa— así que en general simpatizamos con la tendencia representada por el CIO.

Pero no condenamos a la AFL. Nos oponemos al sindicalismo por oficios, pero muchos de nuestros miembros pertenecen a los sindicatos de la AFL y en general tenemos la misma actitud hacia ellos que hacia los del CIO: de organizarlos, fortalecerlos, de mejorar las condiciones de los trabajadores. Y somos abanderados de la idea de la unidad entre el CIO y la AFL; eso se incorporó en nuestra Declaración de Principios. Así que, aunque somos bastante parciales hacia el CIO como movimiento nacional, estamos a favor de la unidad, a condición de que no se sacrifique el sindicalismo industrial como forma de organización.

P: ¿Cuál es la política del partido respecto a la existencia de la democracia en los sindicatos?

R: La Declaración de Principios, y todos nuestros editoriales y discursos, están reivindicando continuamente un régimen democrático en los sindicatos, reclamando el derecho de los miembros de pronunciarse libremente, de tener elecciones libres y elecciones frecuentes, y en general de mantener los sindicatos bajo el control de las filas mediante el sistema de la democracia.

P: ¿Cuál es la política del partido respecto al extorsionismo y gangsterismo en los sindicatos?

R: La Declaración de Principios igualmente denuncia a los extorsionistas, a los gángsters, a todos los elementos criminales. Llama a nuestros miembros y simpatizantes a luchar implacablemente para depurarlos de los sindicatos, y prohíbe bajo pena de expulsión que un miembro del partido dé apoyo directo o indirecto a cualquier elemento gangsteril o extorsionista en los sindicatos.

P: ¿Existe una política del partido en términos de controlar los sindicatos?

R: No, un sindicato es una organización independiente, autónoma y...

SR. SCHWEINHAUT: Bien, usted ya contestó la pregunta. Le preguntó si había una política respecto a controlar los sindicatos y usted dijo "no".

SR. GOLDMAN: Déjelo que explique.

SR. SCHWEINHAUT: ¿Por qué requiere explicación?

SR. GOLDMAN: Se ha presentado por lo menos, podría decir, 25 o 50 páginas de pruebas acerca del control de los sindicatos por el partido.

SR. SCHWEINHAUT: Y el testigo ha dicho que no existe dicha política. Esto agota el tema.

LA CORTE: Pues, ciertamente ha contestado la pregunta.

P: (DEL SR. GOLDMAN) ¿De qué manera trata el partido de obtener la mayor influencia en los sindicatos?

R: Tratamos de lograr que los miembros de los sindicatos se esfuercen por obtener una influencia directiva en los sindicatos.

P: ¿Cómo?

R: Primero, con la orientación a nuestros miembros en los sindicatos de que deben ser los mejores sindicalistas en su sindicato y los mejores trabajadores en su centro de trabajo. Eso es primordial, para que puedan ganarse el respeto y la confianza de sus compañeros de trabajo.

En segundo lugar, deben participar activamente en la propagación de nuestras ideas entre otros trabajadores. Deben ocuparse y mantenerse activos en todos los asuntos sindicales: tratar de obtener subscripciones para nuestro periódico, tratar de influir en miembros de los sindicatos para que asistan a nuestras charlas y clases, y dedicarse a ganar simpatía y apoyo hacia el partido y su programa. Eso sí lo decimos, no cabe duda.

P: ¿Y qué política sigue el partido en cuanto a ubicar a sus miembros en cargos oficiales en los sindicatos?

R: Sí, siempre que puedan ser elegidos honestamente, los alentamos para que lo intenten.

P: ¿Pero a través de elecciones?

R: Sí, a través de elecciones. También, si pueden ser nombrados por algún organismo directivo superior y si el trabajo no contradice nuestros principios, les aconsejamos que acepten el nombramiento, como fue el caso, por ejemplo, del camarada Dobbs.

P: ¿Nombramiento a qué cargo?

R: Dobbs en un momento fue nombrado organizador internacional del sindicato de los Teamsters.

LA CORTE: Señoras y señores del jurado, por favor tengan en cuenta las advertencias de la corte. Estaremos en receso hasta mañana a las 10 de la mañana.

MIÉRCOLES 19 DE NOVIEMBRE DE 1941
SESIÓN DE LA MAÑANA

Corte de Distrito de Estados Unidos
Distrito de Minnesota, Cuarta División

James P. Cannon

P: (DEL SR. GOLDMAN) ¿Quiere decirnos, Sr. Cannon, la posición del Partido Socialista de los Trabajadores sobre las causas de las guerras modernas?

R: Las guerras modernas, en opinión de nuestro partido, tienen como causa el conflicto entre las naciones imperialistas por mercados, colonias, fuentes de materias primas, campos de inversión y esferas de influencia.

P: ¿Qué quiere usted decir con "imperialista", Sr. Cannon?

R: Las naciones capitalistas que, directa o indirectamente, explotan a otros países.

Causas de guerras modernas

P: ¿Cuál es la posición del partido sobre el carácter inevitable de las guerras en el sistema capitalista?

R: Mientras continúe el sistema capitalista, con las condiciones que he mencionado, las cuales se desprenden automáticamente de las operaciones del sistema capitalista e imperialista, las guerras —guerras recurrentes— son inevitables.

P: ¿Y puede la oposición de alguien —incluso la oposición del Partido Socialista de los Trabajadores— impedir las guerras en el sistema capitalista?

R: No, nuestro partido ha afirmado siempre que es imposible impedir las guerras sin abolir el sistema capitalista que las engendra. A veces es posible aplazar una guerra por un tiempo, pero al final resulta imposible impedir las guerras mientras exista este sistema y sus conflictos de las naciones imperialistas.

P: Entonces, ¿es cierto que el partido opina que las guerras son causadas por conflictos económicos internacionales, y no por la buena o mala voluntad de algunas personas?

R: Sí. Eso no elimina la posibilidad de ataques incidentales causados por las acciones de uno u otro grupo gobernante en uno u otro país; pero fundamentalmente las guerras tienen como causa los esfuerzos de las potencias capitalistas para extenderse a nuevos terrenos. La única manera que pueden conseguir estos terrenos es arrebatándoselos a otras potencias, ya que el mundo entero está repartido entre un reducido grupo de potencias imperialistas. Eso es lo que conduce a la guerra, independientemente de la voluntad del pueblo.

No decimos que los grupos gobernantes de ninguna de las potencias imperialistas realmente deseaban la guerra. Hemos afirmado repetidas veces que les habría gustado mucho evitarla. Pero no podían evitarla y al mismo tiempo mantener el sistema capitalista en su país.

P: ¿Cuál es la actitud del partido hacia una guerra que califique como guerra imperialista?

R: Nuestro partido se opone rotundamente a todas las guerras imperialistas.

P: ¿Y qué significa oposición a las guerras imperialistas?

R: Con eso estamos diciendo que no apoyamos ninguna guerra imperialista. No votamos por ella. No votamos por nadie que la promueva. No hablamos a favor de ella. No escribimos a favor de ella. Nos oponemos a ella.

P: ¿Cómo se opone el Partido Socialista de los Trabajadores

THE INDUSTRIAL ORGANIZER

Official Organ of Motor Transport and Allied Workers Industrial Union Local 544-CIO

Labor Fighters Against War Go On Trial Monday

Blair's Latest Move: Backs Company Union

Tobin's Quislings and Blair

Hounded by Biddle For Anti-War Views

Civil Rights Group Sends Its Sympathy

CONCLUSION OF CANNON'S TESTIMONY — See Page 2 —

THE MILITANT

PUBLISHED IN THE INTERESTS OF THE WORKING PEOPLE

WAR REINSTATES 1917 ESPIONAGE ACT

USSR Faces War On Two Fronts

SIX OF THE DEFENDANTS CONVICTED

Was Used In Last War To Attack Civil Liberties

Judge Sentences 18 Minnesota Defendants

Wall Street's WAR —Not Ours!

By Joe Hansen

2c

"Escribimos en nuestro periódico en contra del ingreso de Estados Unidos a la guerra. Nos pronunciamos en contra de ello. Llevamos a cabo una agitación política pública contra todas las medidas del poder ejecutivo o del Congreso que conducen hacia la participación en la guerra".

—James P. Cannon

Dirigentes del Partido Socialista de los Trabajadores y del Local 544-CIO fueron sentenciados a prisión durante la Segunda Guerra Mundial porque encabezaron una lucha en el movimiento obrero contra la campaña de los gobernantes norteamericanos para movilizar apoyo para esa matanza.

Arriba: Usando el *Militant*, folletos y el *Industrial Organizer*, estos dirigentes obreros revolucionarios hicieron campaña contra la guerra imperialista y contra los ataques a los derechos democráticos garantizados por la Constitución de Estados Unidos.

a la idea de que Estados Unidos ingrese a la guerra?

R: Lo hacemos igual que hacen todos los demás partidos políticos al promover sus ideas sobre la política exterior. Escribimos en contra de ello en nuestro periódico. Nos pronunciamos en contra; tratamos de crear un sentimiento entre las organizaciones a las que podemos llegar, para que aprueben resoluciones contra la guerra. Si tuviéramos miembros en el Congreso hablarían en el Congreso o en el Senado en contra. En general llevamos a cabo una agitación política pública contra el ingreso de Estados Unidos a la guerra y contra todas las medidas tomadas por el poder ejecutivo o por el Congreso que en nuestra opinión conducen hacia la participación activa en la guerra.

P: ¿Y qué quiere decir con "activa"?

R: Por ejemplo, todas las medidas tomadas que efectivamente involucran a Estados Unidos en la guerra sin una declaración formal de guerra.

P: ¿Que posición tomó el partido sobre una enmienda a la Constitución para darle al pueblo el poder de declarar la guerra?

R: Desde hace rato hemos apoyado la propuesta que fue presentada en el Congreso —creo que por el representante Ludlow— y se conoce como la enmienda Ludlow, una enmienda a la Constitución para exigir un voto de referéndum del pueblo para una declaración de guerra. Nuestro partido apoyó esta propuesta y a veces ha llevado a cabo una agitación muy enérgica a favor de esta enmienda para exigir un referéndum del pueblo antes de que sea declarada la guerra.

P: ¿Y esa todavía es la posición del partido, Sr. Cannon?

R: Sí, está incorporada, como uno de los puntos de política práctica cotidiana, en el membrete editorial de nuestro periódico. Si no me equivoco, aparece en la página editorial como uno de nuestros principios actuales, y de vez en cuando se publica un editorial o un artículo en el periódico que trata de reanimar el interés en esta idea.

P: ¿Si Estados Unidos ingresara al conflicto europeo, qué forma asumiría la oposición del partido a la guerra?

R: Mantendríamos nuestra posición.

Oposición política a las guerras imperialistas

P: ¿Y esa cuál es?

R: Es decir, no seríamos partidarios de la guerra, aun después de ser declarada la guerra. Seguiríamos siendo un partido político opositor frente a la cuestión de la guerra, así como frente a otros problemas.

P: ¿No apoyarían la guerra?

R: Es eso lo que quiero decir, que no apoyaríamos la guerra, en un sentido político.

LA CORTE: ¿Le puedo pedir que amplíe el significado de la última afirmación?

SR. GOLDMAN: Sí.

P: Cuando usted dice "no apoyar la guerra", ¿exactamente qué haría el partido durante una guerra para indicar su no apoyo a la guerra?

R: En la medida que se nos permita nuestros derechos, nos pronunciaríamos en contra de la guerra, catalogándola como política falsa que debe ser cambiada, en el mismo sentido, a nuestro criterio, que otros partidos podrían oponerse a la política exterior del gobierno en tiempos de guerra, así como Lloyd George, por ejemplo, se opuso a la guerra de los bóers en conferencias y discursos públicos. Ramsey MacDonald, quien más tarde fue primer ministro de Inglaterra, se opuso a la política bélica de Inglaterra durante la Guerra Mundial de 1914–18. Nosotros mantenemos nuestro propio punto de vista, que es distinto del punto de vista de las dos figuras políticas que he mencionado, y en la medida que se nos permita el ejercicio de nuestros derechos, continuaremos pronunciándonos y escribiendo a favor de una política exterior diferente para Estados Unidos.

Sabotaje

P: ¿El partido daría algún paso dizque práctico para mostrar su oposición a la guerra, o su no apoyo a la guerra?

R: ¿Paso práctico en qué sentido?

P: ¿Acaso el partido trataría de sabotear las operaciones de la guerra en algún sentido?

R: No. El partido se ha declarado específicamente en contra del sabotaje. Nos oponemos al sabotaje.

P: ¿Qué es eso: qué quiere decir con "sabotaje"?

R: Es decir, obstrucción del funcionamiento de las industrias, del transporte o de las fuerzas militares. Nuestro partido nunca, y en ningún momento, ha tomado posición a favor de la obstrucción o del sabotaje de las fuerzas militares en tiempos de guerra.

P: ¿Y pudiera explicar ahora por qué?

R: Bueno, mientras seamos una minoría, no tendremos más alternativa que someternos a la decisión que se ha tomado. Una decisión ha sido tomada, y es aceptada por la mayoría del pueblo, de ir a la guerra. Nuestros camaradas tienen que cumplir con ello. En tanto sean elegibles para la conscripción, deben aceptarlo, junto al resto de su generación, e ir a cumplir el deber que se les ha impuesto, hasta que convenzan a la mayoría de una política distinta.

P: Entonces, ¿su oposición durante una guerra sería esencialmente del mismo tipo que su oposición antes de la guerra?

R: Una oposición política. De eso hablamos.

P: ¿Y en algún momento el partido aconsejó —o actualmente aconseja— a sus miembros, o a sus simpatizantes o a trabajadores con los cuales entra en contacto, que provocaran insubordinación en las fuerzas armadas o navales de Estados Unidos?

R: No.

P: ¿Pudiera explicar por qué?

R: La razón fundamental es la que acabo de dar. Un partido político serio, que busca la transformación social de la sociedad, lo cual es posible únicamente con el consentimiento y el apoyo de la gran masa de la población, ese partido mientras esté en la minoría no puede tratar de obstruir el cumplimiento de las decisiones de la mayoría. Con el sabotaje, la insubordinación, la violación de la disciplina, etcétera, ese partido no haría más que desprestigiarse completamente y destruir sus posibilidades de convencer al pueblo, aparte de que las medidas resultarían completamente inefectivas para lograr cualquier cosa.

P: ¿Puede dar las razones por las cuales el partido no apoyaría una guerra dirigida por el actual gobierno de Estados Unidos?

R: En general, no tenemos confianza alguna en el grupo capitalista gobernante en este país. No les damos apoyo alguno porque pensamos que no pueden y no van a resolver los problemas sociales fundamentales que necesitan ser resueltos para salvar a la civilización de un naufragio.

Creemos que la transición social necesaria —del actual sistema capitalista al orden mucho más eficiente del socialismo— puede lograrse únicamente bajo la dirección de los trabajadores. Los trabajadores deben organizarse independientemente de los partidos políticos capitalistas. Deben organizar un gran partido propio, desarrollar su propio partido obrero independiente y oponerse a la política de los partidos capitalistas, independientemente de que se llame Demócrata, Republicano o cualquier otra cosa.

P: ¿Qué tipo de guerra considera que el actual gobierno de

Estados Unidos llevaría a cabo?

R: La consideraría una guerra capitalista.

P: ¿Por qué?

R: Porque Estados Unidos hoy es una nación capitalista. Se distingue de las demás solo por el hecho de que es más fuerte y más grande. No creemos en la política capitalista. No queremos obtener colonias. No queremos derramar sangre para lograr ganancias para el capital americano.

P: ¿Cuál es la posición del partido ante la afirmación de que la guerra contra Hitler es una guerra de la democracia contra el fascismo?

R: Decimos que es una treta, que el conflicto entre el imperialismo americano y el alemán es una pugna por el dominio del mundo. Es absolutamente cierto que Hitler quiere dominar al mundo, pero pensamos que es igualmente cierto que el grupo gobernante de los capitalistas americanos tiene la misma idea, y no estamos a favor ni de uno ni de otro.

No creemos que las Sesenta Familias, dueñas de Estados Unidos, quieran librar esta guerra por algún sagrado principio de democracia. Pensamos que son los mayores enemigos de la democracia aquí en este país. Pensamos que ellos solo aprovecharían la oportunidad de la guerra para eliminar todas las libertades civiles en este país, para lograr la mejor imitación posible del fascismo.

P: ¿Cuál es la posición del partido respecto a cualquier enemigo imperialista o capitalista de Estados Unidos, como Alemania o Italia?

R: No somos pro-alemanes. No nos interesa en absoluto el éxito de ninguno de los enemigos imperialistas de Estados Unidos.

P: En caso de un conflicto entre Estados Unidos y Alemania, Italia o Japón, ¿cuál sería la posición del partido en cuanto

American-Japanese War Preparations Hastened

Rival Imperialists Hold 'Peace' Talks As They Rush Plans for War in the Pacific

By JOSEPH HANSEN

The hasty return of President Roosevelt to Washington

tered. While reinforcements continued to arrive from other British colonies and possessions, volunteers were called up and several thousand militia men who

"Es absolutamente cierto que Hitler quiere dominar al mundo, pero es igualmente cierto que el grupo gobernante del capitalismo americano tiene la misma idea. No estamos a favor de que domine el mundo ni el imperialismo americano ni el alemán".

—James P. Cannon

Arriba: Puerto Príncipe, julio de 1915. Marines estadounidenses comienzan ocupación de Haití que duró hasta 1934. Centro: Corinto, Nicaragua, marzo de 1927. Desembarcan tropas norteamericanas, iniciando guerra de siete años para aplastar rebelión dirigida por ejército de trabajadores y campesinos bajo el mando de Augusto César Sandino.

Abajo: Artículo del *Militant*, del 6 de diciembre de 1941, un día antes del ataque a Pearl Harbor, titulado "Se aceleran preparativos de guerra EE.UU.-Japón", informa sobre escalada del conflicto entre Washington y Tokio por la dominación de Asia y el Pacífico. El subtítulo dice, "Rivales imperialistas celebran conversaciones de 'paz' mientras apresuran planes bélicos en el Pacífico".

a la victoria o la derrota de Estados Unidos frente a sus enemigos imperialistas?

R: Pues, de ninguna manera estamos a favor de la victoria de Japón, Alemania o alguna otra potencia imperialista contra Estados Unidos.

P: Entonces, ¿es cierto que el partido se opone por igual a Hitler que a los reclamos capitalistas de Estados Unidos?

R: Eso es indiscutible. Consideramos a Hitler y al hitlerismo el mayor enemigo de la humanidad. Queremos borrarlo de la faz de la Tierra. La razón por la cual no apoyamos una declaración de guerra por Estados Unidos es que no creemos que los capitalistas americanos puedan derrotar a Hitler y al fascismo. Pensamos que el hitlerismo solo puede ser destruido mediante una guerra librada bajo la dirección de los trabajadores.

Programa para luchar contra el fascismo

P: ¿Qué método propone el partido para derrotar a Hitler?

R: Si los trabajadores formaran el gobierno al que me refiero, si estuviera en el poder la forma obrera de un gobierno, propondríamos dos cosas:

Una: Lanzaríamos una declaración al pueblo alemán, una promesa solemne de que no vamos a imponerles una nueva paz de Versalles; que no vamos a perjudicar al pueblo alemán, que no vamos a arrebatarle sus instalaciones navieras o a quitarle sus vacas lecheras, como se hizo con el horrible Tratado de Versalles, cuando se mató de hambre a bebés lactantes en Alemania, llenando al pueblo alemán de tanto odio y tantos deseos de venganza que le permitió a un monstruo como Hitler atizarlo con la consigna de venganza contra ese terrible Tratado de Versalles. Nosotros les diríamos:

"Prometemos que no vamos a imponerle ninguna de esas

cosas al pueblo alemán. Al contrario, les proponemos la reorganización del mundo sobre bases socialistas justas, para que el pueblo alemán, con todas sus reconocidas habilidades y su genio y su trabajo, pueda participar con nosotros sobre la base de la igualdad". Esa sería la primera propuesta que les ofrecería nuestro partido.

Dos: Les diríamos también, "Por otra parte, vamos a construir el mayor ejército y la mayor flota y fuerza aérea del mundo, para ponerlos a su disposición y ayudarles a aplastar a Hitler con las armas sobre un frente, mientras ustedes se sublevan contra él sobre el frente interno".

Pienso que ese podría ser el programa de nuestro partido, en esencia, el programa que impulsaría el gobierno de trabajadores y agricultores en Estados Unidos contra Hitler, y creemos que es la única manera en que el hitlerismo podrá ser destruido. Solo cuando las grandes potencias del otro bando puedan convencer al pueblo alemán de que se rebele contra Hitler, porque no debemos olvidar…

SR. SCHWEINHAUT: Usted ha contestado la pregunta, Sr. Cannon.

P: Ahora bien, hasta que llegue el momento en que los trabajadores y agricultores en Estados Unidos establezcan su propio gobierno y utilicen sus propios métodos para derrotar a Hitler, el Partido Socialista de los Trabajadores debe someterse a la mayoría del pueblo, ¿no es así?

R: Es lo único que podemos hacer. Es lo único que proponemos hacer.

P: ¿Y el partido toma la posición de no obstruir las vías y los medios usados por el gobierno para librar esta guerra de manera eficaz?

R: Ninguna obstrucción en el sentido militar, ni tampoco por una revolución de la minoría; al contrario, el partido se ha declarado decididamente en contra de eso.

P: ¿Qué opina el partido respecto a la relación entre la guerra y una posible situación revolucionaria?

R: Frecuentemente, a la guerra le ha seguido una revolución. Las guerras en sí son la expresión de una terrible crisis social que no pueden resolver. La miseria y el sufrimiento crecen a paso tan acelerado durante una guerra que a menudo conducen a una revolución.

La guerra ruso-japonesa de 1904 llevó a la Revolución Rusa de 1905. La Guerra Mundial de 1914 llevó a la Revolución Rusa de 1917, a la revolución húngara, a casi una revolución en Italia y a la revolución en Alemania y Austria. En general se desarrolló una situación revolucionaria por todo el continente europeo a raíz de la Primera Guerra Mundial.

Me parece muy probable que si continúa la guerra en Europa, las masas del pueblo, especialmente en Europa, se encargarán de poner fin a la matanza usando medios revolucionarios.

P: Entonces, ¿sería correcto afirmar que una situación revolucionaria se ve creada por una guerra y no por el Partido Socialista de los Trabajadores, si surge una situación revolucionaria?

R: Yo diría que se ve creada por las privaciones que causa el sistema capitalista y que se agudizan tremendamente con una guerra.

P: ¿Cuál es la política del partido respecto a permitir diversas opiniones e interpretaciones de los sucesos actuales en las publicaciones del partido?

R: Pues, no se prohíbe. Normalmente, miembros individuales del partido escriben artículos con ciertas opiniones sobre los sucesos actuales que no necesariamente son compartidas por la mayoría del Comité.

P: Respecto a las predicciones u opiniones sobre acontecimientos futuros, ¿diría usted que el partido es más liberal al garantizar esa libertad?

R: Sí, obligatoriamente debe serlo, porque las predicciones no son completamente verificables hasta después de los hechos, y de ahí que surgen diversas opiniones. En el partido hemos tenido opiniones contrarias, especialmente desde el comienzo de la Guerra Mundial, sobre cuándo Estados Unidos ingresaría formalmente a la guerra, o si acaso Estados Unidos ingresaría a la guerra. No fueron muchos los que dudaron que eso pasaría, pero sí escuché a algunas personas en el partido expresar esas opiniones.

P: ¿Y diría usted que las opiniones de los miembros del partido respecto a una posible futura situación revolucionaria pertenecen a la categoría de opiniones, sobre las cuales hay muchos criterios diferentes?

R: Sí, tiene que ser así.

P: ¿Incluye en esta categoría también las predicciones de si la revolución estaría acompañada o no por la fuerza?

R: Pues, dentro de ciertos límites, dentro de ciertos límites. Hay más coincidencia entre los dirigentes preparados del partido que han estudiado historia y marxismo; hay más unidad de opinión sobre ese tema que sobre problemas tales como las probabilidades de ingreso a la actual Guerra Mundial.

P: ¿Pero pueden existir, y existen, diferencias de opinión sobre el momento exacto de la situación revolucionaria y el desarrollo aproximado de estos acontecimientos?

R: En cuanto al momento de una revolución, eso es completamente especulativo. No hay nadie en el partido que tenga más que una opinión provisional al respecto.

P: ¿Usted haría una distinción entre resoluciones oficiales del partido y sus editoriales?

R: Sí. Una resolución es un documento formal aprobado por el mismo Comité Nacional, o por un congreso. Se concibe a fondo, y llega a ser una declaración oficial del partido. En mi opinión, eso lleva más peso que un editorial que tal vez fue escrito de prisa por el director mientras él se apresuraba a sacar el periódico y no fue redactado con el mismo esmero y precisión que se logra cuando una resolución está suscrita formalmente por el Comité Nacional.

P: ¿El partido acepta oficialmente todas las opiniones expresadas en los artículos firmados o hasta en los editoriales?

R: No, yo diría que oficialmente, no. Los artículos firmados de dirigentes prominentes del partido, al menos en la mente de los miembros del partido, tienen un carácter semioficial, pienso, pero no tienen el mismo peso de una resolución formal del Comité o de un congreso.

Política militar del proletariado

P: Ahora por favor explique lo que se llama la política militar del partido.

R: La política militar del partido está incorporada a las decisiones de la conferencia de hace un año, de septiembre de 1940.

En ese entonces convocamos a una conferencia especial del partido, conjuntamente con una reunión plenaria del Comité Nacional, para considerar este problema específico: nuestra actitud hacia la conscripción y el futuro desarrollo de la situación bélica. Ahí aprobamos una resolución, que decía en gran parte:

Punto no. 1: Mientras la conscripción sea la ley, y desde el momento que se hizo ley, en lo que se refiere a la Ley del Servicio Selectivo, todos los miembros del partido deben cumplir con ella, deben inscribirse y no deben oponerse a la inscripción de los demás. Al contrario, el partido específicamente se opone a la posición de grupos tales como los objetores de conciencia. Aunque admiramos el alto nivel de valor e integridad moral que se requiere para hacer lo que han hecho los objetores de conciencia, hemos escrito artículos en contra de esa política, afirmando que es un error que individuos se nieguen a inscribirse cuando la gran masa de su generación va a la guerra. En lo que se refiere a nosotros, si la generación joven de trabajadores americanos va a la guerra, los miembros de nuestro partido van con ellos y comparten todos los peligros, las privaciones y las experiencias.

Punto no. 2: Nuestra resolución afirma que nuestros camaradas deben ser buenos soldados, de la misma manera que le decimos a un camarada en la fábrica que debe ser el mejor sindicalista y el mejor operario a fin de ganarse la confianza y el respeto de sus compañeros de trabajo. Decimos que en el servicio militar debe ser el mejor soldado. Debe ser el más eficiente en el manejo de las armas que le asignen y debe someterse a la disciplina y preocuparse por el bienestar de los otros soldados para establecer su posición ganándose su respeto y confianza.

LA CORTE: Quisiera saber ¿si lo que acaba de exponer el Sr. Cannon es una política verbal o por escrito?

EL TESTIGO: Creo que mis discursos en la conferencia de Chicago en septiembre pasado fueron presentados aquí como pruebas, al menos unos extractos de ellos.

SR. GOLDMAN: Sí, estoy seguro que fueron presentados.

LA CORTE: Sr. Myer, me imagino que usted seguramente podrá señalar esas pruebas específicas.

SR. MYER: Creo que son las pruebas 116 y 186.

P: Ahora, ¿hubo otros puntos debatidos y adoptados en esa conferencia en relación a la política militar del partido?

R: Sí, nos declaramos a favor de la idea de la conscripción, del servicio militar universal. Se basa en el concepto de que actualmente el mundo entero está en armas, que todas las decisiones hoy día se llevan a cabo con las armas, o con la amenaza de las armas. En esta situación debemos reconocer que también los trabajadores deben entrenarse en las artes militares. Estamos a favor del adiestramiento militar universal, de acuerdo con nuestra decisión oficial; pero no estamos a favor, o sea, no damos apoyo político al método usado por el actual gobierno capitalista.

Proponemos que los trabajadores reciban entrenamiento militar en campamentos especiales bajo la dirección de los sindicatos; que el gobierno proporcione una parte de sus fondos militares con asignaciones para equipar esos campamentos con las armas, los materiales y los instructores necesarios, pero los campamentos deben estar bajo el control de los sindicatos.

Además hay que organizar campamentos especiales auspiciados por los sindicatos con el fin de entrenar a trabajadores para ser oficiales. El gobierno debe asignar fondos para esto, en aras de crear las condiciones que eliminen uno de los mayores defectos y causas de descontento en el actual aparato militar, o sea, el abismo social entre el trabajador-soldado o el agricultor-soldado, y oficial proveniente de otra clase, que no tiene entendimiento de los problemas del soldado y no mantiene la debida actitud hacia él.

Pensamos que los trabajadores tienen derecho a contar con oficiales salidos de sus propias filas, a quienes han aprendido a respetar en el transcurso de su trabajo y de la lucha común, como son los capitanes de piquetes de huelga, dirigentes sindicales, hombres que se han distinguido en el trabajo de las organizaciones obreras, y que provienen de las filas de los trabajadores. Estos hombres, como oficiales, estarían mucho más atentos al bienestar de los soldados rasos que un muchacho universitario de Harvard o de Yale, que nunca vio una fábrica, nunca convivió con el trabajador y lo considera un ser inferior. Esto es, yo diría, la esencia de nuestra propuesta militar, de nuestra política militar.

Derechos democráticos para los soldados

P: ¿Cuál es la posición del partido sobre los derechos civiles en el ejército?

R: También estamos a favor de los derechos ciudadanos de los soldados. No podemos estar de acuerdo con la idea de que cuando se sustrae de la vida civil a un millón y medio de jóvenes, ellos dejan de tener los derechos de ciudadanos. Pensamos que deben tener todos los derechos de ciudadanos. Deben tener el derecho de petición ante el Congreso; deben tener el derecho a votar; deben tener el derecho a elegir comités que presenten sus reclamos; deben tener el derecho a elegir sus propios oficiales, al menos los oficiales inferiores, y en general, deben gozar de los derechos democráticos de ciudadanos, y nosotros abogamos por ello. Abogamos por una ley que les garantice a los soldados esos derechos y que acabe con la actual situación militar ineficiente.

P: ¿Alguna vez el partido oficialmente, hasta donde usted sabe —o algún miembro del partido que ahora cumpla el servicio militar— ha intentado provocar insubordinación entre las filas de las fuerzas armadas?

R: No que yo sepa.

P: En su opinión, si se han producido incidentes así, ¿cuál es la causa?

R: Pienso que existen diversas causas de descontento e insatisfacción en el ejército de reclutas. Es un tema de comentarios públicos en todos los periódicos y las revistas, y se han expresado diferentes opiniones y teorías que ofrecen razones.

P: ¿Cómo propone el partido llevar a cabo su idea de entrenamiento obligatorio bajo el control de los sindicatos?

R: Nuestro programa es un programa legislativo. Todo lo

que proponemos lo incorporaríamos como ley. Si tuviéramos una delegación en el Congreso, ellos presentarían un proyecto de ley, o una serie de proyectos, para incorporar a las leyes del país estas propuestas militares nuestras.

P: ¿Algún dirigente con autoridad en el partido se ha referido a Plattsburg como ejemplo?

R: Sí. En efecto, eso fue parte del origen de la idea. Como dije antes, el principal punto de resentimiento en la organización militar es la distinción de clases entre los oficiales y las filas. Sabemos que en el período anterior a la Primera Guerra Mundial, se crearon campamentos especiales para entrenar a hombres de negocios y profesionales como oficiales del ejército. Plattsburg fue uno de esos. Fue parte de la llamada campaña de preparación, antes de que Estados Unidos ingresara a la guerra. El gobierno asignó fondos y otros fueron donados por empresarios. El gobierno proporcionó instructores y el equipo necesario para entrenar a un gran número de hombres de negocios y profesionales que posteriormente serían oficiales del ejército.

No vemos por qué los trabajadores no puedan gozar de los mismos derechos. Pensamos que es completamente justo y razonable, y no cabe duda que es compatible con las leyes existentes. Como dije antes, es una propuesta legislativa nuestra. Si pudiéramos, la incorporaríamos a las leyes del país.

LA CORTE: Tomaremos ahora nuestro receso matutino.

(Receso de la mañana)

P: Sr. Cannon, le señalo el testimonio de algunos de los testigos presentados por los fiscales, según el cual ciertos miembros del partido les dijeron que se alistaran en el ejército y que después empezaran a quejarse de la comida y crear descontento. ¿Qué nos puede decir sobre la política del partido al respecto?

R: En las fuerzas militares, hasta donde llega nuestra información proporcionada por miembros del partido que han sido reclutados y otros que…

SR. SCHWEINHAUT: Un momento. Usted no está contestando la pregunta para nada. Él le preguntó si el partido tiene una política, si la tiene o no. Si la tiene, entonces díganos cuál es esa política, y no lo que usted oye de gente que está en las fuerzas armadas.

EL TESTIGO: Quiero explicar por qué nuestra política es lo que es.

LA CORTE: No hemos oído aún si existe una política.

P: ¿Existe una política?

R: Sí, tenemos una política.

P: ¿Cuál es esa política?

R: La política es no apoyar ni iniciar agitación en torno a la comida. Quiero decirles la razón. Por lo que sabemos de miembros del partido que cumplen su servicio y a quienes hemos visto cuando están de permiso, y por otras investigaciones, hasta el momento no hay mucho descontento por la comida en la actual situación.

P: Y si surge descontento por la comida, ¿cuál sería la causa según usted?

R: Hasta donde llega nuestra información, hoy solo se dan casos aislados. No proponemos hacer quejas sobre la comida si la comida es satisfactoria. Si la comida es mala, los soldados se quejarán por cuenta propia, y deberían quejarse.

P: ¿Qué puede decir acerca del testimonio de estos testigos…?

SR. SCHWEINHAUT: Protesto.

SR. GOLDMAN: Borre eso de las actas.

P: Entonces, ¿puede exponer definitivamente la política del partido respecto a crear descontento en el ejército cuando no existen causas para el descontento?

R: No sé de nada en el programa del partido o en la literatura del partido que proponga incitar a quejas sin fundamento. Cuando existen causas para el descontento, eso crea el descontento, no el partido.

SR. SCHWEINHAUT: Un momento, por favor.

P: Si han habido quejas, si ha habido descontento, ¿es responsable el partido de eso en algún sentido?

R: No, no creo, de ninguna manera. Esa es la situación actual.

P: Y las personas que están a cargo de la alimentación del ejército, ¿son los responsables de eso, de las quejas?

SR. SCHWEINHAUT: Esa es una pregunta sugestiva.

SR. GOLDMAN: Pues, él no ha protestado, así que usted puede proseguir y contestarla.

SR. SCHWEINHAUT: Entonces protesto ahora.

LA CORTE: Protesta aceptada.

Entrenamiento militar bajo control sindical

P: Ahora bien, a propósito del entrenamiento militar bajo el control sindical, usted hablaba de Plattsburg justo antes del receso. Por favor continúe y explique más a fondo la política al respecto.

R: Lo usé como ilustración de cómo se establecieron campamentos especiales, con instructores proporcionados por el gobierno, para adiestrar a hombres de negocios y profesionales en el período un poco antes de nuestro ingreso a la Primera Guerra Mundial. En la Guerra Civil española, todos los partidos y los sindicatos no solo tenían sus propios campamentos de entrenamiento autorizados por el gobierno, sino que hasta abastecían sus propios regimientos en la lucha contra el ejército fascista de Franco.

P: ¿Actualmente los sindicatos no están bajo el control del partido, verdad?

R: No, están bajo el control, esencialmente o casi completamente, de dirigentes que están en armonía con la actual administración Roosevelt.

P: Según entiendo, el partido está a favor del adiestramiento militar bajo el control de los sindicatos.

R: Sí, la idea es darles a los sindicatos, tal como existen, una mayor autoridad y supervisión sobre sus propios miembros.

P: ¿Y esa política no depende de que el partido controle los sindicatos?

R: No. Solo podemos hacer el intento, y tal vez estaremos en minoría en esos campamentos, como lo estamos en los sindicatos.

P: ¿Y qué medidas propone para efectuar la política de entrenamiento militar bajo el control de los sindicatos?

R: Creo que lo dije antes: es una propuesta para un programa legislativo. Presentaríamos este proyecto ante el Congreso para ser aprobado, si tuviéramos el poder, o si pudiéramos obtener el apoyo de congresistas que se opusieran a nosotros en otros aspectos pero coincidieran sobre este asunto. Este programa no es necesariamente socialista.

P: Si algún miembro del partido intentara obstruir la Ley del Servicio Selectivo o aconsejara obstruirlo, ¿qué haría el partido?

SR. SCHWEINHAUT: Protesto porque el gobierno no ha ofrecido pruebas de que el partido haya intentado obstruir la Ley del Servicio Selectivo.

SR. GOLDMAN: ¿Entonces el gobierno reconoce que el partido no ha intentado obstruir la Ley del Servicio Selectivo?

SR. SCHWEINHAUT: No hemos tratado de demostrar que haya habido algún intento de interferir con la Ley del Servicio Selectivo.

SR. GOLDMAN: Yo deduje que varios testigos habían sido interrogados acerca de su edad y la necesidad de ingresar al servicio militar, con la intención por parte de los fiscales de probar que nosotros, de alguna forma, tratamos de interferir. Si el gobierno dice "no", no mencionaré más este asunto.

SR. SCHWEINHAUT: Ahora mismo vamos a despejar la atmósfera sobre esto. No alegamos que el partido haya intentado impedir que alguien se inscribiera para el servicio militar obligatorio, obstruyendo así el cumplimiento de la Ley del Servicio Selectivo. Lo que nuestras pruebas tienden a demostrar es lo que debían hacer los miembros del partido cuando ya estuvieran en el ejército.

SR. GOLDMAN: Bien, ya está aclarado.

P: ¿Usted oyó a un testigo del gobierno declarar que algunos miembros del partido le dijeron que fuera a Fort Snelling y creara descontento? Creo que esa fue la esencia del testimonio. ¿Usted escuchó eso?

R: Escuché algo al respecto.

P: ¿Cuál es la política del partido respecto a provocar descontento en Fort Snelling o en algún otro campamento militar?

SR. SCHWEINHAUT: Protesto. Él ya lo ha contestado por lo menos dos veces.

LA CORTE: Protesta aceptada.

La Revolución Rusa

P: ¿El partido tiene una posición oficial sobre la Revolución Rusa, Sr. Cannon?

R: Sí.

P: ¿Cuál es esa posición? ¿Ha sido adoptada alguna vez como resolución oficial?

R: Está incorporada en la Declaración de Principios.

P: ¿Cuál es esa posición?

R: Que el partido apoya…

SR. SCHWEINHAUT: Un momento. Protesto, porque el testigo ha afirmado que está incorporada en la Declaración de

Principios y por lo tanto habla por sí misma.

SR. GOLDMAN: Es apropiado dar una explicación de la Declaración de Principios.

LA CORTE: Él puede contestar.

R: (CONTINÚA) Apoyamos la Revolución Rusa de 1917. Consideramos que encarna las doctrinas y teorías del marxismo que nosotros apoyamos.

P: ¿Cuántas revoluciones hubo en Rusia en 1917?

R: Hubo una revolución en febrero según el calendario ruso, en marzo según el calendario moderno, la cual dio paso a la revolución proletaria del 7 de noviembre según el calendario moderno.

P: ¿Cuál es la posición general de los marxistas respecto a la Revolución Rusa?

R: La que he presentado aquí, de apoyo a la revolución.

P: ¿Y qué significa "apoyo"?

R: Bien; eso sería bastante moderado, sería una descripción bastante moderada de nuestra postura. La consideramos el acontecimiento más grande y progresista en la historia de la humanidad.

P: Y creo que usted dijo en su respuesta a una pregunta anterior que considera que las doctrinas encarnadas en esa revolución son doctrinas marxistas. Explique.

R: La teoría del marxismo, en nuestra opinión, quedó confirmada completamente con la Revolución Rusa, y la teoría del marxismo, que significa la creación de un gobierno de trabajadores y campesinos, el cual se dedica a llevar a cabo una transformación social del capitalismo al socialismo: todo eso se emprendió en la Revolución Rusa.

P: Ahora, ¿puede decirnos algo sobre la legalidad de esa revolución?

R: Sí.

LA CORTE: ¿Juzgada según qué criterios?

SR. GOLDMAN: Lo que quiero decir con eso es que él ofrezca una explicación de cómo exactamente ocurrió la revolución, porque el abogado del gobierno trata de presentarla como una convulsión violenta de la minoría contra la mayoría, y los hechos son todo lo contrario. Quiero que el testigo explique el carácter de esa revolución.

R: El zar y el zarismo fueron derrocados en marzo por una sublevación de las masas, de la población en las grandes ciudades y de los campesinos.

P: ¿El Partido Bolchevique de alguna manera fue responsable de esa sublevación?

R: No. El Partido Bolchevique era un grupo minúsculo al momento de la revolución de marzo.

P: ¿Qué significa "bolchevismo"?

R: La palabra *bolshevik* es una palabra rusa que significa *mayoría*. Asumió un significado político en el Partido Obrero Socialdemócrata Ruso. En el congreso de 1903 surgió una controversia que dividió al partido en grupos, en la mayoría y la minoría. La mayoría se llamaba los bolcheviques y la minoría los mencheviques.

P: ¿Esas son palabras rusas que significan mayoría minoría y?

R: Sí. Hubo una escisión y se dividieron en dos partidos. Cada uno de ellos se llamó Partido Obrero Socialdemócrata Ruso, y en paréntesis al final, "bolcheviques" o "mencheviques", según el caso.

P: Ahora, puede decirle al jurado lo que pasó durante la Revolución de Octubre, o según nuestro calendario, de noviembre de 1917?

R: Bueno, para mostrar la cronología: cuando el zarismo fue derrocado por las masas populares, toda la estructura de la tiranía fue destruida. Se constituyó un nuevo gobierno, pero la nueva maquinaria del gobierno se basaba en los soviets, que surgieron espontáneamente en la sublevación revolucionaria. Se establecieron soviets de trabajadores y de soldados en todas partes. En Petrogrado, los trabajadores y los soldados enviaron delegados —diputados— al consejo central o, según le decían, al soviet. Lo mismo pasó en Moscú y en otros lugares. Este organismo fue reconocido como una autoridad.

El gobierno constituido tras el derrocamiento del zar fue encabezado por el príncipe Lvov, con Miliúkov de canciller; derivaba su autoridad de los Soviets de Diputados de Trabajadores y Soldados y de los Soviets de Diputados Campesinos. En abril celebraron una Conferencia Nacional de los Soviets de Trabajadores y Soldados de Toda Rusia, y allí eligieron un Comité Ejecutivo Central de los Soviets de Trabajadores y Soldados de Toda Rusia. En mayo los soviets campesinos celebraron un Congreso de Toda Rusia, y eligieron un Comité Ejecutivo Central de Toda Rusia de los campesinos.

P: ¿Qué proporción de la población representaban esos soviets?

R: Representaban al pueblo, a la gran masa del pueblo. Creo que hasta era imposible hablar en términos de mayorías y minorías. Eran las propias masas. Los campesinos, los soldados y los trabajadores eran el pueblo. Esos dos organismos, el Comité Ejecutivo Central de los Soviets de Trabajadores y Soldados de Toda Rusia y el Comité Ejecutivo Central de los Soviets Campesinos de Toda Rusia, formaron un organismo conjunto que fue reconocido como el cuerpo más representativo y de mayor autoridad en Rusia. Era con su consentimiento que regía el gabinete de gobierno.

El Comité Ejecutivo de los Soviets de Toda Rusia repudió a Miliúkov, quien era el dirigente de la burguesía. El organismo de los soviets se opuso a él por su política exterior, que incluía tratados secretos que habían sido desenmascarados. Entonces tuvo que dimitir, porque sin el apoyo de los soviets, carecía de autoridad. Pienso que esto podría compararse, como analogía, al sistema francés en que el primer ministro renuncia cuando recibe un voto de no confianza en la Cámara.

P: ¿Así que los soviets constituían la autoridad del pueblo de Rusia?

R: Correcto.

El papel de los bolcheviques en la Revolución Rusa

P: ¿De qué manera avanzaron los bolcheviques al poder?

R: Quisiera continuar con la cronología, si me lo permite. Después de la caída de Miliúkov surgió Kerensky. Existe una idea generalizada en este país de que él pasó a ser primer ministro con la caída del zar. No es así. Kerensky pasó a ser primer ministro en julio. Fue nombrado ministro y después primer ministro por ser miembro del Partido Socialista Revolucionario. Ese era el partido campesino, que entonces dirigía los soviets. Él también recibió apoyo de los elementos obreros, ya que había sido un abogado sindical. Esa fue la base del gobierno de Kerensky; es decir, su autoridad se derivaba directamente de los soviets.

Durante ese período los bolcheviques eran una pequeña minoría. Ellos no crearon los soviets. Los soviets fueron creados por las masas; fueron iniciados por las masas. Ni el Partido Bolchevique ni ningún otro partido podía hacer algo sin el apoyo de los soviets. En medio de la revolución de 1905, y de nuevo con el derrocamiento del zar en 1917, los soviets surgieron espontáneamente.

El más influyente, desde luego, era el soviet de Petrogrado, donde se encontraba la sede del gobierno. Los bolcheviques eran una pequeña minoría en este soviet al momento del derrocamiento del zar. Cuando Kerensky llegó a ser primer ministro, la combinación de su Partido Socialista Revolucionario y el Partido Socialista menchevique: estos dos partidos juntos tenían una mayoría abrumadora en los soviets, y gobernaban en virtud de ello. Los bolcheviques eran una facción opositora.

En esa época Lenin, como vocero de los bolcheviques, dijo una y otra vez: "Mientras seamos la minoría en los soviets, lo único que podemos hacer es explicar pacientemente". El Partido Bolchevique se opuso a todo intento de tomar el poder mediante un *putsch*.

P: ¿Qué es un "putsch"?

R: Una acción armada de un pequeño grupo. El Partido Bolchevique, con Lenin como vocero, exigió que el Partido Socialista Revolucionario y el Partido Menchevique tomaran control del gobierno completamente, destituyendo a los ministros burgueses, y que lo convirtieran totalmente en un gobierno de trabajadores y campesinos. Y ofrecieron la siguiente promesa: "Si ustedes hacen esto, prometemos que mientras seamos la minoría, no intentaremos derrocarlos. No los apoyaremos políticamente, los criticaremos, pero no vamos a tratar de derrocar al gobierno mientras estemos en minoría". Esa fue la política de los bolcheviques durante los días de marzo de la revolución contra el zar, y hasta julio.

En julio, los trabajadores de Petrogrado hicieron una manifestación armada, en contra del consejo de los bolcheviques. Los bolcheviques aconsejaron lo contrario aduciendo que podría provocar indebidamente la situación, y trataron de persuadir a los trabajadores de Petrogrado de que no fueran a esa manifestación. No fue una rebelión, fue sencillamente un desfile con armas. Esta acción, realizada por los trabajadores de Petrogrado en contra de las recomendaciones de los bolcheviques, produjo represión contra los trabajadores por parte del gobierno de Kerensky.

Después el gobierno de Kerensky intentó desprestigiar y acusar falsamente al Partido Bolchevique. Acusaron a Lenin y a Trotsky de ser espías alemanes. Ese fue el antecesor de los juicios de Moscú de Stalin. Acusaron a Lenin y a Trotsky y a los bolcheviques de ser espías alemanes. Encarcelaron a Trotsky y Lenin se vio forzado a pasar a la clandestinidad. Continuó la represión contra los bolcheviques, pero no les sirvió de nada, porque la política y las consignas de los bolcheviques fueron cobrando popularidad. Una por una, las grandes fábricas y los regimientos de soldados comenzaron a votar a favor del programa bolchevique.

En septiembre hubo un atentado contrarrevolucionario bajo la dirección del general Kornílov, a quien se podría describir correctamente como monarquista-fascista ruso. Organizó un ejército y trató de derrocar al gobierno de Kerensky en Petrogrado con la idea de restaurar el antiguo régimen.

El gobierno de Kerensky, que había encarcelado a Trotsky, tuvo que ponerlo en libertad para obtener el apoyo de su partido y combatir la contrarrevolución armada de Kornílov.

Trotsky salió de la prisión y fue directamente al Comité Militar Revolucionario, en el cual también participaban personas del gobierno, y junto con ellos elaboró planes para una lucha conjunta contra Kornílov. Kornílov fue aplastado; la contrarrevolución fue aplastada principalmente por los trabajadores bajo la inspiración del Partido Bolchevique. Los trabajadores paralizaron sus trenes; él no pudo trasladar sus tropas; sus mejores soldados fueron inducidos a combatir contra él, y su contrarrevolución fue aplastada.

Mientras ocurría esto, los bolcheviques fueron ganando cada vez más popularidad, como los genuinos representantes de la revolución. Ganaron la mayoría en el soviet de Petrogrado, el soviet de mayor influencia en el país, y en el de Moscú y otros más. El gobierno de Kerensky estaba perdiendo terreno, ya que no estaba resolviendo ninguno de los problemas del pueblo. Las consignas de los bolcheviques

—"Pan", "Paz", "Tierra" y otras— eran las consignas que las masas querían.

El 7 de noviembre se celebró el Congreso de los Soviets de Trabajadores y Soldados de Toda Rusia. Los bolcheviques contaban ahí con una mayoría, y simultáneamente con la reunión de los soviets, donde los bolcheviques tenían mayoría, tomaron el poder del gobierno.

Violencia en la Revolución Rusa

P: ¿Y hubo alguna violencia relacionada con la obtención de la mayoría por los bolcheviques?

R: Muy poca, unas pequeñas refriegas, nada más.

SR. SCHWEINHAUT: ¿Eso fue en Petrogrado?

EL TESTIGO: En Petrogrado, sí. Y ahí también fue donde el zar fue derrocado.

P: Y después que los bolcheviques obtuvieran la mayoría, ¿qué violencia se produjo, si alguna?

R: Primero, un punto más. Como un mes más tarde, se hizo una reunión extraordinaria del Congreso de los Soviets Campesinos de Toda Rusia, y ahí los bolcheviques también obtuvieron la mayoría. La minoría se retiró entonces de esos organismos de autoridad de gobierno, e inició una lucha de oposición contra el gobierno bolchevique.

P: ¿Qué violencia hubo, si alguna, y quién la inició?

R: Comenzó después de la lucha armada contra el gobierno.

P: ¿Quién la inició?

R: Los zaristas, los elementos de la guardia blanca rusa, la burguesía en general, los capitalistas derrocados y otros. Ellos emprendieron una contrarrevolución, y la guerra civil consiguiente duró casi hasta 1921. La guerra civil se prolongó tanto porque los elementos burgueses y de la guardia blanca recibieron apoyo, primero de los alemanes y después de Inglaterra y Francia, y hasta Estados Unidos envió una expedición.

El gobierno soviético tuvo que luchar contra todo el mundo capitalista, mientras también luchaba contra la oposición interna. Y el hecho de que los bolcheviques representaban a la gran mayoría del pueblo se evidenció ante todo en el hecho de que salieron victoriosos en esta guerra civil, no solo frente a sus opositores en Rusia, sino frente a las potencias extranjeras que dotaron a la oposición de armas, soldados y fondos.

P: ¿Cómo eran elegidos los soviets en esa época?

R: Eran elegidos en las asambleas de obreros de fábrica. O sea, los obreros de una fábrica se reunían para elegir a su delegado. Cada soviet era una unidad del gobierno y la combinación de los soviets constituía el gobierno.

En el sistema soviético, las fábricas escogían a delegados, de acuerdo con el número de obreros: uno por cada mil, o lo que fuese la proporción. Los regimientos de soldados hacían lo mismo; los campesinos o agricultores pobres hacían igual, así que el gobierno establecido así, por estos soviets, representaba el conjunto de la gran masa popular que participaba en actividades productivas.

P: ¿Cuántos miembros tenía el Partido Bolchevique al momento de la Revolución Rusa en noviembre de 1917?

R: La cifra más fidedigna que he visto es 260 mil o un cuarto de millón. Esta parece ser la cifra más fehaciente.

P: ¿Y que proporción de la población apoyaba al Partido Bolchevique en esa época?

R: En mi opinión, la gran mayoría de los trabajadores, campesinos y soldados los apoyaban al momento que tomaron el poder y posteriormente.

P: ¿De qué grupo o clase social obtuvieron los bolcheviques la mayoría de sus miembros?

“Los delegados a los soviets, o consejos, eran elegidos en asambleas de obreros de fábrica, campesinos pobres y soldados. El gobierno establecido así representaba a toda la masa de la población que participaba en actividades productivas”. ***—James P. Cannon***

Arriba: Reunión del Soviet de Diputados de Trabajadores y Soldados, Petrogrado, 1917. **Abajo:** El Primer Congreso de Toda Rusia de los Soviets de Diputados de Trabajadores y Soldados, Petrogrado, junio de 1917. En primera fila, los líderes bolcheviques Gregorio Zinóviev (segundo de la izquierda) y Lev Kámenev (segundo de la derecha).

R: De los trabajadores. Era un partido obrero, un partido de obreros industriales y trabajadores agrícolas. Había algunos campesinos en el partido, pero el partido estaba constituido fundamentalmente por obreros industriales en las ciudades, trabajadores agrícolas y algunos intelectuales, algunas personas escolarizadas que se habían puesto al servicio de los trabajadores en el partido.

P: ¿Y cuál es la cifra más fidedigna para el número de trabajadores en Rusia al momento de la revolución? Cuando digo "trabajadores" me refiero a obreros industriales.

R: Cinco millones.

P: ¿Y la mayoría de la población estaba conformada por campesinos?

R: Sí, por campesinos.

P: En su opinión, ¿qué número de miembros tendrá probablemente el Partido Socialista de los Trabajadores cuando la mayoría de la población en este país adopte el programa del partido?

SR. SCHWEINHAUT: Protesto, su Señoría.

LA CORTE: ¿Cual es el motivo de su protesta?

SR. SCHWEINHAUT: Le está pidiendo al testigo que adivine hoy el número de miembros que el Partido Socialista de los Trabajadores tendrá cuando la mayoría del pueblo de Estados Unidos adopte su política.

LA CORTE: Eso implica muchos elementos de especulación. Protesta aceptada.

Diferencias entre Trotsky y Stalin

P: ¿Podría decirle a la corte y al jurado qué diferencias surgieron entre Stalin y Trotsky luego de la revolución?

SR. SCHWEINHAUT: Protesto, porque no le veo la importancia o pertinencia.

SR. GOLDMAN: Los fiscales han alegado, y creo que el Sr.

Anderson ha hecho numerosas afirmaciones al respecto, que Trotsky, siendo el principal conspirador en este caso, tenía ciertas ideas y ciertas doctrinas. Pienso que el jurado tiene derecho a conocer en términos generales —pues es imposible entrar en muchos detalles— pero el gobierno ha presentado su caso de tal forma que para el jurado resulta esencial conocer al menos algunos de los principios básicos de Trotsky, a quien se acusa de ser uno de los archiconspiradores.

LA CORTE: Bueno, si usted está de acuerdo en limitar ese testimonio a un tiempo razonable.

SR. GOLDMAN: Por supuesto, de lo contrario podríamos quedarnos aquí dos años.

SR. ANDERSON: Lo único que presentamos sobre Trotsky fue algunos materiales impresos, discursos y folletos publicados en la prensa del partido.

SR. GOLDMAN: Yo pensaría que si los fiscales se tomaron tres semanas, a mí me deberían dar por lo menos una semana para presentar el caso.

LA CORTE: No creo que sea necesario hacerlo así.

P: ¿Puede describir brevemente las diferencias fundamentales que surgieron entre Stalin y Trotsky después de la revolución?

R: Mencioné el otro día que la pugna se originó en la lucha por la democracia. Ese fue el origen de la pugna, que en realidad fue inspirada por Lenin, durante su última enfermedad, en colaboración con Trotsky. Lenin no sobrevivió hasta participar en la lucha, y Trotsky tuvo que dirigirla. Esta no tardó en desarrollarse más.

Pronto se hizo evidente para los observadores críticos esta tendencia de Stalin de aplastar la democracia en el partido y en la vida del país en general. Se desprendía del empeño de Stalin en cambiar el programa y el curso de la revolución, lo cual solo se podía hacer por estos medios. Trotsky luchó por una libre discusión del problema, confiado en que la mayoría de los trabajadores en el partido apoyarían su programa. Stalin y su grupo representaban, en nuestra opinión, la tendencia conservadora, que se apoyaba en un determinado estrato del partido y del gobierno que había adquirido posiciones y privilegios oficiales y quería que las cosas se detuvieran ahí.

P: ¿Entonces Stalin representaba, en su opinión, al partido de lo burocrático?

R: De lo burocrático y conservador. De hecho, Trotsky la calificó, durante una etapa de la lucha, como la facción burocrático-conservadora.

P: ¿Qué estaba interesada en qué?

R: Estaba interesada en conservar sus privilegios y no desarrollar y ampliar los beneficios para las grandes masas del pueblo.

P: ¿Y qué forma asumió esta dictadura de Stalin?

R: Asumió la forma de aplastar la democracia al interior del Partido Comunista y de establecer allí un régimen dictatorial. Por ejemplo…

SR. SCHWEINHAUT: Bueno, mientras el Sr. Cannon hace una pausa, permítame protestar contra esta parte del testimonio, ya que es inmaterial y no es pertinente al tema que nos ocupa. No importa la forma de gobierno que Stalin estableció en Rusia. ¿Qué nos importa?

LA CORTE: No veo la razón para que entre en todos los detalles. Pienso que usted debe reconocer esto, Sr. Goldman. Quiero darle todas las oportunidades, todas las oportunidades razonables, para presentar sus teorías del caso ante el jurado, pero sí creo que aquí hay mucho que es inmaterial e innecesario.

P: ¿Cual es la posición del partido sobre la Unión Soviética en la actualidad?

SR. SCHWEINHAUT: Protesto, su Señoría.

LA CORTE: Puede contestar.

R: Nuestra caracterización de la Unión Soviética, tal como existe hoy día, es la de un estado obrero, creado por la revolución de noviembre de 1917, deformado por el actual mal régimen, y hasta degenerado, pero que no obstante mantiene su carácter fundamental como estado obrero, ya que se basa en la industria nacionalizada y no en la propiedad privada.

Defensa de la URSS

P: Ahora, ¿cuál es la posición del partido respecto a la defensa de la Unión Soviética, y por qué?

R: Estamos a favor de defender a la Unión Soviética contra las potencias imperialistas por la razón que acabo de dar, porque lo consideramos un fenómeno progresista, como estado obrero, que ha nacionalizado las industrias, que ha eliminado el capitalismo privado y el latifundismo. Es por eso que la defendemos.

P: Es decir, ¿ustedes consideran al estado ruso o soviético como un estado basado en la expropiación de las industrias privada de los capitalistas?

R: Sí, en el manejo de las industrias como industria nacionalizada.

P: ¿Y ustedes defienden ese tipo de estado?

R: Sí.

P: ¿No es un hecho que Stalin ha matado a la mayoría de los llamados trotskistas en Rusia?

R: Sí. Estamos en contra de Stalin, pero no en contra de la forma soviética de producción industrial.

LA CORTE: El jurado tendrá en cuenta la advertencia que se le ha hecho y ahora estaremos en receso hasta las dos de la tarde.

MIÉRCOLES 19 DE NOVIEMBRE DE 1941
SESIÓN DE LA TARDE

Corte de Distrito de Estados Unidos
Distrito de Minnesota, Cuarta División

James P. Cannon
regresó al banquillo, fue debidamente juramentado
y prestó el siguiente testimonio:

LA CORTE: Adelante, caballeros.

P: ¿Y el partido agotará todas las posibilidades de una transformación pacífica si se le otorgan los derechos democráticos a las masas trabajadoras?

R: En mi opinión, hasta el final, sí.

P: ¿Hasta tratar de enmendar la Constitución de Estados Unidos, según lo establecido por la Constitución de Estados Unidos?

R: Si se mantienen aquí los procesos democráticos, si no son desbaratados por el gobierno con la introducción de métodos fascistas, y si la mayoría del pueblo, dando su apoyo a las ideas del socialismo, puede asegurar una victoria mediante procesos democráticos, no veo razón por la que no pueda utilizar, seguir utilizando, el método democrático de enmendar la Constitución para adaptarla al nuevo régimen.

Lógicamente, las reformas tendrían que ser de carácter muy drástico, pero hay ciertas partes de la Constitución que yo estaría dispuesto a incorporar al programa del partido en cualquier momento, es decir, la Carta de Derechos, en la cual creemos. Creemos que la sección de la Constitución que protege los derechos de la propiedad privada tendrá que ser modificada para la sociedad que tenemos pensada, en la que se elimina la propiedad privada de las empresas industriales en gran escala.

P: Pero usted piensa, o no, ¿que con toda probabilidad la minoría no permitirá esa transformación pacífica?

R: Es nuestra opinión. Se basa en todos los precedentes históricos de la falta de disposición de cualquier clase privilegiada, por más caduca que esté, de abandonar el escenario sin tratar de imponer por la fuerza su voluntad sobre la mayoría. Ayer cité unos ejemplos.

P: Cuáles es la…

R: Le podría dar otro ejemplo sobre el mismo punto. Por ejemplo, la revolución bolchevique en Hungría se logró sin derramar una sola gota de sangre, de una manera completamente pacífica.

P: ¿Cuándo fue eso?

R: Eso fue en 1919. El gobierno establecido después de la guerra, del cual el conde Karolyi fue su primer ministro, llegó a lo que se considera el fin de sus posibilidades. No podía controlar el país, no contaba con el apoyo de las masas, y el conde Karolyi como jefe del gobierno, por iniciativa propia, fue a ver al jefe del Partido Bolchevique, mejor dicho, del Partido Comunista de Hungría, que estaba preso, y le pidió que se hiciera cargo del gobierno de una forma pacífica y legal, como el cambio del gabinete en el parlamento francés, por supuesto, antes del régimen de Pétain.

Después este gobierno soviético, establecido así, pacíficamente, tuvo que hacer frente a un levantamiento de la clase privilegiada, de los latifundistas y los grandes propietarios, quienes organizaron una lucha armada contra el gobierno y al final lo derrocaron. La violencia en escala masiva llegó después del cambio de gobierno, y no antes.

El PST y Marx

P: ¿Qué sitio ocupa Carlos Marx y su doctrina para el partido?

R: Carlos Marx fue el autor de las teorías y doctrinas y análisis social que conocemos como el socialismo científico, o el marxismo, en el cual se ha basado todo el movimiento del socialismo científico desde su época.

Sus ideas se esbozaron en el *Manifiesto Comunista* de 1848 y luego en otros tomos grandes, ante todo en *El capital*, donde hizo un análisis científico a fondo de las leyes que rigen el funcionamiento de la sociedad capitalista. Mostró cómo sus contradicciones internas lo llevarían a su fin como sistema social. Mostró cómo los conflictos de intereses entre los empleadores y los trabajadores representarían una lucha de clases ininterrumpida hasta que los trabajadores se prevalecieran y establecieran la sociedad socialista.

Así que Carlos Marx puede ser considerado no solo el fundador de nuestro movimiento, sino el representante de su ideología que más autoridad tiene.

P: ¿El partido acepta todas las declaraciones que se encuentran en todos los libros escritos por Carlos Marx?

R: No. El partido nunca se ha sentido obligado a hacer eso. No consideramos infalible ni siquiera a Marx. El partido acepta sus ideas y teorías fundamentales como sus propias ideas y teorías fundamentales. Esto no le prohíbe al partido o a los miembros del partido discrepar con cosas que dijo o escribió Marx si estas no inciden en los fundamentos del movimiento, de la doctrina.

P: Y ustedes interpretan a Marx, o aplican las teorías marxistas, en las condiciones que predominan hoy día, ¿correcto?

R: Sí, vea usted, no consideramos la teoría marxista como una revelación o como un dogma. Engels lo expresó diciendo que nuestra teoría no es un dogma sino una guía para la acción, lo que significa que es un método que los estudiantes de marxismo deben comprender y aprender a aplicar. Uno puede leer cada carta o cada línea escrita por Marx, y aun así no será un marxista útil si no sabe cómo aplicarlas a las condiciones de su propio tiempo. Han habido personas de este tipo, a quienes llamamos pedantes.

P: Usted conoce el *Manifiesto Comunista*, ¿verdad?

R: Sí.

P: ¿Y usted recuerda —creo que es en la última cláusula del *Manifiesto*— donde Marx y Engels, los coautores, dicen: "Consideramos indigno ocultar nuestros propósitos" y menciona algo acerca de la revolución violenta? ¿Lo recuerda?

R: Sí. Dice, "Consideramos indigno ocultar nuestros propósitos. Proclamamos abiertamente que solo pueden ser alcanzados derrocando por la violencia todas las instituciones sociales existentes".

P: ¿Cuándo fue escrito el *Manifiesto Comunista*?

R: En 1848.

P: Después de la publicación del *Manifiesto Comunista*, ¿escribió Marx algo sobre la posibilidad de una revolución pacífica en los países democráticos?

R: Sí.

P: ¿Dónde se escribió eso? Y explíquele al jurado qué es lo que dijo.

R: Pues, el lugar de más autoridad donde esto se afirma y se explica es la introducción al primer tomo de la obra maestra de Marx, llamado *El capital*. Es la introducción de Federico Engels, su compañero de trabajo, coautor del *Manifiesto Comunista*, a quien se reconoce universalmente en el movimiento como alguien completamente identificado con todas las ideas y teorías de Marx. De hecho, Engels corrigió y recopiló el segundo tomo de *El capital*, después de la muerte de Marx.

P: ¿Qué dijo en esa introducción?

R: Era la traducción al inglés de *El capital*, y la introducción presentaba la obra al público inglés. Engels afirmó —creo que lo puedo citar casi textualmente— que él piensa que la obra de un hombre que durante toda su vida opinó que la transformación social en Inglaterra, al menos, podría realizarse por medios completamente pacíficos y legales, él piensa que dicho libro debe ser considerado por el público inglés. Esta es una versión casi textual de lo que dijo en esa introducción.

P: ¿Y por qué Marx tenía esa opinión respecto a Inglaterra?

R: Pues, tenía esa opinión respecto a Inglaterra, a diferencia de los países autocráticos, por su sistema parlamentario, sus procesos democráticos y el método de las libertades civiles en los procedimientos políticos.

P: Entonces, en la época cuando Marx y Engels escribieron el *Manifiesto Comunista* de 1848, no había democracia en el continente europeo, ¿correcto?

R: Toda Europa era un hervidero de revoluciones en aquella época.

P: ¿Y no había posibilidad de procesos democráticos?

R: Por lo menos no en el sistema estable que se había establecido en Inglaterra. Creo que debo agregar, para que tengan el cuadro completo de esta introducción a la que me refiero, que Engels dijo, después de hacer la observación que ya mencioné: "Por cierto, Marx no excluía la posibilidad de una rebelión a favor de la esclavitud por parte de la clase gobernante caduca y depuesta". O sea, después del traspaso del poder.

LA CORTE: Disculpe, Sr. Cannon, ¿podría explicar un poco el significado de esa frase "a favor de la esclavitud"?

EL TESTIGO: Sí. Creo que tenía presente la Guerra Civil americana. Marx y Engels prestaron mucha atención al desarrollo de la Guerra Civil americana, escribieron mucho sobre este tema en el *New York Tribune*. Se ha publicado una recopilación de estos escritos, tanto políticos como militares, en un libro que es una obra clásica en nuestro movimiento. Y lo que Marx indudablemente tenía en mente al referirse a una "rebelión a favor de la esclavitud" era una comparación con

“En la época cuando Marx y Engels escribieron el Manifiesto Comunista en 1848, no había democracia en el continente europeo. Toda Europa era un hervidero de revoluciones”.

—James P. Cannon

Arriba: Barricadas en las calles de París, febrero de 1848, inicio de la revolución que tumbó al rey Louis Philippe.

Abajo: Berlín, combates contra tropas de la monarquía prusiana, marzo de 1848.

la Guerra Civil americana, que él había caracterizado como una rebelión a favor de la esclavitud por parte de los esclavistas del Sur. Por supuesto, él no afirmaba que la burguesía inglesa eran esclavistas en el mismo sentido, sino que explotaban a los trabajadores.

P: Ahora, en su opinión, ¿cuál es la relación entre la Declaración de Principios del Partido Socialista de los Trabajadores y las teorías de Carlos Marx?

R: Yo diría que en la medida que entendemos el marxismo y somos capaces de aplicarlo, es una aplicación de las teorías y doctrinas marxistas —de todo su sistema de ideas— al problema social en Estados Unidos.

P: Es decir, ¿la Declaración de Principios se basa entonces en las teorías fundamentales de Carlos Marx?

R: Sí. Lo consideramos un documento marxista.

El PST y Lenin

P: ¿Qué papel ocupa Lenin según el partido?

R: Lenin, a nuestro juicio, fue el dirigente práctico más grande del movimiento obrero y de la Revolución Rusa, pero no sobre el mismo plano que Marx en el ámbito teórico. Lenin fue discípulo de Marx, no un innovador teórico. Ciertamente contribuyó ideas muy importantes, pero hasta el final de su vida se basó siempre en Marx, como discípulo en el movimiento marxista mundial. Ocupa una posición de mucha estima a la altura de Marx, con esta distinción entre los méritos de ambos.

P: ¿Está de acuerdo el partido, o están de acuerdo los miembros del partido, con todo lo que Lenin escribió y publicó?

R: No. Aplicamos la misma actitud hacia Lenin que hacia Marx. Es decir, nuestro movimiento apoya las ideas y doctrinas básicas practicadas, promulgadas y aplicadas por Lenin, lo cual no excluye la posibilidad de discrepar con él acerca de uno u otro escrito, o de que miembros individuales del partido discrepen con Lenin en algún aspecto importante, como ha ocurrido más de una vez en nuestro partido.

P: Por cierto, ¿es cierto que existe un gobierno comunista en la Unión Soviética?

R: No, no a nuestro criterio.

P: ¿Es cierto que hay comunismo en la Unión Soviética?

R: No, no hay comunismo en la Unión Soviética.

P: ¿Hay socialismo en la Unión Soviética?

R: No. Bueno, quisiera aclarar esto ahora. Socialismo y comunismo son términos más o menos intercambiables en el movimiento marxista. Algunos hacen una distinción en este sentido, por ejemplo, Lenin empleó la expresión socialismo como primera etapa del comunismo, pero no he encontrado otra autoridad que la utilice así. Pienso que es una idea propia de Lenin. Yo, por ejemplo, considero los términos socialismo y comunismo intercambiables, y se refieren a la sociedad sin clases basada en la producción planificada para el uso, en contraste con el sistema capitalista basado en la propiedad privada y la producción para el lucro.

P: ¿Puede existir una sociedad socialista y una dictadura como la que Stalin mantiene en la actualidad?

R: No. Según Marx y Engels, a medida en que uno se acerca a la sociedad sin clases —socialista o comunista— el gobierno, en lugar de ser un factor de mayor importancia en los asuntos humanos, se hace cada vez menos y menos importante, y al final se desvanece y desaparece, y es reemplazado o evoluciona hasta convertirse en un organismo administrativo que no emplea la represión contra el pueblo.

Entonces, el mismo término "gobierno" implica, en nuestra terminología, una sociedad de clases, o sea, una clase dominante y una clase que está siendo suprimida. Esto ocurre tanto si es un gobierno capitalista —que a nuestro criterio oprime o suprime a los trabajadores y agricultores y representa los intereses del gran capital— como si es un gobierno de trabajadores y agricultores inmediatamente después de una revolución, que representa los intereses de los trabajadores y agricultores y suprime cualquier intento de la clase capitalista desplazada de resistir su autoridad o restablecer su dominio.

Pero una vez que se aplasta la resistencia de la antigua clase explotadora caduca, y sus miembros se reconcilian con la nueva sociedad y se asimilan a esta, encontrando su lugar en ella, y la lucha de clases —factor dominante en todas las sociedades de clase— se ve eliminada por la desaparición de las diferencias de clase, entonces desaparece la principal función del gobierno como instrumento represivo, y a la par desaparece el gobierno. Este es el concepto profundo de Marx y Engels que aplican todos sus discípulos.

P: ¿Lenin alguna vez utilizó el término "blanquismo" para describir un cierto tipo de movimiento?

LA CORTE: ¿Qué es eso?

SR. GOLDMAN: Blanquismo.

EL TESTIGO: Sí. Él escribió más de un artículo durante la Revolución Rusa y más de una vez escribió: "No somos blanquistas".

P: ¿Ahora, qué quieren decir con "blanquismo"?

R: Blanqui fue una figura en el movimiento revolucionario francés que tuvo seguidores en la Comuna de París de 1871. Blanqui tenía su propia concepción del partido y de la revolución, y sus ideas eran conocidas entre los estudiantes de la historia del movimiento obrero como blanquismo.

P: ¿Cuáles son esas ideas?

R: Según el concepto de Blanqui, un pequeño grupo de hombres resueltos, muy disciplinado, podía efectuar la revolución con un *golpe de estado*.

P: ¿Qué es un "*golpe de estado*"?

R: Es la toma del poder, la toma del poder estatal por la acción armada de un pequeño grupo resuelto y disciplinado. Ellos, por así decirlo, harían la revolución a nombre de las masas.

P: ¿Y qué dijo Lenin al respecto?

R: Lenin se oponía a esta concepción, y él escribió sus artículos en respuesta a oponentes que habían acusado a los bolcheviques de tratar de tomar el poder sin la mayoría. Él dijo, "No somos blanquistas. Nos basamos en partidos de masas y en movimientos de masas, y mientras seamos minoría, nuestra tarea consiste en explicar pacientemente los problemas y las cuestiones hasta que logremos la mayoría, y mientras seamos minoría no intentaremos derrocarlos a ustedes. Déjennos tener nuestra libertad de expresión y de prensa, dennos la oportunidad de exponer nuestras ideas, y no tendrán que temer un putsch blanquista de nuestra parte". Un putsch, como expliqué antes, es un intento de un reducido grupo de tomar el poder por tácticas sorpresivas.

P: Así que Lenin dependía de partidos de masas y de lograr la mayoría en esos partidos de masas, ¿verdad?

R: Sí. En las etapas iniciales de la Internacional Comunista —es un período que conozco por mi estudio detenido y participación personal en el movimiento— él insistía continuamente en esta idea, no solo frente a sus críticos en rusia, sino frente a diversos individuos y grupos que se acercaban a una posición de apoyo a la Revolución Rusa pero tenían ciertas ideas distorsionadas.

En Alemania, por ejemplo, en marzo de 1921, el partido alemán, que se había organizado, intentó una insurrección sin tener el apoyo de las masas. Esto se hizo famoso en la literatura de nuestro movimiento internacional como "la Acción de Marzo". Las tácticas plasmadas en esta acción, el concepto de algunos de los dirigentes alemanes de que podían forzar la revolución por su propia voluntad y sus propios sacrificios: toda esta idea, la Acción de Marzo, y todas las ideas plasmadas en ella, fueron condenadas por el Tercer Congreso de la Internacional Comunista a insistencia de Lenin y Trotsky. Ellos rebatieron esta teoría y contrapusieron a esta los partidos de masas, los movimientos de masas, la obtención de una mayoría.

Le plantearon al partido alemán la consigna de aspirar a un millón de miembros. Zinóviev, quien presidía la Comintern, la hizo una de sus principales ideas en torno a la cuestión alemana. Que la tarea del partido alemán debía ser, no impacientarse o tratar de forzar la historia, sino dedicarse a la agitación y propaganda y a tener como meta alcanzar un millón de miembros en el partido.

R: ¿Este millón de miembros no podría por sí solo hacer la revolución, o sí?

P: Por supuesto que no. Lenin no esperaba que la mayoría de la población se incorporara al partido, sino que apoyara al partido. Pero el hecho mismo de que él propuso —o más bien que Zinóviev, teniente de Lenin en su función de presidente de la Internacional Comunista, propuso— como consigna "Un millón de miembros en el partido alemán", indiscutiblemente fue una fuerte indicación de que no esperaban obtener la mayoría de la población hasta que tuvieran un partido numéricamente poderoso.

El PST y Trotsky

P: Ahora, ¿qué relaciones había, si las había, entre León Trotsky y el Partido Socialista de los Trabajadores?

R: En 1928 nuestro movimiento, cuando nuestra facción fue expulsada del Partido Comunista, adoptó el programa de Trotsky.

Apoyamos su programa desde el principio, y eso fue mucho antes de que tuviéramos contacto personal con él. Él había sido expulsado del partido ruso y exiliado a una zona remota de Asia en un lugar llamado Alma Atá. No teníamos comunicación con él. No sabíamos dónde estaba o si estaba vivo o muerto, pero teníamos uno de sus importantes documentos programáticos, titulado *Crítica del proyecto de programa de la Internacional Comunista*. En este libro desarrolló extensamente, y en aspectos fundamentales, sus teorías frente a de las de Stalin. Lo adoptamos como nuestro propio programa y desde un principio proclamamos nuestra facción como la facción de Trotsky.

Trabajamos aquí casi seis meses sin comunicación con él, hasta que fue deportado a Turquía —a Constantinopla— y entonces establecimos comunicación con él por correo. Luego varios dirigentes del partido lo visitaron. Mantuvimos una extensa correspondencia con él, y por esta correspondencia y por las visitas de miembros individuales mantuvimos una relación muy estrecha; lo consideramos siempre el inspirador teórico y maestro de nuestro movimiento.

P: ¿Usted cuándo visitó a Trotsky por primera vez?

R: Lo visité en Francia en 1934; es decir, por primera vez después de nuestra expulsión del Partido Comunista.

P: ¿Y qué papel, si acaso alguno, desempeñó Trotsky en la formulación de las doctrinas del Partido Socialista de los Trabajadores?

R: Jugó un papel muy importante. Aunque no escribió los documentos de nuestro partido, sus ideas al interpretar el marxismo en nuestra época fueron la fuente de la cual obtuvimos nuestros principales conceptos y los reescribimos en términos americanos, tratando de aplicarlos a las condiciones americanas.

P: ¿Él escribió artículos sobre las condiciones y el desarrollo de Estados Unidos en esa época?

R: No recuerdo que haya escrito mucho en aquellos días

sobre Estados Unidos.

P: En algún momento durante esa época, ¿les dijo qué acción práctica debía tomar el grupo de ustedes en Estados Unidos?

R: Sí. Uno de los temas de controversia durante los primeros días nuestros era qué tipo de actividades debíamos llevar a cabo.

Él apoyó la idea de una actividad puramente propagandista en nuestros inicios, o sea, distinto de lo que llamamos trabajo de masas. Éramos tan pocos numéricamente que no podíamos pensar en hacer algo más que tratar de publicar un periódico y convencer algunas personas de nuestras ideas básicas. Las necesidades de esas condiciones le dictaban a nuestro grupo una tarea de propaganda rutinaria muy, muy modesta, y él apoyaba eso.

P: ¿Cuándo empezaron a tener por primera vez un contacto frecuente con Trotsky?

R: Se vio expulsado de Francia y después de Noruega, y al final recibió asilo en México por intervención del presidente Cárdenas. Si no me equivoco con el mes, creo que fue en enero de 1937.

A partir de entonces vivió en México, hasta el 21 de agosto de 1940, cuando fue asesinado. Durante el tiempo que estuvo allí lo visitamos frecuentemente. En mi caso fui a verlo dos veces, una en la primavera de 1938 y la otra en el verano de 1940. Otros dirigentes y miembros del partido lo visitaron frecuentemente. Yo en lo personal mantuve una correspondencia muy activa con él, y otros miembros del partido también. Yo diría que manteníamos un contacto muy, muy estrecho con él desde que llegó a México.

P: ¿Qué hizo el Partido Socialista de los Trabajadores para ayudar a Trotsky a protegerse, y también para ayudarlo con sus gastos?

R: Nosotros sabíamos que Trotsky estaba marcado para ser asesinado por Stalin, quien había liquidado prácticamente a todos los dirigentes importantes de la revolución con sus juicios en masa, depuraciones, casos fabricados, etcétera. Sabíamos que Trotsky, siendo el más grande de los opositores de Stalin, estaba marcado para ser asesinado y asumimos su protección. Establecimos un comité especial cuyo único fin era recoger fondos para apoyar esta tarea.

Brindamos guardias, suministramos dinero de manera regular y sistemática para transformar su casa lo más posible en fortaleza. Recolectamos y enviamos los fondos para comprarle la casa. Sufragamos los gastos de los guardias que fueron enviados allí, y en general, en todo lo posible, nos dispusimos a proteger su vida y facilitar su trabajo.

P: ¿Cuál fue el carácter de las discusiones que usted tuvo con Trotsky estando allí?

R: Todos los problemas importantes del movimiento mundial.

P: ¿ Algunos problemas del movimiento obrero americano?

R: Sí.

P: ¿Alguna vez habló con él sobre la cuestión de las guardias de defensa sindical y el Local 544?

R: No. Yo personalmente nunca tuve discusiones con él acerca de la guardia de defensa del Local 544. Hablamos con él sobre la cuestión de las guardias de defensa en general. Esto creo que fue durante nuestra visita en 1938.

P: ¿Sabe por conocimiento propio si Trotsky recibía muchas visitas?

R: Sí; sé que los recibía. Sé que tenía muchas visitas, porque en mi función de secretario del partido frecuentemente me solicitaban cartas de presentación para personas que querían visitarlo. A él lo visitaban no solo miembros nuestros sino periodistas, maestros, un grupo de estudiantes de historia que solía hacer recorridos por México, y figuras públicas de muchos tipos y criterios.

P: Entonces las discusiones que usted tuvo con Trotsky se referían y tenían que ver con problemas de política general, ¿no es cierto?

R: Sí; cuestiones de la guerra, del fascismo, del sindicalismo…

P: ¿Pero no tenían nada que ver con las actividades del partido, de las ramas o de ciertas secciones del partido?

R: No. No recuerdo que Trotsky se haya interesado en el trabajo local detallado del partido; no lo recuerdo.

P: ¿Y él era una persona muy ocupada?

R: Era el hombre más ocupado que jamás he conocido. Trotsky, además de todo su trabajo político y su enorme correspondencia y su trabajo de periodista —y escribió para nosotros innumerables artículos y folletos— escribió para revistas y periódicos tales como el *New York Times*, *Saturday Evening Post*, *Liberty* y otras revistas. Además produjo, en los 11 años desde su exilio a Turquía en 1929 hasta su muerte en 1940, un acervo literario mayor en volumen que lo que producen el promedio de personas que solo se dedican a escribir.

Publicó tres enormes tomos sobre la historia de la Revolución Rusa que, desde el punto de vista del trabajo literario, podría considerarse como la obra de toda una vida para cualquier escritor. Escribió un libro completo titulado *La revolución traicionada* así como su autobiografía e innumerables libros más pequeños, folletos y artículos durante ese período.

P: ¿Entonces el partido nunca lo molestó con cuestiones menores de política y actividades?

R: No que yo sepa. Sé que yo nunca lo hice.

Guardias de defensa obrera

P: ¿Podría decirle a la corte y al jurado la posición del Partido Socialista de los Trabajadores respecto a las guardias de defensa obrera?

R: Bueno, el partido está a favor de que los trabajadores organicen guardias de defensa dondequiera que sus organizaciones o sus mítines sean amenazados por la violencia de matones. Los trabajadores no deben permitir que sus asambleas sean disueltas o que sus salones sean destrozados o que su trabajo sea desbaratado por el Ku Klux Klan o los Camisas Plateadas o fascistas de cualquier tipo, o por matones o esbirros reaccionarios, sino que deben organizar una guardia y protegerse cuando sea necesario.

P: ¿Hace cuánto tiempo se planteó por primera vez la idea de las guardias de defensa obrera en el grupo del cual usted es miembro?

R: Yo diría que he sabido de esta idea, la cual nosotros de ninguna manera inventamos, durante mis 30 años en el movimiento obrero. He tenido conocimiento de la idea de las guardias de defensa obrera, y las he visto organizarse y he ayudado a organizarlas más de una vez, mucho antes de que oyera hablar de la Revolución Rusa.

P: ¿Y el grupo trotskista alguna vez comenzó a organizar esas guardias antes de ser el Partido Socialista de los Trabajadores?

R: Si, en el primer año de nuestra existencia, en 1929. El Partido Comunista, los estalinistas, trataron de desbaratar nuestros mítines con matones violentos. Lograron disolver unos cuantos, y reaccionamos organizando una guardia de defensa obrera para proteger nuestros mítines. Invitamos a participar en esta guardia no solo a trotskistas, sino a otras organizaciones obreras que también estaban siendo atacadas por los matones estalinistas.

Permítame explicarlo. Los estalinistas en aquel entonces tenían un sistema de tratar de desbaratar los eventos del Partido Socialista, del IWW [Obreros Internacionales del Mundo], de un grupo llamado los Proletarios y de cualquiera que no estuviera de acuerdo con los estalinistas. Intentaron el juego de Stalin de desbaratarlos, así que en defensa propia, sin teorías de nadie, reaccionamos organizando guardias de defensa obrera para proteger nuestros mítines. Y agregaría, entre paréntesis, que los protegimos tan bien que acabamos con esas payasadas a costa de algunas cabezas partidas, lo cual yo personalmente aprecié mucho en esos días.

P: Le muestro un volumen del *Militant* rotulado 1928 y 1930, y le pido que refresque su memoria con este volumen y le diga al jurado en qué ocasiones el grupo trotskista organizó las guardias de defensa obrera. Solo lea el artículo y entonces dígale al jurado, sin leerle el artículo al jurado.

R: El primero tiene fecha del 1 enero de 1929. Se refiere a un mitin en el que yo fui el orador en New Haven, Connecticut, bajo el titular, "La verdad sobre Trotsky y la plataforma de la Oposición". Es un reportaje sobre el evento.

Ataques de matones estalinistas

P: Bien, Sr. Cannon; léalo y dígale después al jurado lo que recuerda de ese incidente.

R: Lo recuerdo muy bien, porque mandaron una pandilla de matones al mitin y lo desbarataron, no me dejaron continuar mi discurso y provocaron una pelea, en medio de la cual la policía llegó y declaró disuelto el mitin. Es un reportaje sobre un mitin en el Liceo Obrero en New Haven, Connecticut, el 21 de diciembre de 1928.

P: ¿Y posteriormente organizaron guardias de defensa para proteger sus mítines?

R: Sí, en el mismo artículo se informa sobre un segundo mitin celebrado en Filadelfia el 27 de diciembre, donde Max Shachtman fue el orador, y dice que, aprovechando la experiencia de New Haven, organizaron una guardia de defensa obrera que vino y protegió el mitin, permitiendo que el orador continuara sin interrupciones.

P: ¿Alguna vez celebraron un evento donde usted habló y donde las guardias de defensa obrera protegieron el mitin?

R: Sí. Aquí está el *Militant* [indicando] fechado el 15 de enero de 1929, que informa sobre un mitin en que yo hablé en Cleveland, Ohio, sobre el mismo tema del que estaba hablando entonces: "La verdad sobre Trotsky y la Oposición Rusa", y el reportaje en el periódico informa sobre una pandilla de estalinistas que llegó y trató de desbaratar el mitin y de abuchear al orador, y empezaron a intentar violencia.

P: Usted fue el orador, ¿no es cierto?

R: Yo fui el orador, y recuerdo muy bien que estaba protegido por una guardia que habíamos organizado, y el reportaje dice que la guardia obrera al final formó una cuña móvil y sacó del evento a los que intentaban desbaratarlo permitiendo que el orador continuara hasta el final.

P: ¿Y posteriormente habló en mítines donde fueron organizadas guardias de defensa obrera para protegerlos?

R: Sí. Aquí hay un reportaje en el *Militant* de febrero de 1929, acerca de dos eventos en los que yo hablé en la ciudad de Minneapolis.

P: ¿Y recuerda qué sucedió en esos mítines?

R: Sí, la primera actividad la intentamos celebrar en un salón aquí —olvido el nombre, el salón del AOUW, según dice el reportaje— y me acuerdo que en este evento, antes de que empezara, una pandilla de matones estalinistas invadió el mitin y atacó a Oscar Coover con cachiporras, donde él estaba parado a la entrada tomando los boletos, creo. Irrumpieron en el salón antes de que llegara el público y tomaron los asientos delanteros. Después, cuando comenzó a llegar el público y fui a la tribuna e intenté hablar, se levantaron e interfirieron, abuchearon, desbarataron e interrumpieron el evento, hasta que finalmente terminó en una trifulca y no tuve la oportunidad de pronunciar mi discurso. Luego el reportaje dice que…

P: Bien, ¿pero usted qué recuerda?

R: Sí, se informa en esta edición del periódico que luego fuimos al salón del IWW; esa es otra organización radical con la que no estamos afiliados, pero que también ha sido víctima de estas tácticas estalinistas, y les preguntamos si querían cooperar con nosotros en la organización de una guardia para proteger el mitin y que yo pudiera hablar sobre el tema de mi gira nacional: "La verdad sobre Trotsky y nuestra plataforma". Ellos aceptaron.

Formamos una guardia de defensa obrera en Minneapolis en enero de 1929 y el IWW nos dejó usar su salón. Ellos tenían su propio salón por aquí en la calle Washington. Difundimos ampliamente la publicidad para el mitin y anunciamos que se iba a celebrar bajo la protección de la guardia obrera. Yo personalmente sé que organizó esta guardia, que se equiparon con mangos de hachas, se pararon a lo largo del salón y al frente, y anunciaron que nadie debería interferir con el mitin. Hablé cerca de dos horas sin interrupción bajo la protección de esa guardia obrera.

P: ¿Entonces usted puede decir por conocimiento propio que la guardia de defensa obrera…?

R: Aquí hay más noticias, si las quiere. Esa etapa duró hasta que finalmente establecimos nuestro derecho a que nos dejaran en paz, y entonces ya no hubo más necesidad para la guardia y la disolvimos.

Grupos fascistas incipientes

P: Ahora, respecto a las guardias de defensa obrera promovidas por el Partido Socialista de los Trabajadores, ¿qué acción formal tomó el partido en algún momento?

R: En este último período de 1938 y 1939, en algunas partes del país nos enfrentamos a un movimiento fascista incipiente. Diferentes organizaciones con diferentes nombres comenzaron a predicar doctrinas hitlerianas en este país, y trataron de practicar métodos hitlerianos de intimidación física contra mítines obreros, judíos, tiendas judías y suprimiendo la libertad de expresión con métodos violentos. En Nueva York llegó a ser un problema bastante grave. Los diversos bundistas y grupos semejantes en Nueva York desarrollaron la práctica de desbaratar mítines callejeros cuando nuestro partido u otro partido obrero intentaba hablar en público con un permiso de la alcaldía. Tenían la costumbre de ir a molestar a tenderos judíos, poniendo líneas de piquetes frente a sus tiendas y golpeándolos, retándolos a pelear, etcétera.

En ese entonces había una organización desenfrenada llamada los "Camisas Plateadas". No recuerdo que estuvieran en Nueva York, pero sí en diversos lugares del Oeste y del Medio Oeste.

P: ¿Recuerda el Frente Cristiano?

R: Sí, en Nueva York los del Bund Germano-Americano y del Frente Cristiano, y otras dos o tres organizaciones fascistas en potencia, solían aunar fuerzas para esta clase de actividades. En esos momentos la libertad de expresión estaba siendo suprimida descaradamente en Jersey City bajo la autoridad de este hombre Hague, quien proclamó que él era la ley. Tenía la costumbre de correr a gente de la ciudad y permitir que mítines fueran desbaratados, supuestamente no por las autoridades, sino por "ciudadanos indignados" a quienes él y su pandilla habían organizado con ese fin. Había indicaciones en general en esos momentos —había mucho descontento y conmoción en el país— de que estaba creciendo un movimiento fascista, y se presentó el problema, no solo de cómo podíamos protegernos a nosotros, sino de cómo los sindicatos podían protegerse. Por ejemplo, en Jersey City estaban suprimiendo líneas de piquetes y se estaba atentando contra el derecho a la huelga: problemas muy graves de violaciones de las libertades civiles por organismos no oficiales.

Basándonos en las experiencias con los movimientos fascistas de Alemania e Italia, que comenzaron con pandillas de matones y terminaron destruyendo totalmente los sindicatos y todas las organizaciones obreras y los derechos civiles, llegamos a la conclusión de que debíamos afrontar a los fascistas en su propio terreno, y que debíamos plantear la consigna de las guardias de defensa obrera para proteger las asambleas, los salones y las instituciones de los trabajadores contra la violencia criminal de los fascistas incipientes.

Discutimos esto con Trotsky. Su participación consistió principalmente en hacer una exposición del desarrollo del movimiento fascista en Europa. No recuerdo ahora si de él surgió la idea —pero de todas maneras él la secundó con entusiasmo— de que nuestro partido propusiera que los sindicatos, cuando su tranquilidad fuese amenazada por estos matones, organizaran guardias de defensa obrera y se protegieran.

P: ¿Y los sindicatos siguieron el consejo del partido?

R: Recuerdo que organizamos, en colaboración con otros radicales y algunos judíos —incluso algunos judíos nacionalistas que no estaban de acuerdo con nuestro programa socialista pero sí estaban de acuerdo en defender su derecho humano a vivir— formamos en esos momentos una guardia de defensa obrera en Nueva York. Para proteger no solo los mítines de nuestro partido sino los de cualquier organización amenazada por estos matones. Para que no fueran molestados ciudadanos en el Bronx, donde estos matones estaban intimidando e insultando a judíos. Esta guardia tuvo varios altercados y peleas con esas bandas.

Luego las condiciones en el país comenzaron a cambiar. La

MILITANT

Socialist Appeal

50,000 ANTI-NAZIS ANSWER S.W.P. CALL

AT THE GARDEN PICKET LINE

1,780 LaGuardia Cops Protect Nazis from Workers' Wrath in Brutal Attack on Demonstrators

NAZIS CHEER NEW YORK COPS FOR CLUBBING OF PICKET LINES

All Races, Creeds Join Picket Line

LOCAL NEW YORK RALLIES WORKERS

S.W.P. Protests Police Brutality

"En colaboración con otros, formamos una guardia de defensa obrera en Nueva York para proteger no solo las actividades de nuestro partido sino las de cualquier organización amenazada por matones fascistas; para proteger a los ciudadanos del acoso de pandillas que intimidaban e insultaban a judíos". *—James P. Cannon*

Arriba: Además de organizar guardias de defensa obrera, el PST convocó en febrero de 1939 a una movilización contra un mitin del Bund Germano-Americano en el Madison Square Garden de Nueva York. Se manifestaron unas 50 mil personas, frente a casi 1 800 policías que protegieron el evento fascista.

El encabezado del *Socialist Appeal* dice, "50 mil antinazis acuden a convocatoria del PST". Este semanario, que reflejaba los criterios políticos del PST, se publicó desde 1938 hasta enero del 1941, cuando retomó el nombre *The Militant*.

situación económica mejoró un poco. El problema de la guerra europea comenzó a absorber toda la atención, quitándosela a estos Hitlers americanos. El movimiento fascista cayó en inactividad y nuestra guardia de defensa obrera en Nueva York ya no tenía nada que hacer y dejó de existir. En Los Ángeles, si mal no recuerdo, hubo una experiencia parecida.

P: ¿Alguna vez adoptaron los sindicatos internacionales esa idea, que usted sepa?

R: No lo sé. Sé que se planteó en el sindicato de obreros de la costura, que tenía una doble inquietud por este asunto: primero, porque como sindicato se veía amenazado por el crecimiento del fascismo, y segundo, porque un porcentaje grande de sus miembros son judíos, a quienes estos matones consideran posibles víctimas. En uno de los locales del sindicato de la costura en Nueva York, se aprobó una resolución a favor de la idea y luego fue enviada a la Junta Ejecutiva Internacional del sindicato para que la considerara. También hubo correspondencia y algunas entrevistas entre nuestros camaradas que habían promovido la idea y los dirigentes del Sindicato Internacional de Trabajadores de Prendas de Mujer [ILGWU]. Creo que no se desarrolló más, ni en sentido positivo o negativo, porque el movimiento fascista mermó y el tema se enfrió.

P: ¿Así que el asunto de las guardias de defensa obrera se extinguió porque ocurrió un cambio en las condiciones?

R: Sí. Mantuvimos la propuesta de las guardias de defensa obrera en nuestro programa. Creo que está en la página editorial del *Militant* como uno de los puntos que proponemos como programa práctico.

P: ¿Y se hace vital especialmente en vista de un posible movimiento fascista en nuestro país?

R: Sí. En esa época nuestro periódico estaba lleno de noticias y artículos sobre los bundistas y el Frente Cristiano, etcétera, pero si uno revisa los archivos, constata que baja gradualmente el número de reportajes sobre la violencia fascista. Y el tema de las guardias de defensa obrera desapareció de las páginas del periódico y ahora solamente es planteada ahí como consigna.

(La prueba H de la defensa fue marcada para identificarla).

EL TESTIGO: (CONTINÚA) Yo podría agregar, Sr. Goldman, que hasta donde yo sepa, no existe ninguna guardia de defensa obrera activa en ninguna parte del país a la que estén asociados nuestros miembros. Pero mantenemos la idea como educación práctica en caso de que los sindicatos vuelvan a enfrentar la experiencia de aquellos días.

SR. GOLDMAN: Su Señoría, ofrezco como prueba para la defensa las muestras H-1 hasta la H-5, incluyendo una copia de la resolución titulada "Resolución del congreso sobre las guardias de defensa obrera", publicada en el *Socialist Appeal* del 7 de julio de 1939.

LA CORTE: Serán recibidas.

SR. GOLDMAN: No voy a leerlas porque el testigo ha hecho una exposición de ellas.

Usted puede interrogar al testigo.

LA CORTE: Creo que ahora podemos tomar nuestro receso.

(Receso de la tarde)

MIÉRCOLES 19 DE NOVIEMBRE DE 1941
SESIÓN DE LA TARDE (CONTINUACIÓN)

Corte de Distrito de Estados Unidos
Distrito de Minnesota, Cuarta División

P: Usted afirmó en el interrogatorio que la expropiación de la propiedad privada sin indemnización no era un principio para el Partido Socialista de los Trabajadores. Pero quiero leerle un párrafo de la Declaración de Principios y hacerle una pregunta al respecto:

"La medida económica y social más importante que debe tomar el estado obrero en su período inicial es la expropiación y socialización, sin indemnización, de todos los monopolios de la industria y la tierra, las minas, fábricas y empresas navieras, todos los servicios públicos, ferrocarriles, líneas aéreas y otros medios organizados de comunicación, todos los bancos, agencias de crédito y almacenes de oro, y demás suministros y servicios de los cuales el gobierno revolucionario considere necesario tomar control para sentar las bases de una sociedad socialista".

¿Qué dice usted acerca de esto, Sr. Cannon?

R: Si recuerdo correctamente, dije que no era un principio del marxismo el no pagar indemnización por la propiedad tomada por el gobierno.

P: ¿Está seguro que en ese momento usted se refería al marxismo y no al programa del partido?

R: Creo que hice referencia a las autoridades marxistas. Tenía en mente específicamente la autoridad de Trotsky.

Expropiación de la propiedad privada

P: Bien, en todo caso, ¿es un principio del Partido Socialista de los Trabajadores que se tomará dicha propiedad sin indemnización?

R: Eso está en la Declaración. Pero no es un principio.

P: ¿Puede explicar por qué los actuales dueños de la propiedad, quienes la han adquirido, al menos, por medios constitucionales, no recibirán nada por ella? ¿Por qué está incluido ese principio en el programa del partido?

R: Las Sesenta Familias que son dueñas de la mayoría de las industrias y los bancos de Estados Unidos no tienen el derecho legítimo a tanta propiedad y a tanto poder sobre la vida de las personas que producen esa propiedad con su trabajo.

P: Entonces, ¿usted no les daría reconocimiento alguno por su laboriosidad y empeño, su educación, su inteligencia…?

R: Sí, les daría el mismo reconocimiento que cualquier ciudadano que participe en la producción de la riqueza del país; o sea, la oportunidad de trabajar en la nueva sociedad sobre bases de igualdad.

P: Sí, pero me refiero al momento cuando ustedes tomen el poder junto con la propiedad. En ese momento ustedes se apropiarían de ella sin indemnización alguna, y entonces le pregunto: ¿por qué no toman en cuenta en ese momento el empeño, la laboriosidad, la inteligencia —y pudiera agregar, el riesgo de pérdidas, que siempre ha estado presente— de estas personas?

R: Lo que nos interesa es el bienestar de la gran masa del pueblo. Su bienestar requiere categóricamente que las plantas productivas de este país sean transferidas de manos privadas a manos públicas. Esto es lo que nos interesa ante todo. Las industrias deben ser nacionalizadas: la propiedad privada debe ser eliminada en el proceso industrial. El problema de los derechos y los intereses del número relativamente pequeño de la población que sería afectado por esta medida drástica es, desde luego, secundario a esto que consideramos una necesidad pública, un interés público.

No veo razón basada en principios por la cual no se pueda

dar cierta consideración a estas personas —ya privadas de la capacidad o del poder de explotar la mano de obra de otros— a condición de que acepten la voluntad de la mayoría. Se los puede pensionar, se les puede dar consideración en vista a su edad, o de su incapacidad para trabajar, o por su aceptación de no resistir por la fuerza el mandato de la mayoría.

De hecho, creo que estaríamos a favor de eso.

P: ¿Ustedes les darían una pensión?

R: Sí, posiblemente.

P: Bien, ahora, ¿su teoría afirma que ninguna persona que adquirió grandes propiedades pudo haberlo hecho de otra forma que no fuera por la explotación de los trabajadores?

R: Esa es la manera en que se crea la propiedad en el capitalismo.

P: Ahora, ¿podría decirnos qué quiere decir con "explotación"?

R: Significa el empleo del trabajo asalariado a un salario menor del valor del producto del trabajo.

P: Bueno, ¿entonces se puede decir que el Partido Socialista de los Trabajadores afirma como dogma arbitrario que a ninguna persona se le paga adecuadamente en el actual sistema de gobierno?

R: Yo no diría "ninguna persona". Algunas personas reciben una remuneración excesiva.

P: Me refiero a los trabajadores, a los mismos trabajadores a los que usted hace referencia.

R: Sí, puedo concebir que a un trabajador se le pague demasiado, o sea, un trabajador que no sea productivo, que no tenga habilidades o que sea negligente.

Pero cuando nosotros hablamos del trabajo asalariado, nos referimos al promedio y a la regla general. El marxismo trata de lo general y no del análisis de cada trabajador individual. Los trabajadores, colectivamente y como promedio, producen una enorme cantidad de riqueza por la cual no reciben un salario equivalente. Eso es la plusvalía, según la terminología marxista. Es la ganancia que va a manos de los capitalistas, no a cambio de su trabajo sino como ganancia sobre la inversión.

Producción para la utilización

P: ¿Y usted piensa que no deben obtener ganancia sobre sus inversiones?

R: Queremos eliminar todo el sistema de ganancias. Queremos producción para el consumo, no para el lucro.

P: Bien, entonces, ustedes expropiarían la propiedad, no solamente de las Sesenta Familias, sino de cualquiera que tenga propiedad en gran medida, ¿verdad?

R: Nuestro programa excluye específicamente la expropiación de los pequeños propietarios o la interferencia con ellos. Estamos hablando de las personas que tienen grandes propiedades y explotan la mano de obra. Su propiedad pasará a la propiedad y al control del público, representado por el gobierno de trabajadores y agricultores.

P: ¿Dónde se originó el término "Sesenta Familias"?

R: Hasta donde yo sé, captó la atención pública por un libro escrito por un periodista brillante llamado Ferdinand Lundberg.

Hace cuatro o cinco años, el Sr. Lundberg realizó investigaciones sobre la propiedad y el control de las industrias, los bancos, etcétera, en Estados Unidos. Después de un estudio exhaustivo, sacó un libro excepcionalmente bien documentado titulado *America's Sixty Families* [Las Sesenta Familias de Estados Unidos], en que ofrece hechos y cifras para demostrar que el control decisivo de las industrias, los bancos y otras instituciones en Estados Unidos, que representan la verdadera riqueza económica y el poder económico del país:

que esto está concentrado en la propiedad y el control por parte de 60 familias que él enumeró.

La obra del Sr. Lundberg, hasta donde yo sé, nunca ha sido impugnada seriamente. Recuerdo que inclusive un personaje representativo de la actual administración, el secretario Ickes, habló por radio y se refirió a este libro para respaldar una posición que él tomaba en una controversia política actual.

P: Entonces, ustedes han usado el término —cuando lo usan en las publicaciones del partido— en un sentido literal, refiriéndose específicamente a 60 familias específicas, ¿no es así?

R: Yo no diría que es una descripción completamente literal. Es una aproximación a la situación real. No proponemos limitarlo exactamente a eso, pero la expresión "Sesenta Familias" ilustra gráficamente lo que ha estado ocurriendo en este país. Mientras los trabajadores trabajaban y los agricultores cultivaban, Sesenta Familias estaban tomando control del país, y es una cifra muy gráfica que usamos en nuestra agitación. Mucha gente no se da cuenta de lo que ha estado pasando con la concentración de la riqueza en este país.

P: Permítame hacerle una o dos preguntas sobre el concepto de un gobierno imperialista, capitalista. Usted ha dicho que el actual gobierno de Estados Unidos es tanto imperialista como capitalista.

R: Sí.

P: ¿Cree entonces que el gobierno es el instrumento de los capitalistas?

R: Es el representante de los capitalistas.

P: Y entonces, para suprimir a los capitalistas, si ellos los resisten a ustedes, ¿se desprende, por supuesto, que ustedes deben suprimir al gobierno?

R: Vamos a cambiar el gobierno.

P: Entonces ustedes van a suprimir al gobierno como acto

natural que acompaña el proceso de suprimir a los capitalistas, ¿no es cierto?

R: Una vez que obtengamos la mayoría y el poder, si ese poder llega a nuestras manos por un proceso pacífico y democrático, en ese caso, cambiaremos de manera radical toda la estructura del gobierno, reorganizándolo de manera que se base en la representación por consejos, según lo describí esta mañana.

P: Bueno, ahora supongamos que el gobierno no sigue el ejemplo del conde Karolyi entregándoselo a ustedes. Entonces, ¿ustedes van a tomarlo, no es así?

R: ¿Usted quiere decir, si ellos se resisten a una mayoría en elecciones democráticas?

Participación de los socialistas en elecciones

P: Ah, ¿ustedes lo van a hacer a través de elecciones?

R: Siempre estamos participando en elecciones. Lo único que hemos dicho es que la clase dominante de este país va a recurrir a la violencia antes de que haya una oportunidad justa para medir la mayoría o la minoría en un proceso democrático.

P: Bien, entonces díganos cómo piensa que esto se va a llevar a cabo y funcionar aquí en este país. Y para los fines de contestar esta pregunta, por favor no use como ilustración otra revolución. ¿Cómo piensa que va a resultar aquí? Permítame sugerir el hilo de su razonamiento al respecto: Usted dice que, si se resisten a una elección, o algo parecido: díganos qué es lo que quiere decir con eso. Preséntenos el programa según usted lo concibe.

R: En las actuales condiciones, y en las condiciones que según podemos suponer existirán en un futuro inmediato, nosotros, como partido minoritario, seguiremos predicando nuestras doctrinas, reclutando miembros, haciendo todo lo posible para crecer, ser más populares y ganar más apoyo.

Por supuesto, si tuviéramos que depender exclusivamente de la eficacia de nuestros argumentos —y si las cosas siguen iguales— no creceríamos muy rápidamente. Pero como marxistas, creemos que el desarrollo histórico ayudará poderosamente nuestras ideas. La bancarrota gradual del sistema actual, su incapacidad de resolver sus problemas, el deterioro de las condiciones para el pueblo, los empujará hacia el camino de buscar una solución de lo que les parecerá una situación absolutamente desesperada.

En estas condiciones, nuestro programa puede parecerle al pueblo más y más plausible, más y más razonable, y podremos empezar a convertirnos en un partido más fuerte. Esto ha sucedido antes con partidos de ideas similares.

Los reaccionarios violarán los derechos democráticos

P: Ahora entiendo; usted va bien. Pero entienda que lo que yo quiero es que nos diga cómo usted cree que esto va a suceder en este país.

R: En la medida que nuestro partido crezca, será un reflejo del crecimiento y el desarrollo del movimiento obrero amplio, de los sindicatos. Los sindicatos se verán impulsados cada vez más hacia una acción firme, porque los capitalistas de Estados Unidos no creen que los trabajadores tienen derecho a una vida decorosa y a horas de trabajo razonables, y van a tratar de exprimir a los trabajadores.

Los capitalistas tratarán de usar el pretexto de la "defensa nacional" y el peligro de la guerra para privar a los trabajadores del derecho a la huelga. Y una vez que hayan privado a los trabajadores del derecho a la huelga valiéndose de pretextos dizque patrióticos, los capitalistas comenzarán a deprimir los salarios y a negar concesiones, impulsando a los trabajadores hacia una actitud más radical frente al estado actual de las cosas, y con eso nuestro partido crecerá.

Lo próximo que seguramente se vislumbrará en el horizonte será el intento de estas Sesenta Familias y sus partidarios de impedir que se popularicen ideas adversas a los capitalistas y de frenar mediante leyes la organización de los trabajadores. Tenemos aquí en Minnesota el principio de esto con la ley Stassen contra las huelgas.

Comenzarán a arrestar a personas por expresar sus opiniones honestas y a encarcelarlas bajo cargos amañados. Comenzarán a organizar pandillas de matones fascistas, como hizo Fritz Thyssen, el gran magnate del acero en Alemania, quien confesó que dio millones de marcos para financiar la organización de los matones de Hitler. El papel de los matones de Hitler era de andar disolviendo asambleas obreras y lanzar ataques violentos para privar a los trabajadores de sus libertades civiles y derechos democráticos.

P: ¿Los capitalistas utilizarán leyes?

R: Sí, leyes que violan la Primera Enmienda a la Constitución, la cual prohíbe este tipo de leyes.

Y en esta situación van a llevar a cabo la guerra. No se detendrán con un ejército de millón y medio. Organizarán un ejército de cinco millones. Enviarán a millones de jóvenes americanos al extranjero para aventuras bélicas imperialistas, para proteger sus mercados y sus ganancias. Se perderán vidas. Las condiciones en el país se empeorarán, porque esos 60 o 100 mil millones de dólares que están asignando para el derroche de gastos bélicos tendrán que ser pagados por alguien, y tratarán de forzar a las masas y a los agricultores pobres a pagarlos.

La miseria crecerá y aumentará, y crecerán las demandas en este país entre los que quieren la libertad y el derecho a vivir, que buscan una salida de este manicomio de guerra y desempleo y creciente fascismo.

P: ¿Y esto será durante la guerra, esta parte de su relato?

R: Bueno, puede suceder durante la guerra, si la guerra se prolonga. O puede suceder de una manera catastróficamente rápida al final de la guerra, cuando millones de hombres regresen a casa —de victorias o de derrotas, según el caso— y se encuentren con que no tienen empleo, y que toda la prosperidad económica se reventó porque se basaba en la producción de armamentos.

El momento que dejen de construir buques de guerra y bombarderos, armas, municiones y demás instrumentos bélicos, tendremos un ejército de 15 a 25 millones de desempleados en este país. Los pequeños negociantes se irán a la ruina y los agricultores que han estado en una crisis crónica durante 25 años tendrán condiciones aún peores.

El pueblo de este país empezará entonces a pensar seriamente en encontrar algún tipo de solución política a esta crisis a la cual los actuales dirigentes lo han puesto y de la cual no los puede sacar. Es así que concibo el desarrollo de los sucesos.

¿Qué es lo que queremos entonces? Queremos sencillamente el derecho de abogar por nuestras ideas, queremos el derecho de libre expresión, la libertad de prensa y la libertad de reunión.

P: Lo sé, pero me parece que usted se está saliendo un poco del tema. Ha llegado a un punto en su relato donde nos decía cómo se desarrollarán las cosas en Estados Unidos, donde todo el mundo estará bastante inconforme con la situación, o tal vez peor que inconforme, enojado. Continúe a partir de allí y díganos, ¿cuál es el siguiente paso?

R: Eso es lo que me propongo hacer. Ya dije, ¿qué queremos en esa situación?

Queremos la oportunidad de continuar explicando al pueblo de Estados Unidos cuál es nuestro plan para resolver este problema.

Eso es lo que queremos, y si se concede esa demanda, vamos a presentar nuestro programa en las elecciones. Presentaremos resoluciones en los sindicatos. Presentaremos resoluciones en organizaciones de agricultores. Trataremos de propiciar conferencias entre los trabajadores de las ciudades y los agricultores, para ver si podemos formular un programa conjunto que proponga una solución.

Participaremos en las elecciones, y si salimos electos y no nos privan de nuestros derechos electorales, empezaremos a debatir estos problemas en el Congreso. Con esta pequeña condición —que mantengamos nuestros derechos constitucionales— tenemos motivos sobrados para confiar en que podremos ganarnos a la mayoría del pueblo a nuestro programa.

Y el problema de si la voluntad de esa mayoría se aplicará de manera ordenada y democrática, esto es algo que no lo decidiremos nosotros, lo decidirán sus Sesenta Familias: si ellos quieren empezar la violencia, o si quieren aceptar una solución pacífica.

P: Un momento. Todavía no han logrado ser electos para controlar el gobierno. Apenas están en el punto donde tal vez han ganado una o dos elecciones. ¿Piensa que lograrán salir electos y de ahí controlar el gobierno?

R: Pienso que es concebible, sí.

P: O sea, ¿eso es lo que buscan? ¿Es su objetivo?

R: Ese es el objetivo de tener candidatos, de que sean electos.

P: ¿Cree que ustedes puedan lograr el control —o digamos, adquirir— el poder del gobierno saliendo electos?

R: Podremos lograrlo si no se interfiere con nosotros a través de la violencia de los capitalistas.

P: ¿Quiere decir que los capitalistas no permitirán que ustedes sean electos?

R: Cuando decimos que es una ilusión creer que podemos efectuar una transformación social mediante la acción parlamentaria, no significa que no queramos hacerlo, o que no aceptaríamos ese método gustosamente. No creemos, basados en nuestro conocimiento de la historia, y de la codicia y rapacidad de la clase dominante americana, que ellos vayan a permitir ese tipo de solución.

P: Entonces volvamos a la pregunta que le hice. ¿Usted no cree que los capitalistas, las Sesenta Familias y todo eso, les permitirán llegar al poder saliendo electos?

R: No.

Protección de los derechos obreros

P: ¿Y cómo les van a impedir que lo hagan? ¿No van a dejar que vote el pueblo?

R: Pueden impedirlo de diferentes formas.

P: ¿Cómo lo van a hacer?

R: Pueden abrogar las elecciones.

P: Háblenos de eso, por favor.

R: Eso ya lo han hecho tantas veces y en tantos países que no tiene nada de novedoso.

P: ¿Y cómo van a hacerlo?

R: Cancelando las elecciones, y por cierto, no somos los únicos que anticipamos esa posibilidad.

P: ¿Quiere decir que ellos no van a permitir que se celebren las elecciones?

R: Hasta un personaje político como Lindbergh ha planteado seriamente la cuestión de si se permitirán las elecciones al Congreso en 1942. Yo pienso que está un poco adelantado, pero no es necesariamente una idea trotskista decir que ellos detendrían las elecciones.

P: Tal vez no me expresé claramente. Estoy tratando de averiguar: ¿cómo van a impedir los capitalistas que ustedes sean electos al gobierno? Usted dijo que había varias formas en que podían hacerlo. Una de ellas es anulando las elecciones. Ahora, le pregunto, ¿qué quiere decir con eso? ¿Quiere decir que los capitalistas simplemente no van a permitir las elecciones?

R: Sí, eso es posible.

P: ¿Es esa una de las maneras en que usted piensa que les van a impedir ser electos al gobierno?

R: Es una de las maneras, sí, ha pasado antes.

P: ¿Aquí?

R: No, aquí todavía no. En Francia, el gobierno de Pétain no fue electo y no permite elecciones para ponerlo a prueba. Acabaron con el parlamento democrático. Personalmente pienso que…

LA CORTE: Sr. Cannon, pienso que debe limitarse al texto sugerido por la pregunta. No estamos interesados en las elecciones en Francia en esta etapa del proceso.

P: (del Sr. Schweinhaut) Ahora, no quiero prolongar esto, pero sí quiero que usted intente contestarme. Quiero saber, una vez más, ¿cómo van a impedir los capitalistas en Estados Unidos de América que ustedes sean electos al gobierno? Ahora, usted me ha contestado con una de las diversas maneras. Que ellos van a impedir completamente la realización de elecciones.

R: Sí.

P: Díganos de qué otras maneras van a impedir que sean electos al gobierno?

R: Otro forma sería aprobando leyes discriminatorias, perjudiciales a los partidos obreros.

P: Explique eso, por favor.

R: Restringiendo el funcionamiento de los partidos obreros, impidiendo su plena libertad de acción, que sería necesaria para ganar victorias parlamentarias.

P: ¿Y de otras maneras también?

R: Sí, otra forma —la más probable para las Sesenta Familias— es la de organizar y subvencionar un movimiento fascista con el fin de destruir el movimiento obrero por la fuerza antes de que tenga la oportunidad de medir su fuerza en las elecciones.

Así se hizo en Italia, y quisiera explicar que solo utilizo estas referencias a otros países porque arrojan luz sobre el proceso que es posible aquí. No fue mi intención traer estos ejemplos como temas no pertinentes. Creemos que las sociedades capitalistas operan en un país u otro de acuerdo a leyes similares y bajo condiciones similares.

P: Ahora, ¿cómo van a evitar que sucedan esas cosas? ¿Supongo que ustedes quieren frenarlas antes de que ocurran?

R: Sí.

P: ¿Cómo van a hacerlo?

R: En primer lugar, vamos a tratar de hacer valer nuestros derechos. Vamos a hacer todo lo posible para obtener el apoyo de un número suficiente de personas —estén de acuerdo con nuestra teoría política o no— para mantener los procesos democráticos y los derechos civiles de toda la población. Vamos a tratar de hacer eso.

Cuando veamos bandas fascistas que se organizan con el fin de desarticular al movimiento obrero, vamos a aconsejarles a los trabajadores, antes de que sea demasiado tarde, que organicen guardias de defensa obrera y que no les permitan a las bandas fascistas destruir las organizaciones y los mítines obreros.

Estas son dos de las ideas más importantes e inmediatas que tenemos sobre la protección de los derechos de los trabajadores y sobre sus posibilidades de desarrollar su movimiento en el marco de un proceso democrático.

P: Ahora, supongamos que no se cancelen las elecciones. Ustedes solamente continuarán propagandizando, ¿correcto?

R: Correcto.

P: ¿Para tratar de ser electos a puestos en el gobierno?

R: Correcto.

P: ¿Sin importar cuánto tiempo tarde?

R: No podemos definir cuánto tiempo tardará.

P: Ahora, ¿cómo piensan que los capitalistas van a derogar las elecciones? ¿Cómo lograrán ese objetivo?

R: Lo pueden hacer de diferentes maneras: por decreto, por un voto del Congreso que declare un estado de emergencia bajo el cual se prescinda de las contiendas electorales y le entregue el poder al presidente o a otra persona para que gobierne durante ese período, que podría ser largo o corto, pero probablemente largo.

Eso es precisamente lo que se hizo con un parlamento legalmente constituido y electo por sufragio del pueblo francés, que incluía a representantes de diversos partidos: el Socialista, el Socialista Radical, el Conservador, el Comunista y otros partidos. Este parlamento fue disuelto y se nombró un dictador con poderes para gobernar el país a su discreción hasta nuevo aviso. Es lo que sucedió, así nomás (indicando).

P: Supongamos que no hagan las cosas que usted anticipa, y que ustedes logren ser electos para tomar control del gobierno —control del Senado y de la Cámara, digamos— y también les salga electo un presidente. ¿Esperan ustedes entonces que el ejército y la marina se vuelvan en contra de ustedes y traten de resistir su autoridad?

R: Anticipo que algunos de los oficiales lo harían, los más íntimamente ligados a los altos círculos de la clase dominante. Anticipo que algunos de ellos intentarían disputarle la autoridad al gobierno popular. Eso ocurrió en otras ocasiones.

P: Sí, yo sé que usted está ofreciendo una ilustración con eso. Pero yo estoy hablando de este país. Digamos que ustedes ya han sido electos y controlan el gobierno. Ahora, díganos cómo anticipa que se llevará a cabo la resistencia contra su autoridad. ¿Quién lo va a hacer y cómo la van a hacer?

R: Lo van a hacer los agentes de la clase dominante que está amenazado con quedar despojada.

P: Anticipan que el ejército y la marina del gobierno de Estados Unidos vuelvan sus armas contra ustedes cuando ustedes han sido debidamente electos para controlar el gobierno?

R: Sí, yo anticiparía que algunos oficiales lo harían, no todos. Si todo el ejército y la marina tuvieran esa mentalidad, en primer lugar sería evidentemente imposible salir electos, porque el ejército y la marina reflejan más o menos entre sus filas a la población en general, y si fuésemos electos por voto de la mayoría, puede estar seguro que nuestra popularidad entre las masas populares se vería reflejada en la institución militar. Eso siempre sucede.

P: Bien, ¿y ustedes cómo van a resistir esta sublevación en su contra?

R: De la misma manera que lo hizo Lincoln en 1861.

P: ¿Tendrían ya un ejército, o utilizarían el ejército existente cuando llegaran al poder?

R: Utilizaremos solo las medidas que sean posibles. En 1861 un sector importante del ejército americano y de sus mejores oficiales se rebelaron contra la autoridad del gobierno legalmente electo de Lincoln. Lincoln tomó lo que pudo y reclutó a otros más, y les dio batalla, y a mí siempre me pareció una idea maravillosa.

Guardias de defensa y revolución social

P: Pero mientras tanto, ustedes quieren desarrollar una milicia obrera, ¿no es cierto?

R: Una guardia de defensa obrera, sí.

P: Quiero decir, no solo con el fin de defender las sedes

sindicales, sino para otros fines, ¿no es así? ¿No quieren desarrollar, mientras avancen hacia el poder, una milicia obrera? ¿Para ayudarles cuando lleguen al poder?

R: Usamos la expresión "guardias de defensa obrera" porque es la forma más americana y la que define más fácil y precisamente lo que queremos. Las guardias de defensa obrera crecerán en tamaño y en fuerza en la medida que tengan tareas que realizar, y no por que nosotros queramos que crezcan.

Si los fascistas crecen y atacan a los sindicatos, los sindicatos inevitablemente deben contrarrestar ese movimiento desarrollando sus guardias de defensa, y si las guardias de defensa se ven abrumadas por los gángsters, matones y rufianes fascistas, la única respuesta que los sindicatos pueden dar es reforzar esas guardias. Y en el transcurso de esa lucha entre las bandas fascistas y las guardias de defensa obrera, esperamos que las guardias de defensa obrera se hagan fuertes y lleguen a ser una muy fuerza eficaz.

P: Bueno, resumamos esto un poco. Ustedes no piensan que van a ser electos al gobierno, ¿verdad?

R: No, nuestro programa dice que no anticipamos que eso suceda, por las razones que ya le he dado.

P: Pero ustedes de todas maneras esperan tomar el poder, ¿no?

R: Sí, la revolución no puede ser detenida por la supresión, porque la revolución es un formidable movimiento social de las grandes masas del pueblo.

P: Entonces, ¿su partido espera una inevitable guerra civil causada por la diferencia entre sus perspectivas y las de los capitalistas?

R: Si me permite, quisiera decir que no la esperamos en el sentido de que deseamos que ocurra.

P: Le entiendo, sí.

R: Y no la consideramos inevitable. Es posible que se produzca una variante de los procesos históricos.

Pero basándonos en la experiencia histórica, decimos que la probabilidad abrumadora es que la clase gobernante de este país intentará resolver su conflicto con los trabajadores con la violencia fascista antes de que logremos la mayoría en el Congreso. O si resultara que ganáramos la mayoría en elecciones democráticas, la clase dominante montaría una rebelión de los esclavistas para oponerla. Y nosotros nos empeñaremos en aplastar esa rebelión de la forma más decisiva posible.

P: Y con ese fin, ustedes quieren empezar, por adelantado, a desarrollar un ejército obrero, ¿no es cierto?

R: Solo con un programa no se puede organizar un ejército obrero para enfrentar esta situación. La fuerza de los trabajadores crecerá a partir de los sindicatos, de sus guardias de defensa obrera, de las filas de los soldados y los agricultores que están en las fuerzas armadas, que no apoyarán la rebelión de los esclavistas. No nos faltarán los recursos si contamos con la mayoría del pueblo.

P: Entiendo eso. Ahora, la creación de guardias de defensa obrera en todos los sindicatos sería muy beneficioso para su programa si ocurriera la resistencia que usted anticipa, ¿verdad?

R: Sería absolutamente indispensable, sí.

P: ¿Así que para su objetivo final es una buena idea tener una guardia de defensa obrera ahora?

R: Es una buena idea, si se pueden organizar. Pero uno no puede organizar una guardia de defensa obrera simplemente porque así lo desee. Se puede hacer solamente cuando existe una necesidad apremiante que les resulte evidente a los trabajadores, independientemente de si están de acuerdo con nuestras ideas.

P: ¿Sería agradable, no cree, que el Partido Socialista de

los Trabajadores pudiera establecer guardias obreras en todos los sindicatos para los objetivos finales del partido?

R: Yo iré más lejos, y diré que la creación de las guardias de defensa obrera es un proceso casi automático a medida que los sindicatos se enfrenten a la violencia de los matones fascistas. Nuestra tarea consistirá en acelerarlo, en decir: es una buena idea, desarróllenlo y háganlo más fuerte y no dejen que los fascistas destruyan su movimiento y los lleven a la esclavitud.

Pero la guardia no es algo que podamos inventar de la nada. Es un proceso natural que surge del desarrollo de la lucha, y nosotros tratamos de percibirlo por adelantado, tratamos de acelerarlo, tratamos de popularizar el concepto, de convencer a los trabajadores de que es algo bueno y que deben trabajar hacia ello.

Pero por más libros que escribamos y por más que gritemos, no podremos organizar una guardia de defensa obrera en un sitio donde el sindicato esté funcionando sin interferencia. Esto se ilustró, podríamos decir, en el caso de Minneapolis, donde contamos con muy buenos amigos y camaradas influyentes en los sindicatos. Pero cuando la amenaza de los Camisas Plateadas desapareció, la guardia de defensa sindical ya no encontró una función que cumplir, y pasó a la inactividad. No es posible desarrollarlo artificialmente.

P: ¿Está diciendo que la guardia de defensa obrera ya no existe?

R: No sé si existe formalmente, pero no está en funcionamiento, según lo que yo pude apreciar del testimonio.

Instituciones militares en un estado obrero

P: Ahora, permítame hacerle esta pregunta: Una vez que ustedes estén en el poder, van a organizar un ejército, ¿no es cierto?

R: Finalmente, sí.

P: Su Declaración de Principios dice que el estado obrero no tendrá un ejército profesional, sino que dependerá de una masiva milicia obrera en la cual se abolirán todas las distinciones excepto las exigidas por la eficiencia técnica, y se ejercerá el control democrático de los oficiales por las filas.

R: Esa ha sido siempre la concepción marxista de un ejército.

P: Bueno, ¿puede explicarlo un poco más?

R: Nosotros queremos prescindir de los soldados profesionales. El estado obrero probablemente necesitará durante cierto tiempo una institución militar, aun si llega a un acuerdo con los capitalistas despojados para otorgarles pensiones de jubilación a cambio de que se sometan a la decisión de la mayoría. Existe la posibilidad de que una Europa capitalista, un Hitler o algo así, amenazara a nuestro país, y tendríamos que mantener una institución militar para defender el país.

Nuestro concepto es no tener una clase de soldados profesionales, excepto, por supuesto, para la pericia técnica. Más bien, todo ciudadano apto tendrá que cumplir el servicio militar. El pueblo debe estar armado.

P: Me parece que probablemente entiendo eso, pero díganos específicamente qué significa esto (lee lo siguiente de la Declaración de Principios): "en la cual se abolirán todas las distinciones excepto las exigidas por la eficiencia técnica, y se ejercerá el control democrático de los oficiales por las filas". Tomemos lo primero: "se abolirán todas las distinciones excepto las exigidas por la eficiencia técnica". ¿Qué significa eso?

R: Tiene que haber ciertas personas en el establecimiento militar que sean diestros en determinadas técnicas: artillería, aviación, etcétera.

Las distinciones que queremos abolir son las distinciones

"La creación de guardias de defensa obrera es un proceso casi automático cuando los sindicatos enfrentan la violencia de matones fascistas. Nuestra tarea consiste en acelerarlo... No permitan que los fascistas destruyan al movimiento". ***—James P. Cannon***

Arriba: Guardia de Defensa Sindical, integrada por 600 voluntarios de sindicatos en Minneapolis y St. Paul. Respondieron al llamamiento del Local 544 de los Teamsters para resistir fuerzas fascistas apoyadas por los patrones.

Abajo, izquierda: El *Northwest Organizer* satiriza evolución de métodos de patrones: de sus "agentes especiales" (el garrote dice "Abajo los sindicatos") a los sindicatos amarillos (patrón con cartel que dice "Súmate a nuestro sindicato") a los Camisas Plateadas fascistas (con el rótulo "¿Cómo se llega a la sede sindical?").

Abajo, derecha: William Dudley Pelley, fundador de los Camisas Plateadas, fue invitado por organizaciones patronales a Minneapolis en julio de 1938 para organizar mítines de reclutamiento. Ya para octubre, las movilizaciones de la guardia de defensa forzaron a los Camisas Plateadas a abandonar la ciudad.

de privilegios en el ejército, las distinciones que permiten que los oficiales reciban más remuneraciones que el soldado, y no solo más, sino tanto más que el oficial vive en un mundo diferente. El oficial tiene la posibilidad de casarse, de tener una vida social, de vivir un poco como un ser humano, mientras que el soldado, por su bajo salario, se ve privado de estas posibilidades.

Si fuera por nosotros, aboliríamos estas distinciones de privilegios y le garantizaríamos a cada miembro del aparato militar una remuneración más o menos similar, la reglamentación de los privilegios, etcétera. Por supuesto, yo no digo que esto se aplique solo al ejército. Debe aplicarse a la sociedad en general, según nuestra teoría.

P: Para utilizar un ejemplo extremo, ¿bajo esta teoría el soldado raso sería igual a un mayor general en todos los aspectos?

R: No igual en sus conocimientos militares, no igual en su posición militar, pero sí igual en su derecho a tener un ingreso decoroso y una vida social decorosa. ¿Por qué se le negaría eso?

P: Le estoy preguntado a usted. Tome a un capitán. ¿Él podrá darles órdenes a sus soldados rasos?

R: Sí.

P: ¿Y ellos tendrán que obedecer las órdenes?

R: Sí, no es posible mantener una institución militar sin disciplina, sin un mando.

Democracia en las fuerzas armadas

P: ¿Qué quiere decir con "control democrático de los oficiales por las filas"?

R: Estamos a favor de que las filas tengan el privilegio de elegir a sus propios oficiales en las instituciones militares, igual que tienen el privilegio de elegir a los funcionarios municipales en la vida civil, o a los funcionarios sindicales en los sindicatos. Creemos que así se obtendría una mejor calidad de oficiales, y oficiales en los cuales depositarían más confianza que si se tratara de oficiales que les hubiesen impuesto. Se obtendría una mejor disciplina gracias al derecho democrático otorgado a las filas de escoger a sus oficiales.

P: Ahora, ¿ustedes tendrán una especie de comisarios políticos —si ese es el término correcto— que ejercerían control sobre los oficiales en el ejército?

R: Eso depende de si a los oficiales se los considera fiables o no.

P: Los tuvieron, creo, en la Rusia soviética, ¿no?

R: Sí, en el ejército después de la revolución, tuvieron muchos oficiales que habían sido entrenados en el régimen zarista.

P: ¿Es eso lo que quiere decir con control democrático de los oficiales?

R: No, eso es algo completamente diferente. Lo que queremos decir con el control democrático de los oficiales es el derecho de las filas a elegirlos y a revocarlos.

P: ¿Pero ustedes tendrían a representantes de la administración estatal —o como sea que les llamen— con las tropas, controlando a los oficiales?

R: ¿Se refiere a la institución de comisarios en el ejército ruso?

P: No sé si estoy hablando de eso o no. Se lo estoy preguntando.

R: Lo voy a explicar, pero ese es un aspecto diferente. En el ejército reconstituido, organizado por Trotsky después de la revolución, lógicamente tuvieron que contar con decenas de miles de oficiales que habían sido entrenados bajo el régimen zarista. Los trabajadores no habían tenido la oportunidad de entrenar a su propia gente como oficiales. Muchos oficiales brindaron su apoyo al gobierno soviético, por diversas razones. Algunos de ellos porque se convencieron de la revolución. Otros se mantuvieron hostiles hacia la revolución pero eran patriotas hacia su país, y estaban dispuestos a luchar para defenderlo contra los intervencionistas. Otros simplemente aceptaron la realidad, y se adaptaron lo más posible.

Pero muchos de ellos, claro está, eran considerados poco fiables políticamente. El control ejercido sobre ellos por los comisarios no era un control de las filas de la manera que nosotros proponemos a través de elecciones. Era un control desde los niveles superiores del gobierno. El comisario era nombrado como representante fiable del gobierno central para trabajar con el oficial y asegurar que se comportara de manera leal. Así funcionó en la práctica en la experiencia rusa.

Esto ni siquiera lo hemos mencionado en nuestro programa, porque no sabemos que pasará aquí.

Debo de agregar que, en la medida que esos oficiales se iban asimilando en el nuevo régimen, y se entrenaba a nuevos oficiales, se eliminó la necesidad de tener un comisario por encima de los oficiales de lealtad dudosa, y así se fue reduciendo esa institución.

P: Me gustaría saber si la idea de tener estos comisarios políticos está incorporada o no al programa del Partido Socialista de los Trabajadores.

R: No, creo que no está formulada en nuestro programa.

P: Le estoy preguntando.

R: No. No está ni incorporada ni rechazada. Es una de las numerosas ideas que quedan por resolver.

P: Ellos utilizaron el mismo sistema recientemente en la Guerra Civil española, ¿no es así?

R: Hasta cierto grado, sí.

P: ¿Quiere explicarnos un poco, o utilizar la Guerra Civil española como ilustración de por qué su propio programa plantea el adiestramiento bajo el control de los sindicatos y ese tipo de cosas? ¿Nos puede explicar eso un poco más?

R: Mencioné que la coalición del Frente Popular obtuvo una mayoría en las elecciones. La minoría reaccionaria después se sublevó y lanzó una rebelión por la fuerza armada, llevándose una parte considerable del estado mayor del ejército. Por otra parte, como casi siempre sucede, un sector de los oficiales permaneció leal al gobierno legalmente constituido, igual que ocurrió aquí en nuestra Guerra Civil: se produjo una división en el ejército.

Anteriormente los trabajadores habían clamado pidiendo armas, pero el gobierno del Frente Popular se negó a dárselas, y demoró tanto que los trabajadores no habían adquirido adiestramiento para el uso de las armas. Es una de las razones del triunfo del fascismo en España.

Las organizaciones obreras fueron los enemigos más agresivos del fascismo. Nuestro partido en España, aunque no le brindó apoyo político al gobierno del Frente Popular, sí apoyó y participó en la lucha militar para repeler a los fascistas, combatieron en el ejército hombro a hombro con los republicanos, demócratas y demás.

Los sindicatos y las organizaciones obreras descubrieron que podían organizar, equipar y desplegar a los hombres en el campo de batalla mucho mejor a través de su propio aparato que lo que podían lograr a través del gobierno del Frente Popular. Los poderosos sindicatos organizaron sus propios regimientos. Los partidos políticos organizaron sus propios regimientos y se vieron incorporados en las líneas de combate al lado de los republicanos y las fuerzas oficiales, y combatieron juntos. Sin ellos, no habría sido posible llevar a cabo una lucha militar seria en España. Si los trabajadores en España hubieran tenido la oportunidad de adiestrarse militarmente en los años anteriores, y especialmente si hubieran tenido la oportunidad de entrenar a oficiales, pienso que el desenlace militar en España habría sido diferente.

P: Permítame preguntarle: El ejército lealista durante la guerra había adoptado una teoría del control democrático sobre los oficiales y la elección de los oficiales, similar a la que propugna su partido, ¿no es cierto?

R: Creo que hasta cierto grado eso prevaleció al principio en algunos de los regimientos controlados por los sindicatos. De si prevaleció en el ejército en general, eso realmente no lo sé. No estoy familiarizado suficientemente con el aspecto militar de la Guerra Civil española para saberlo.

P: Su partido cree que el actual ejército de Estados Unidos debe ser organizado así, ¿no es cierto?

R: Sí, pensamos que los soldados deben tener el derecho de elegir a sus oficiales.

P: ¿Ahora?

R: Ahora.

P: ¿Y si ingresamos a la guerra?

R: Sí, con mayor razón aun, porque entonces es aún más importante que los soldados entre las filas tengan los oficiales que quieren y en los cuales pueden confiar, ya que van a enfrentarse con situaciones peligrosas. Es un asunto sumamente infeliz el ser mandado a poner su propia vida en peligro al mando de oficiales en los cuales no se confía.

P: Los miembros de su partido tienen órdenes de mantenerse leales a los principios y a las teorías del partido después de ser reclutados al ejército, ¿no es cierto?

R: No tiene órdenes, pero se da por sentado que un hombre formado en nuestro movimiento nunca abandona sus principios bajo ningún concepto.

SR. SCHWEINHAUT: ¿Estaría dispuesta su Señoría a suspender la sesión ahora?

LA CORTE: Damas y caballeros del jurado, mañana es Día

de Acción de Gracias, y lo vamos a respetar. Espero que pasen un día agradable y placentero.

Por favor tengan presente las advertencias de la corte.

Estaremos en receso hasta el viernes a las 10 de la mañana.

(A las 4:35 P.M. se tomó un receso ordinario hasta las 10 de la mañana del viernes 21 de noviembre de 1941).

VIERNES 21 DE NOVIEMBRE DE 1941
SESIÓN DE LA MAÑANA

Corte de Distrito de Estados Unidos
Distrito de Minnesota, Cuarta División

James P. Cannon
uno de los acusados, anteriormente juramentado, regresó al banquillo y prestó el siguiente testimonio:

P: Sr. Cannon, quiero leerle una cláusula del *Manifiesto Comunista*, sobre el cual el Sr. Goldman le hizo preguntas el viernes o el día que fue: "Los comunistas consideran indigno ocultar sus ideas y propósitos. Proclaman abiertamente que sus objetivos solo pueden ser alcanzados derrocando por la violencia todo el orden social existente". ¿Representa esto o no las perspectivas del partido?

R: Sí lo representa, en la medida que está incorporado en la Declaración de Principios. Lo hemos interpretado, como todos los escritos marxistas, a nuestra propia manera, tal como aparece en la Declaración de Principios.

P: ¿Está de acuerdo o no que, tal como aparece y sin nada más, equivale a abogar por el derrocamiento del gobierno por la fuerza?

R: No, no lo interpreto así.

P: ¿No está de acuerdo que significa eso?

R: No lo interpretamos así, pero en la Declaración de Principios...

P: Le estoy preguntando que, si tomamos este texto por sí solo, y nada más, ¿no está de acuerdo en que equivale a abogar por el derrocamiento del gobierno por la fuerza?

R: No, no necesariamente, ya que los autores de ese mismo documento, en la declaración que cité el otro día, afirmaron específicamente que ellos creían que sus objetivos podían lograrse, al menos en Inglaterra, por un proceso de democracia parlamentaria.

P: Bueno, usted sabe que esa no es una respuesta a mi pregunta, ¿no es así, Sr. Cannon? Por favor permítame preguntarle esto: Si tomamos por sí solo el texto que acabo de leer y nada más, ¿no cree que equivale a abogar por el derrocamiento del gobierno por la fuerza?

R: No, no creo, porque los propios autores lo han interpretado de manera distinta por lo menos en el caso de Inglaterra.

P: Está bien, eso lo vamos a dejar de lado. Cuándo ustedes les entregan el *Manifiesto Comunista* a sus miembros, ¿les dan una advertencia sobre esa oración?

R: No sé si eso en particular lo hacemos. Lo publicamos como documento histórico, que tiene 93 años.

P: ¿Se podría suponer que cuando los miembros del partido lean eso entiendan que cuando lo leen no representa los criterios del partido y que no aboga por el derrocamiento del gobierno por la fuerza?

R: Nosotros suponemos que los miembros del partido se rijan por la Declaración de Principios.

Reformas y revolución

P: Ahora quiero leerle algo de *La conferencia de fundación de la Cuarta Internacional,* donde encontré la siguiente frase: "La tarea estratégica de la Cuarta Internacional no consiste en reformar el capitalismo, sino en derribarlo". ¿Quiere decir eso que ustedes ni siquiera van intentar nada mediante reformas legislativas?

R: No. No significa eso.

P: ¿Y qué significa?

R: Al contrario, nosotros constantemente estamos proponiendo cambios legislativos.

P: ¿Y qué significa esa oración para usted, tal como aparece ahí?

R: Nosotros no esperamos lograr los objetivos finales del socialismo con una reforma del capitalismo, que consideramos un sistema caduco. Mientras tanto, siempre nos mantenemos atentos —en camino hacia el momento cuando seamos capaces de lograr nuestros objetivos finales— a encontrar oportunidades aptas para proponer reformas oportunas.

P: ¿No es cierto que en todas sus publicaciones se ridiculiza constantemente la idea de las reformas?

R: No creemos que los objetivos finales del socialismo puedan lograrse mediante reformas de un estado o de un sistema que debe ser reemplazado. Pero no consideramos que las reformas y la revolución sean incompatibles, en absoluto.

P: Ahora, encontré esta frase de *La revolución de 1905* por Lenin: "Es nuestro deber..."

SR. GOLDMAN: Eso no fue admitido como prueba, su Señoría.

SR. SCHWEINHAUT: No estoy diciendo que lo fue. Solo quiero preguntarle al testigo acerca de esto.

P: (CONTINÚA) "El exterminio implacable de los jefes civiles y militares es nuestro deber en tiempos de insurrección". ¿Representa esto el punto de vista del partido?

R: No, nunca hemos hecho semejante declaración.

P: ¿Está usted en desacuerdo con eso?

R: Sí, no sé que haya sido afirmado nunca como política de nuestro partido.

P: ¿Esta es una parte de la filosofía y dogma de Lenin con la que usted no está de acuerdo, ¿correcto?

R: No estamos de acuerdo con el exterminio de nadie, salvo en el caso de una lucha armada, cuando se aplican las reglas de la guerra.

P: ¿Entonces en el caso de que su partido dirija una insurrección, estaría de acuerdo con que los jefes de la autoridad civil y militar fuesen exterminados implacablemente?

R: Yo no quiero que me responsabilicen a mí y no quiero que responsabilicen a mi partido de ninguna declaración que no esté en nuestras declaraciones oficiales.

P: Pero usted nos ha dicho que los criterios básicos de Lenin son los criterios básicos del Partido Socialista de los Trabajadores, ¿no es cierto?

R: Es cierto, y al mismo tiempo le dije que eso no significa que tomemos cada letra y cada línea escrita por Lenin como dogma.

P: Y esta es una que ustedes no consideran dogma, ¿verdad?

R: No con la interpretación que usted le da, eso no.

El socialismo como alternativa a la guerra

P: Permítame leerle algunas citas de la publicación *¿Qué es el trotskismo?*, titulada "Reseña del curso No. 2, por Jack Weber", también distribuida por su partido: "Para lograr el socialismo los marxistas plantean que primero es necesario destruir la maquinaria estatal de la clase dominante capitalista, concretamente, el ejército, la policía y la burocracia estatal". Y después dice: "La política del marxismo sigue siendo la de utilizar la guerra y dotar de armas a los trabajadores para impulsar los intereses de la revolución mundial, convertir la guerra imperialista en una guerra civil, considerar a la burguesía en su propio país como el enemigo principal". Y después: "La clase trabajadora no puede obtener el poder apoyando una política fascista". ¿No significa esto que usted y su partido pretenden, en la guerra que se avecina, si ingresamos a ella, utilizar estos medios para fomentar una guerra civil?

R: Yo no lo diría en términos tan llanos como usted lo hace. Como he explicado aquí con bastantes detalles, continuaríamos propagando nuestras ideas bajo todas las condiciones, en la medida que se nos permita hacerlo. Creemos que la prolongación de la guerra librada por las potencias imperialistas tendrá el efecto inevitable de acelerar la decadencia del sistema representado por las potencias imperialistas, de incrementar la miseria y el descontento de las masas y la demanda de que cese la matanza. Y desde luego nuestro partido, en esa situación, se le ofrecerá al público la alternativa del socialismo, eso es correcto.

P: Y ustedes intentarán utilizar la guerra, durante la guerra, para destruir la actual forma de gobierno, ¿no es así?

R: Bueno, no es ningún secreto que queremos cambiar esta forma de gobierno.

P: ¿Y ustedes ven la guerra que se avecina como un momento para lograrlo?

R: Sí, pienso que la guerra que se avecina inevitablemente debilitará a los gobiernos imperialistas en todos los países.

P: Creo que dijo que ustedes no apoyarán la guerra. ¿No creen en la defensa nacional en absoluto?

R: No en los países imperialistas, no.

P: Me refiero a este país.

R: Creo 100 por ciento en defender este país utilizando nuestros propios medios, pero no creo en defender los gobiernos imperialistas del mundo…

P: Me estoy refiriendo al gobierno de Estados Unidos tal y como está establecido constitucionalmente en la actualidad. No creen en defenderlo, ¿verdad?

R: No en un sentido político, no.

P: No cree en defenderlo en ningún sentido, ¿no es cierto?

R: Expliqué el otro día que si la mayoría del pueblo decide

a favor de la guerra y participa en la guerra, nuestra gente y la gente bajo nuestra influencia también participará en la guerra. Nosotros no saboteamos la guerra, no la obstruimos. Pero sí continuamos propagando nuestras ideas, llamando a que cese la guerra y llamando a un cambio de gobierno.

P: ¿Quiere decir con eso que su gente, cuando sean llamados al ejército, serían buenos soldados?

R: Sí.

P: ¿Y que se esforzarían por promover los objetivos militares de Estados Unidos?

R: Decimos que nuestra gente deben ser buenos soldados en el ejército, en el mismo sentido que deben ser buenos trabajadores en la fábrica y buenos sindicalistas en el sindicato. De lo contrario, no les sería posible tener influencia alguna sobre sus camaradas.

Oposición al social-patriotismo

P: ¿Y cómo puede reconciliar esa afirmación con la que apareció en el *Socialist Appeal* el 1 de agosto de 1939: "Un socialista que predica la defensa nacional es un reaccionario pequeñoburgués al servicio del capitalismo en decadencia"? ¿Cómo puede reconciliar su respuesta anterior a mi pregunta con la afirmación hecha aquí?

R: No estamos a favor de defender al régimen actual. Nos oponemos al régimen actual.

P: ¿Y los miembros de su partido que son soldados en el ejército, cuando sean llamados al servicio, también se opondrán al gobierno?

R: En cuanto a sus ideas, sí, en cuanto a la expresión de sus criterios, en la medida que se les permita expresar su opinión.

Tampoco creemos en la autoridad y dirección capitalista en la fábrica, pero mientras seamos minoría y no podamos impedirlo, trabajamos en la fábrica e insistimos en que nuestra gente sean buenos trabajadores.

P: ¿Y mientras trabajan en la fábrica, ustedes hacen todo lo posible para luchar contra los patrones?

R: Hacemos todo lo posible para explicar y hacer propaganda entre nuestros compañeros de trabajo sobre la idea de que es mejor que ellos sean los dueños de las fábricas que ser asalariados bajo el control de un dueño privado.

P: Y personalmente, usted ridiculiza la idea de defender al gobierno de Estados Unidos, ¿no es así?

R: En el sentido de dar apoyo político a todas las formas de gobiernos capitalistas, sí.

P: Voy a leer un poco de uno de sus discursos, y ver si eso significa oposición política. El 14 de noviembre de 1939, en su discurso usted dijo…

R: ¿De qué fecha?

P: Del 14 de noviembre de 1939. Este discurso suyo fue reproducido en el *Boletín Interno,* que es solo para miembros. Usted dijo: "Algunos camaradas hablan hoy de defender 'condicionalmente' a la Unión Soviética. Si nos ponemos a pensar, estamos a favor de la defensa condicional de Estados Unidos. Así se afirma en el programa de la Cuarta Internacional. En caso de una guerra, nosotros defenderemos completamente al país, con solo una pequeña 'condición': que primero derroquemos al gobierno de los capitalistas y que lo reemplacemos con un gobierno de los trabajadores". ¿Con eso usted quería decir oposición política?

R: Quería decir que en ese caso retiraríamos nuestra oposición política y nos convertiríamos en partidarios políticos así como participantes militares en la guerra.

P: ¿Piensa que esa afirmación es consecuente con lo que acabo de leer, lo que usted afirmó en su discurso?

R: Es lo que quería decir. En ningún momento hemos dicho que no combatiríamos en el ejército de Estados Unidos al lado del resto de nuestra generación en tiempos de guerra. Dijimos, "No daremos apoyo político a la guerra".

P: Veamos si su afirmación en la Declaración de Principios es consecuente con lo que usted acaba de decir: (*Lee*) "Si a pesar de los esfuerzos de los revolucionarios y de los trabajadores combativos, el gobierno de Estados Unidos ingresa a una nueva guerra, el PST no apoyará esa guerra bajo ninguna circunstancia, sino al contrario, luchará contra ella. El PST abogará por la continuación de la lucha de clases durante la guerra, independientemente del desenlace de la lucha militar americana. Y trataremos de preparar a las masas para utilizar la crisis bélica para el derrocamiento del capitalismo americano y la victoria del socialismo". ¿Quiere decir esto que ustedes apoyan el esfuerzo bélico?

R: No, nunca he dicho que apoyamos el esfuerzo bélico. No lo apoyamos. Nos oponemos a él.

P: ¿Y puede un miembro de su partido cumplir con ese principio y al mismo tiempo ser un buen soldado?

R: Sí puede, y no solo puede sino que lo hará, en el mismo sentido que puede ser un buen trabajador en la fábrica mientras se opone en la fábrica al trabajo asalariado. No podemos impedirlo mientras seamos minoría.

P: La Declaración de Principios también dice: "El Partido Socialista de los Trabajadores se opone y seguirá oponiéndose en todo momento a toda forma de social-patriotismo, a toda promoción de la 'unión nacional' o de la 'suspensión de la lucha de clases' durante la guerra".

R: Eso es bajo las condiciones de un gobierno capitalista.

P: ¿Usted quiere decir bajo las actuales condiciones en este país, hoy, ¿no es así?

R: Correcto.

P: ¿Pero aun así, dice que ustedes no obstruirían a las fuerzas armadas?

R: No en un sentido militar.

Tareas de revolucionarios en tiempos de guerra

P: Quiero preguntarle si lo que voy a leer a continuación no significa que ustedes quieren fomentar y provocar una guerra civil, tomado del folleto *¿Está listo para la guerra?,* publicado por la Cuarta Internacional, Liga Socialista de los Jóvenes: "¿Creemos en convertir la guerra imperialista en una guerra civil? Fue así que los trabajadores rusos lograron la paz en 1917 mientras sus hermanos en otras tierras todavía luchaban bajo el yugo imperialista. Es la única forma en que se puede lograr una paz permanente y erradicar la guerra de la faz de la Tierra". ¿No significa esto que ustedes pretenden fomentar y tratar conscientemente de provocar una guerra civil durante el próximo período de guerra?

R: Las condiciones para el desarrollo de un movimiento revolucionario maduran en tiempos de guerra. Nosotros continuamos nuestra oposición al sistema imperialista, al régimen imperialista, y tratamos de dirigirlo rumbo al socialismo. No hay duda alguna de que ese es el objetivo de nuestro partido.

P: Lo siguiente fue tomado de una de las resoluciones del congreso, en el mismo sentido, y supongo que su respuesta será la misma: "Si la clase trabajadora no puede prevenir el estallido de la guerra y Estados Unidos ingresa directamente a esta, nuestro partido se mantiene comprometido con la posición tradicional del marxismo revolucionario. Utilizará la crisis del dominio capitalista engendrada por la guerra para llevar adelante la lucha de clases con la mayor intransigencia, para fortalecer al movimiento obrero independiente y al movimiento revolucionario, y acabar con la guerra mediante el derrocamiento revolucionario del capitalismo y el establecimiento del dominio proletario en forma de un estado obrero". ¿Es esta su idea de no obstruir el esfuerzo bélico de este país?

R: Sí, es una presentación clara de nuestros objetivos. Vamos a oponernos a la guerra, vamos a pronunciarnos en su contra.

P: ¿Usted está indicando que este texto significa que ustedes solo se pronunciarán en contra de la guerra?

R: Si usted está tratando de inferir que esto significa que vamos a instruir a nuestra gente, o a la gente bajo nuestra influencia, a que obstruyan la persecución militar de la guerra, a que violen la disciplina, que lleven a cabo sabotajes, a que realicen acciones de este tipo, eso no es lo que quiere decir. Quiere decir oposición política.

P: Ahora, del *Manifiesto de la Cuarta Internacional sobre la guerra imperialista y la revolución proletaria*, le leo lo siguiente: "Cada miembro de fila de nuestra organización tiene no solo el derecho sino el deber de considerarse a partir de ahora un oficial del ejército revolucionario que se verá forjado en el crisol de los acontecimientos". ¿Cree usted que sus miembros podrían ser buenos soldados y no obstruir el esfuerzo bélico si obedecen este principio?

R: Eso no significa necesariamente ser oficiales en el sentido militar. Cuando hablamos del ejército revolucionario, utilizamos el término en muchos sentidos. Hablamos del partido como un ejército revolucionario; nos referimos al movimiento del proletariado como un ejército revolucionario, y no siempre en un sentido militar. No significaría literalmente en el sentido militar porque…

P: No le estoy preguntando si lo significa. Le estoy preguntando si uno puede ser buen soldado en el ejército norteamericano y obedecer ese principio.

R: Sí, porque de lo contrario no tendría suficiente influencia para ser oficial en ninguna parte.

P: Permítame leerle uno de sus discursos sobre política militar publicado en el *Socialist Appeal* del 26 de octubre de 1940: "¿Cómo trabajamos en un ejército de conscriptos, alguien preguntó? Trabajamos igual que hacemos en una fábrica. De hecho, hoy día la principal función de las industrias es el abastecimiento del ejército. ¿Dónde trazaríamos la línea divisoria? Difícilmente existe una industria que no será movilizada o bien para la manufactura o bien para el transporte de materiales para el ejército. Las masas están en el ejército o están trabajando para abastecer al ejército. Los trabajadores están sometidos a la explotación militar. Nosotros ingresamos y defendemos los intereses de los esclavos de la explotación militar, igual que entramos en la fábrica y luchamos contra la explotación capitalista allí. Nuestra línea fundamental en todas partes es la línea de clase.

"El segundo punto consiste en ser cuidadosos, cautelosos. No provocar putsches, no tomar acciones prematuras que nos expongan y nos separen de las masas. Hay que ir con las masas. Estar con las masas, así como los bolcheviques estaban en el ejército de Kerensky. ¿Por qué no podemos hacer eso aquí? ¿Y de qué otra manera podemos hacerlo? ¿De qué otra manera, en un mundo dominado por el militarismo, podemos divisar el camino a la salvación del mundo si no es por medios militares? ¿Y cómo podemos obtener estos medios militares excepto penetrando en el ejército tal como existe?"

¿No quiere decir con esto que quieren que sus miembros, cuando sean llamados al servicio militar, prediquen sus doctrinas a otros soldados en el ejército y así los defiendan de la explotación militar por parte de sus oficiales de mando? ¿No es esa una descripción razonable de lo que significa?

R: Nuestro partido está a favor de defender los derechos

de los soldados de fila, su derecho democrático a un trato decoroso, su derecho de expresar sus opiniones y de hacer peticiones ante la Congreso, de elegir a sus oficiales, por lo menos a los suboficiales, y protegerse en general del maltrato capitalista.

P: ¿Y eso es lo que ustedes quieren que hagan sus miembros que se encuentran ahora en el ejército: pronunciarse a favor de esas ideas y propagarlas?

R: Sí.

P: ¿En el ejército?

R: De la misma manera que lo hacen en la fábrica.

P: ¿Pero no piensa que eso obstruiría el esfuerzo militar del ejército?

R: Si usted vuelve a leer eso, verá que nosotros no queremos putsches. Decimos a los miembros, "No provoquen putsches, y no obstruyan al ejército". Son esas nuestras instrucciones directas a nuestra gente, de no crear obstáculos para las operaciones militares, sino limitar sus esfuerzos al trabajo de propaganda, a ganarnos la simpatía y el apoyo de las masas entre las filas.

P: ¿Y usted cree que su gente puede propagar ese tipo de cosas en el ejército y no obstruir los esfuerzos bélicos?

R: Sí, creo que sí. Pienso incluso que la vida militar sería muchísimo mejor si se tomaran más en cuenta los derechos y los sentimientos de los soldados de fila. Todo el concepto del militarismo basado en soldados de filas desprovistos del derecho a organizarse, y con una disciplina arbitraria impuesta desde arriba, sin que puedan expresar su opinión y sin tomar en cuenta el sentir de las masas: nos oponemos a eso tanto en el ejército como en la fábrica o en la vida civil.

P: Y la manera en que usted habla ahora es la manera en que quiere que sus miembros hablen en el ejército, ¿verdad?

R: Cada uno a su manera.

P: Ahora bien, el 29 de junio de 1940, el *Socialist Appeal* publicó lo siguiente del informe del *Manifiesto de la Cuarta Internacional*: "Independientemente del curso de la guerra, cumplimos nuestra tarea fundamental. Explicamos a los trabajadores que sus intereses son irreconciliables con los del capitalismo sanguinario. Movilizamos a los trabajadores contra el imperialismo. Propagamos la unidad de los trabajadores de todos los países beligerantes y neutrales. Llamamos a la fraternización entre los trabajadores y los soldados en cada país, y entre los soldados que están de lados opuestos del frente de batalla. Movilizamos a las mujeres y a los jóvenes contra la guerra. Realizamos la tarea de preparar la revolución de manera constante, persistente e incansable: en las fábricas, las plantas, los pueblos, los cuarteles, el frente y la flota". Ustedes quieren que los soldados hagan eso, ¿no es así?

R: Sí, pienso que es un resumen de la idea, que los soldados y todos hagan eso. Es la manera de poner fin a esta matanza.

P: ¿Y usted no cree que la propagación de estas ideas en el ejército y durante la guerra obstruirá los esfuerzos bélicos?

R: No en el sentido de exponer el frente a que los ejércitos enemigos se aprovechen, no. Estamos ofreciendo esta solución a los soldados de todos los ejércitos imperialistas, pero esto no significa y no puede significar en sentido alguno que queramos sabotear las operaciones del ejército norteamericano en beneficio de un ejército enemigo. No lo encontrará ahí ni tampoco en ninguna de nuestras publicaciones.

P: Pues, esa es una diferencia de criterios. En el *Socialist Appeal* del 30 de marzo de 1940 apareció esta nota del director en la sección Foro Obrero, que dice: "El entrar al ejército cuando seamos llamados al servicio es necesario para nuestro trabajo". ¿Qué quieren decir con eso?

R: ¿Hay alguna oración de enlace con esas líneas?

P: Es la Prueba No. 215-A. El Sr. Smith nos la buscará. Mientras el Sr. Smith la busca, quiero preguntarle acerca de esto del *Socialist Appeal* del 29 de junio de 1940, en un artículo titulado "Descenso en alistamiento impulsa servicio obligatorio": "Entretanto, que los trabajadores recuerden esto. Cuando sean llamados al ejército, que no desperdicien el tiempo que pasan en el ejército. Deben aprender todo lo que puedan aprender sobre el adiestramiento militar, para que cuando llegue el momento ellos puedan utilizar ese adiestramiento a favor de los intereses del movimiento obrero". ¿Qué quieren decir con eso?

R: Quiere decir que entre mejor entrenados estén los trabajadores, mejor instruidos en tácticas y acciones militares, más capacitados estarán para defender a su régimen socialista contra los intentos de las minorías reaccionarias de derrocarlo.

P: Este es el contexto de la nota del director en el Foro Obrero del 30 de marzo de 1940: "Seguimos a Lenin, nos oponemos a la guerra, no como medida de expresión personal, sino como parte íntegra de nuestra lucha por derrocar al capitalismo. Entrar al ejército cuando seamos llamados al servicio es necesario para nuestro trabajo".

R: Para nuestra gente, o para la gente bajo nuestra influencia, lo único que lograrían al negarse a prestar servicio sería aislarse de la generación que va a decidir las cosas en el futuro, y esos actos individuales o minoritarios son totalmente falsos e incompatibles con los objetivos de un partido que puede realizar su programa únicamente con el apoyo de la mayoría.

Esa es la razón por la que nos oponemos a los objetores de conciencia, y por qué nos oponemos a los que evaden el servicio militar obligatorio. Nos oponemos a todo el que trate de tomar una posición individual en contra de la mayoría. Nuestra política es la de someternos a la decisión de la mayoría, pero de oponernos a ella en nuestras actividades políticas, de protestar contra de ella.

P: En octubre de 1938, usted pronunció un discurso sobre "Diez años de la lucha por construir un partido revolucionario en Estados Unidos" en el cual dijo lo siguiente: "En las grandiosas huelgas de Minneapolis, el 'trotskismo' se reveló de la forma más impresionante, no como dogma libresco sino como guía para la acción más combativa y eficaz". ¿Qué quería decir con eso?

R: Que en la huelga de Minneapolis de 1934, algunos camaradas afiliados a nuestro partido desempeñaron un papel dirigente, o fueron parte de un papel dirigente, y demostraron en la práctica que los principios del trotskismo son los mejores y los más eficaces y pueden ser aplicados de la manera más eficaz para beneficio de los intereses de los trabajadores.

P: ¿Es esto una muestra de estos principios? En el *Militant* del 12 de julio de 1941, bajo el encabezado, "Historial orgulloso e intachable del Local 544-CIO", se dijo: "Durante la primera huelga de choferes de camiones en mayo de 1934, los patrones lanzaron contra los obreros del transporte asediados a toda la fuerza policial de Minneapolis y 5 mil agentes especiales armados con garrotes y rifles. En una batalla histórica —la 'Batalla de la Estampida de Agentes'— los choferes combatieron a los policía y agentes especiales hasta pararlos en seco y los corrieron de las calles de la ciudad". ¿Es esa una demostración del trotskismo?

R: Bueno, puedo darle mi propia opinión, de que estoy sumamente orgulloso del hecho de que los trotskistas contribuyeron a influir en los trabajadores para que se protegieran contra esa clase de violencia.

P: ¿Y a qué clase de violencia se refiere usted?

R: Para eso fueron organizados los agentes, para correr a los trabajadores de las calles. Recibieron una dosis de su propia medicina. Pienso que los trabajadores tienen derecho a defenderse. Si eso es traición, que así sea.

Legalidad de la Revolución Rusa

P: Cuando usted estaba esbozando la historia de la Revolución Rusa, dijo: "El gobierno de Kerensky estaba perdiendo terreno, ya que no estaba resolviendo ninguno de los problemas del pueblo. Las consignas de los bolcheviques —'Pan' y otras— eran las consignas que las masas querían. Los bolcheviques ganaron la mayoría en el soviet de Petrogrado. El 7 de noviembre se celebró el Congreso de los Soviets de Toda Rusia. Los bolcheviques contaban allí con una mayoría, y simultáneamente con la reunión de los Soviets de Toda Rusia, donde los bolcheviques tenían la mayoría, le quitaron el poder al gobierno". Ahora, ¿quiere darnos a entender con eso que los bolcheviques tomaron el poder mediante un voto mayoritario en el Congreso de los Soviets?

R: Correcto.

P: ¿No quiere decir que lo contrario es lo cierto?

R: No, no quiero decir eso.

P: ¿No sabe usted que se había planeado una insurrección antes del Congreso y que la insurrección en realidad ocurrió antes de que se reuniera el Congreso?

R: No. El Congreso se reunió la mañana después de haberse iniciado la lucha, y confirmó al nuevo gobierno.

P: El hecho es que la insurrección comenzó y terminó antes de que se reuniera el Congreso, ¿no es cierto?

R: No. El poder radicaba en el Congreso y el Congreso era el verdadero poder.

P: Bien, solo conteste mi pregunta, por favor. ¿No es un hecho que la insurrección se planeó y se llevó a cabo antes de que el Congreso se reuniera?

R: No. La propuesta fue presentada al Congreso de los Soviets de Toda Rusia el 7 de noviembre. Por eso la llaman la Revolución del 7 de Noviembre.

P: ¿Y no sabe, además, que Lenin advirtió persistentemente en contra de esperar al Congreso y en contra de hacerla de forma legal?

R: Ah, esa fue la única vez que se decidió en contra de Lenin.

P: ¿Y quién ganó?

R: Trotsky ganó.

P: ¿Y no es también un hecho que Trotsky ridiculizó la idea de que hizo de forma legal?

R: No, al contrario, Trotsky comentó que la acción contó con la autoridad legal de los Soviets. Por eso fue aplazada hasta el 7 de noviembre.

P: ¿Acaso no es cierto también que él hizo que Kerensky cayera en la inactividad fingiendo esperar hasta la reunión del Congreso, para que se pudiera decidir legalmente quién tomaría el poder?

R: Trotsky no fingió esperar. Él esperó.

P: Yo sostengo que lo contrario es lo cierto, porque el Sr. Trotsky lo afirmó, y me gustaría leerle unas 10 páginas de *Lecciones de Octubre*, y después usted puede decirme si estoy en lo cierto o no.

(El Sr. Schweinhaut lee fragmentos de las páginas 74 y 80 de *Lecciones de Octubre* de Trotsky).

SR. GOLDMAN: Yo sostengo, su Señoría, que este libro fue rechazado como evidencia. No me opongo si él quiere leer una o dos o quizás tres oraciones, pero aprovechar el contrainterrogatorio para presentar como prueba algo que la corte ha rechazado, pienso que eso va demasiado lejos.

LA CORTE: Bueno, supongo que esto tiene que ver con la disputa entre el fiscal y el testigo acerca de los hechos, en que

SOCIEDAD HISTÓRICA DE MINNESOTA

"Centenares de policías y agentes especiales fueron organizados para expulsar a los trabajadores de las calles. Ellos recibieron una dosis de su propia medicina. Pienso que los trabajadores tienen el derecho de defenderse. Si eso es traición, que así sea". ***—James P. Cannon***

Arriba: Minneapolis, mayo de 1934: "Batalla de la Estampida de Agentes" en la primera de dos reñidas huelgas ese año de camioneros y obreros de almacén organizados por los Teamsters. Los trabajadores lograron el reconocimiento del sindicato, sentando las bases para campañas de sindicalización y otras batallas de clases en todo el Medio Oeste durante el siguiente lustro.

el testigo toma una posición y el fiscal otra. Es un intento de impugnar las declaraciones del testigo por este medio. Supongo que tiene derecho de hacerlo. Puede continuar leyendo.

SR. GOLDMAN: Que conste mi objeción.

(El Sr. Schweinhaut lee las páginas 80–91 de *Lecciones de Octubre* de Trotsky).

SR. SCHWEINHAUT: Ahora, ¿me equivoco o no, Sr. Cannon, al afirmar que la insurrección en realidad comenzó y concluyó antes que el Congreso de los Soviets le pusiera su sello de legalidad?

R: Si me permite, puedo señalarle dónde se equivoca. Usted malinterpretó todo. La autoridad que usé para la evidencia que ofrecí aquí fue Trotsky. Él escribió la historia más auténtica de la revolución, y la que más autoridad tiene. Quizás debo mencionar algunas cosas para demostrar dónde está su error:

Primero, esas páginas que usted leyó demuestran que había tres opiniones diferentes en el Comité Central del Partido Comunista. Lenin decía que ya tenían la mayoría y que debían tomar el poder sin esperar. Estaba también la opinión de Zinóviev y de Kámenev, quienes pensaban que los bolcheviques no contaban con la mayoría y no debían tomar el poder. Y la tercera opinión era la de Trotsky, de que podían fundamentar la toma del poder en la legalidad de los soviets.

Segundo, esas páginas que usted leyó demuestran que tanto los mencheviques como los bolcheviques derivaban su autoridad de los soviets. En noviembre quedó evidente que los bolcheviques habían ganado la mayoría en los soviets. Kerensky, quien antes había tenido la mayoría de los soviets, se aprestó a trasladar tropas de la capital. ¿Qué hicieron las tropas? Se negaron a ir a menos que tuvieran una orden del Congreso de los Soviets. El Congreso de los Soviets sesionó el 7 de noviembre. Quedó de manifiesto que los bolcheviques tenían la mayoría, y se confirmó su toma del poder.

En este Congreso de los Soviets de Toda Rusia, estaban presentes los otros partidos que hasta ayer habían contado con la mayoría. Allí hablaron y debatieron. Cuando se hizo la votación, los bolcheviques tenían la mayoría. Los bolcheviques ofrecieron dar cargos en el gobierno a los demás partidos de forma proporcional. Estos lo rechazaron y se retiraron. Los bolcheviques sí incorporaron al gobierno una sección del partido de Kerensky, el ala izquierda del Partido Socialista Revolucionario.

Me parece que aquí tenemos una excelente ilustración de cómo un partido revolucionario, tras una prolongada labor de propaganda, logra en medio de una crisis política ganarse a su lado a la mayoría de la población representada en el organismo de máxima autoridad, los Soviets de Diputados de Trabajadores, Soldados y Campesinos. Y los bolcheviques, al adaptarse a la legalidad de este organismo con autoridad...

P: Un momento. ¿Todavía está contándonos cómo ocurrieron las cosas, o nos está diciendo simplemente que usted piensa que todo fue una cosa magnífica?

R: No, estoy explicando la legalidad de este fenómeno, contra su interpretación de que fue ilegal. Y me parece...

P: No quiero su opinión sobre eso. Si quiere continuar y decirnos qué sucedió, muy bien. Pero no interprete.

R: Pienso que nunca encontrará una revolución más legal que esa.

SR. SCHWEINHAUT: Es todo.

Política comunista en el juicio de Minneapolis

JAMES P. CANNON CONTESTA A SUS CRÍTICOS ULTRAIZQUIERDISTAS

GRÁFICAS DEL LABOR DEFENDER

"Los acusados de Minneapolis habían contemplado cuidadosamente su política frente a la corte y al foro de opinión pública. Estaban resueltos a presentar la defensa más efectiva y enérgica.

"Cannon había sido secretario nacional de la Defensa Obrera Internacional (ILD) desde su fundación en 1925 hasta 1928, cuando participó en casos famosos como el de Mooney y Billings y el de Sacco y Vanzetti".

—George Novack

Arriba: Acto de la Defensa Obrera Internacional (ILD) en Nueva York, 1928, en homenaje a Nicola Sacco y Bartolomeo Vanzetti, trabajadores anarquistas ejecutados el año anterior bajo cargos fabricados de asesinato. En el evento también se exigió la libertad de los militantes obreros Tom Mooney y Warren K. Billings, encarcelados en California en 1916 bajo cargos amañados de poner una bomba.

Abajo: Dibujo en revista *Labor Defender* de la ILD, abril de 1928, anuncia gira de Cannon "contra el sistema de casos amañados en Estados Unidos".

Nota introductoria

La segunda sección de este libro fue una extensión de la primera. El grupo acusado bajo la Ley Smith había tenido bastante experiencia con el acoso por las autoridades en luchas políticas y sindicales. Su abogado principal, Albert Goldman, era uno de los acusados. Cannon había sido secretario nacional de la Defensa Obrera Internacional (ILD) desde su fundación en 1925 hasta 1928, cuando la organización movilizó apoyo para los acusados en casos famosos como la defensa de Mooney y Billings y la de Sacco y Vanzetti.

Los acusados habían contemplado cuidadosamente de antemano la línea que seguirían en la corte de Minneapolis y ante el foro de la opinión pública. Estaban resueltos a presentar la defensa más efectiva y enérgica de sus derechos individuales, del programa del PST y de la democracia sindical amenazada por la fiscalía.

Después de que los 18 fueran declarados culpables, su conducta ante el tribunal fue impugnada por Grandizo Munis, un miembro de la Cuarta Internacional que había luchado contra Franco en la guerra civil de su España nativa y que en ese entonces estaba exiliado en México. Munis atacó la política de defensa en Minneapolis desde una posición ultraizquierdista. El texto completo de sus comentarios se reproduce aquí junto con la extensa respuesta de Cannon, quien en esos momentos estaba libre bajo fianza mientras se apelaban las condenas.

Lenin había analizado el tipo de crítica planteada por

Fragmento de la introducción de George Novack de 1973 al libro en inglés, *Socialism on Trial.*

Munis en su conocida obra titulada *La enfermedad infantil del izquierdismo en el comunismo.* La respuesta de Cannon a Munis concuerda tanto con los criterios de Lenin sobre este mal que puede considerarse una secuela de la refutación que hizo Lenin del ultraizquierdismo en el contexto de las tradiciones y condiciones en Estados Unidos a principios de los años 40.

Cannon abordó una amplia gama de problemas que hoy día son tan pertinentes como lo eran cuando escribió sobre ellos. El gobierno norteamericano nuevamente está promulgando leyes de "conspiración" dirigidas a suprimir la resistencia contra la guerra y el racismo, a encarcelar a disidentes y aplastar a los movimientos opositores con la fuerza y con casos fabricados. Cannon explica cómo los revolucionarios se defienden contra estos ataques, dentro y fuera de los tribunales.

Cannon ofrece muchas observaciones valiosas sobre tácticas en la corte: cómo definir la estrategia correcta sin sacrificar los principios revolucionarios; cómo proteger la legalidad de uno; cómo dar vuelta al ataque del enemigo para hacer propaganda revolucionaria; cómo escoger el estilo, la retórica y el tono correctos para la defensa; cómo distinguir entre las "maniobras" que corresponden a los principios y las que los contradicen; cómo rebatir las acusaciones de que uno promueve la violencia o conspira para usarla; etcétera.

Él demuestra cómo un pequeño grupo revolucionario debe abordar a la mayoría de los trabajadores y sus aliados, a quienes la minoría revolucionaria intenta llegar y organizar. Sintetiza el enfoque marxista hacia el pacifismo, los objetores conscientes y la deserción. Explica por qué el sabotaje y el terrorismo individual no pueden ser sustitutos para la acción de masas. Quizás la parte más provechosa y valiosa de su respuesta es el uso de ejemplos históricos y citas para demostrar la necesidad de las formulaciones defensivas, tanto para ganar apoyo de masas como en la preparación para la acción revolucionaria de la clase trabajadora.

George Novack
agosto de 1973

Una crítica de Grandizo Munis

El inicio por el gobierno de Estados Unidos de un proceso contra el Partido Socialista de los Trabajadores y los dirigentes del Sindicato de Choferes de Minneapolis nos hizo temer la decapitación, aunque fuera temporaria, de nuestro movimiento americano. Al mismo tiempo nos llenó de gozosa esperanza, seguros de que la persecución por los tribunales burgueses popularizaría nuestras ideas revolucionarias al darles a nuestros militantes la oportunidad de exponerlas íntegramente y con valentía. Ha sido la norma y el orgullo del movimiento revolucionario mundial —desde la resonante réplica de Louise Michel a sus jueces y la de Carlos Marx al tribunal bismarckiano— el convertir a los acusados en acusadores y emplear el estrado como fortaleza desde el cual atacar a los poderes reaccionarios. Esta actitud ha sido una de las principales fuerzas de atracción del movimiento revolucionario.

La primera vez que sentí la inquietud de que estos resultados serían derrochados total o parcialmente fue cuando leí la primera declaración publicada (*Militant*, vol. V, no. 29), que parece haber sentado el tono para todas las declaraciones posteriores. Recuperé la esperanza durante las primeras sesiones del proceso, cuando nuestros camaradas destacaron de forma enérgica el papel reaccionario del gobierno, con la ayuda de Tobin, frente al Sindicato de Choferes 544-CIO. Pero nuevamente di por perdida una buena parte de los beneficios políticos del juicio cuando leí los discursos fundamentales y los interrogatorios al camarada Cannon por el camarada Goldman, y por el acusador fiscal (Schweinhaut).

Fue ahí, al responder a las acusaciones políticas —la lucha contra la guerra, el abogar por la violencia, el derrocamiento del gobierno por la fuerza— donde fue necesario alzar el tono y volver las tornas, acusando al gobierno y a la burguesía de una conspiración reaccionaria; de violencia permanente contra la mayoría de la población, violencia física, económica, moral y educativa; de lanzar a la población a una masacre, también con violencia, para defender a las Sesenta Familias. Más bien, es cuando se llega a esta parte que el juicio se debilita visiblemente, nuestros compañeros se achican, minimizan el significado revolucionario de sus ideas, tratan de causarle una impresión respetable al jurado sin tomar en cuenta que deben hablar a nombre de las masas. En ciertos momentos rayan en una renuncia de principios. Unas pocas buenas palabras de Goldman en su discurso final no pueden anular la impresión lamentable y negativa de su presentación inicial y su interrogatorio a Cannon.

Comenzaré mi crítica de ellos citando sus palabras, tomadas textualmente de los números 45, 47, 48, 50, 52, tomo 5, del *Militant*.

Goldman dijo en su presentación inicial al jurado:

> Y repito: *El objetivo y el fin del partido es atraer por la educación y la propaganda a una mayoría del pueblo de Estados Unidos* [subrayado en el original].

Es exactamente lo mismo que la declaración en julio antes del inicio del proceso. Al responder a una crítica hecha desde México, un camarada de cierta responsabilidad en el PST dijo que no había necesidad de preocuparse ya que nadie estaba de acuerdo con esa afirmación. Si nadie estaba de acuerdo, entonces era necesario formular otra, evidentemente, a menos que tengamos una política para las masas y otra cuando se

“En las extensas páginas del interrogatorio a Cannon, no encuentro otra cosa que propaganda, propaganda y más propaganda... ¿Por qué no llamar a los trabajadores a que organicen su propia violencia contra la violencia reaccionaria?”

—*Grandizo Munis*
Una crítica

“Nuestra principal tarea era utilizar el tribunal como foro para dirigirnos a los trabajadores americanos que nos oirían por primera vez. Hacía falta, a nuestro criterio, no un llamado a las armas sino más bien explicaciones pacientes”.

—*James P. Cannon*
Una respuesta

comparece ante un juez burgués. Sobra indicar lo incorrecto de dicha afirmación. Todos comprenden, empezando con el que hizo la declaración, que nuestro objetivo de ninguna forma puede limitarse a la propaganda, ni tampoco vamos a atraer a la mayoría por esta vía. Somos un partido de propaganda en el sentido de que nuestra proporción numérica nos impide o nos limita a un mínimo de acción. Pero somos un partido de acción revolucionaria —económica, política y educativa— en esencia y en potencia, porque nuestra propaganda en sí solo puede inclinarse hacia la acción y solo por la acción conquistaremos a la mayoría de los explotados y podremos educarlos para la toma del poder.

Insisto en estos lugares comunes porque el carácter eufemístico y edulcorado de esta declaración preliminar de Goldman, dirigida a reconciliar al jurado, es una concesión que ha llevado forzosamente a posteriores declaraciones mucho más graves. Ya veremos más adelante.

1. LUCHA CONTRA LA GUERRA IMPERIALISTA

Tomemos los principales problemas y veamos cómo se han tratado en el proceso:

Goldman comienza afirmando lo siguiente:

> Demostraremos que el Partido Socialista de los Trabajadores se opone al sabotaje. Demostraremos que la alegación del Sr. Anderson es absolutamente errónea y que no hay fundamento alguno para afirmar que preferimos que el enemigo, el enemigo imperialista de Estados Unidos, derrote a nuestro gobierno. Es absolutamente falso. Lo que queremos, según lo demostrarán las pruebas, es que los trabajadores y agricultores establezcan su propio

> gobierno, y luego que continúen una verdadera guerra contra el fascismo.

Cannon incluso va un poco más lejos al responder a una pregunta de Goldman: "Una decisión ha sido tomada, y es aceptada por la mayoría del pueblo, de ir a la guerra. Nuestros camaradas tienen que cumplir con ello".

Y luego Goldman pregunta: "¿No apoyarían la guerra?"

CANNON: "Es eso lo que quiero decir, que no apoyaríamos la guerra, en un sentido político".

Y hasta retoma ese punto:

> Consideramos a Hitler y al hitlerismo el mayor enemigo de la humanidad. Debemos borrarlo de la faz de la Tierra. La razón por la cual no apoyamos una declaración de guerra por Estados Unidos es que no creemos que los capitalistas americanos puedan derrotar a Hitler y al fascismo. Pensamos que el hitlerismo solo puede ser destruido mediante una guerra librada bajo la dirección de los trabajadores.

En primer lugar, una decisión de ir a la guerra *no* "ha sido tomada y aceptada por la mayoría del pueblo". Esta declaración puede ser criticada muy severamente, una declaración que censuraríamos de manera muy enérgica si la hubiese hecho un centrista. En lugar de acusar al gobierno de conducir al pueblo americano a una matanza contra la voluntad de la mayoría, en vez de acusarlo enfáticamente ante las masas y de demostrarles cómo la mayoría parlamentaria actúa en detrimento de la mayoría del pueblo, Cannon aprueba la decisión de Roosevelt como si realmente correspondiera a la mayoría del pueblo.

Sí, nos sometemos a la guerra y nuestros militantes van a la guerra, pero no porque sea una decisión de la mayoría, sino porque nos la imponen por la violencia de la sociedad burguesa igual que se impone la explotación asalariada. Igual que en la fábrica, debemos aprovechar todas las oportunidades para luchar contra la guerra y contra el sistema que la produce, así como luchamos contra el patrón en la fábrica, en función de la lucha general contra el sistema capitalista.

"No apoyaríamos la guerra en un sentido político", dice Cannon. ¿Acaso la apoyamos en otro sentido? ¿Social, económico? No veo otro sentido. ¿Acaso al decir "apoyar" significa aceptar el hecho consumado e ir a la guerra? O sea, ¿someterse —como nos sometemos a las condiciones impuestas por un patrón después del fracaso de una huelga— pero prepararse para otra? ¿Entonces por qué evasivas tan peligrosas? No veo otra razón que el hecho de que nuestros camaradas han cometido el grave error de dirigirse a un jurado pequeñoburgués por un presente más inmediato, sin prever las luchas futuras. No habría sido mejor afirmar: "Nos sometemos a su guerra, burguesía americana, porque la violencia de su sociedad nos la impone, la violencia material de sus armas. Pero las masas se volverán en contra de ustedes. A partir de hoy, nuestro partido está con las masas en una lucha irreconciliable contra vuestro régimen de opresión, miseria y matanza. Por lo tanto vamos a luchar contra su guerra con todos los medios".

Las evasivas y la imprecisión son permanentes. Pareciera que somos opositores platónicos de la guerra y que nos limitamos a las declaraciones y a la propaganda, impresa o verbal, sin tomar acción alguna. Decir que "no apoyamos una declaración de guerra porque no creemos que los capitalistas americanos puedan derrotar a Hitler y al fascismo" es dar a entender de que la apoyaríamos si creyéramos en esa derrota; esto induce a los que creen en la victoria de Estados Unidos a que la apoyen. Nuestro rechazo a la guerra se basa en el carácter del régimen social que la produce, y no en una u otra creencia sobre la derrota del fascismo.

Inmediatamente viene otra evasiva: "Pensamos que el hitlerismo solo puede ser destruido etcétera". Unido a las repetidas declaraciones de que no haremos agitación entre los soldados, de que somos una "oposición política" a la guerra, y a la exposición, hasta ahora coja, sobre la instrucción militar bajo el control sindical, esto podría llevar a uno a creer que estaremos a favor de la guerra *cuando* el control sea entregado a los sindicatos. Creo que es necesario aclarar esto, sin dar cabida a evasivas, y me pronuncio, por mi parte, en contra de la guerra, aun si los sindicatos logran controlar el servicio militar.

Acto seguido, Cannon se encarga de presentar un programa para derrotar a Hitler mediante un gobierno de trabajadores y agricultores. No necesito agregarle una sola coma, salvo que todo el interrogatorio a Cannon termina con doble puerta, el camino a la creación de un gobierno de trabajadores y agricultores:

> GOLDMAN: Ahora bien, hasta que llegue el momento en que los trabajadores y agricultores en Estados Unidos establezcan su propio gobierno y utilicen sus propios métodos para derrotar a Hitler, el Partido Socialista de los Trabajadores debe someterse a la mayoría del pueblo, ¿no es así?
>
> CANNON: Es lo único que podemos hacer. Es lo único que proponemos hacer.

Todo lo cual equivale a cruzarse de brazos después de unos discursos sobre las maravillas del gobierno de trabajadores y agricultores, con la esperanza de que se forme solo, o Dios sabe con qué prestidigitación.

No se trata simplemente de una omisión, sino de una afirmación de pasividad frente a la guerra imperialista; lo cual en el mejor de los casos es una mala educación para los trabajadores que se han interesado en el juicio y no nos acredita para mañana cuando las masas empiecen a actuar en contra de la guerra.

Forzado por declaraciones de esta índole —decididamente oportunistas, no dudo en decirlo— Cannon se ve obligado a pedir la expulsión del partido de militantes que organicen protestas en el ejército. Esto lo lleva a lo increíble, a rechazar a Lenin, a Trotsky y al propio Cannon.

El Sr. Schweinhaut le lee a Cannon un párrafo de Lenin tomado de *La revolución de 1905*:

> "El exterminio implacable de los jefes civiles y militares es nuestro deber en tiempos de insurrección"... ¿Está usted en desacuerdo con eso?
>
> CANNON: Sí, no sé que haya sido afirmado nunca como política de nuestro partido... No estamos de acuerdo con el exterminio de nadie, salvo en el caso de una lucha armada, cuando se aplican las reglas de la guerra.

¿Pero qué es una "insurrección" si no una lucha armada? Lenin tampoco dice "nadie" sino que dice los jefes civiles y militares. Entonces ¿por qué rechazar el párrafo?

Citando al mismo Cannon, Schweinhaut lee:

> "El segundo punto [la lucha dentro del ejército] consiste en ser cuidadosos, cautelosos. No provocar putsches, no tomar acciones prematuras que nos expongan y nos separen de las masas. Hay que ir con las masas... ¿Y cómo podemos obtener estos medios

militares excepto penetrando en el ejército tal como existe?”...

SCHWEINHAUT: ¿Pero no piensa que eso obstruiría el esfuerzo militar del ejército?

CANNON: Si usted vuelve a leer eso, verá que nosotros no queremos putsches. Decimos a los miembros, “No provoquen putsches, y no obstruyan al ejército”. Son esas nuestras instrucciones directas a nuestra gente, de no crear obstáculos para las operaciones militares, sino limitar sus esfuerzos al trabajo de propaganda.

Acción revolucionaria, no propaganda cómoda

Respaldo completamente a Cannon en su discurso; pero condeno categóricamente a Cannon ante el jurado cuando él se deforma, cuando minimiza, reduce a palabras la acción revolucionaria del partido. E igualmente respaldaré y propondré que el partido respalde a los militantes y soldados que llevan a cabo actos de protesta en el ejército, recordando que ellos no tienen que ver con “putsches, acciones prematuras”. La acción revolucionaria en tiempos de guerra es absolutamente imposible sin obstruir en mayor o menor grado las actividades militares. De ahí, el principio del derrotismo revolucionario, que el partido americano y la Internacional sostienen y al que no pueden renunciar. Al contrario de lo que Goldman dio a entender en su primera cita, estamos a favor de intensificar la lucha de clases, en la retaguardia y en el ejército, incluso, si es posible, de provocar la derrota de nuestra burguesía: “Desde el punto de vista de una revolución en el propio país de uno, la derrota de su propio gobierno imperialista es indudablemente un ‘mal menor’” (Trotsky, junio de 1940).

Si uno aconseja a los trabajadores, es peor desautorizar la

agitación y las protestas en el ejército y solo pronunciarse en contra de este. Creo que nuestros camaradas han perdido una buena oportunidad para hacer que los trabajadores vean por qué siempre deben actuar con las palabras y con las acciones colectivas. El interrogatorio a Cannon presentó a los trabajadores una perspectiva completamente falsa, de una cómoda propaganda, cuando se trata de una lucha terrible por todos los medios, desde pequeñas protestas hasta insurrecciones por grupos, desde las fraternizaciones parciales hasta la liquidación de los frentes. Pero de un error de perspectiva se pasa a un error de hechos; por lo tanto, los acusados se vieron forzados a condenar el sabotaje en general, como si se tratara de algo criminal. Creo que el sabotaje es un método de empleo táctico cuya aplicación, contraproducente en determinados momentos, es absolutamente indispensable en momentos álgidos de la lucha.

Basta un ejemplo para demostrarlo. Supongamos que se produzcan condiciones de fraternización en alguna parte del frente. La fraternización nunca se producirá simultáneamente de ambos lados de un frente largo, ni en la misma proporción. Inmediatamente los jefes militares darán órdenes de movilizarse, atacar o reforzar los frentes con soldados menos dispuestos a apoyar al "enemigo". ¿Acaso no tenemos entonces el deber de sabotear al máximo el reinicio del combate, darle tiempo a la fraternización, impedir que el mando domine la situación? El sabotaje será el único medio disponible para que los soldados extiendan y precipiten la fraternización, hasta que caigan los *dos* frentes. Sin embargo, existe el peligro de que el mando del enemigo llegue a dominar su frente y aproveche la desorganización, emprendiendo una ofensiva victoriosa. No hay otra manera para una fraternización eficaz si se quiere evitar ese "peligro".

En un determinado momento, el sabotaje y el derrotismo

se unirán como los dos principales elementos en las reacciones de las masas contra la guerra imperialista. El partido no debe y no puede renunciar al derrotismo sin condenarse a una charla perpetua y estéril contra la guerra.

Lo que me parece más lamentable es que uno puede intuir del juicio que no se trata de algo afirmado especialmente para el jurado. En ciertos momentos hay muestras de que los acusados realmente consideran el sabotaje un delito. Si no me equivoco —y espero que sí— es una predisposición moral muy peligrosa. El sabotaje será la reacción de las masas contra la guerra imperialista. ¿Por qué avergonzarse? ¿Por qué avergonzarse de que las masas reaccionen, a su manera, contra el monstruoso crimen de la guerra actual? Habría sido fácil defenderlo como principio y echarle la responsabilidad a los dirigentes de la actual guerra. ¿Podemos condenar el futuro sabotaje dc las masas, cuando la guerra es un gigantesco sabotaje de la burguesía contra las masas, contra la civilización y la humanidad? En vez de recibir esa idea, los trabajadores que oyeron a nuestros camaradas habrán quedado cargados de un prejuicio contra el sabotaje.

2. VIOLENCIA Y LA TRANSICIÓN AL SOCIALISMO

Dice Goldman:

> La evidencia demostrará además, como indicó el propio Sr. Anderson, que preferimos una transición pacífica al socialismo; pero que analizamos todas las condiciones en la sociedad, analizamos la historia, y a partir de ese análisis predecimos, *predecimos*, que después de que la mayoría del pueblo en Estados Unidos quiera que se establezca el socialismo, entonces la minoría, organizada por los financistas

> y los capitalistas, utilizará la violencia para impedir el establecimiento del socialismo. Eso es lo que predecimos.

¿Por qué no pedir perdón, además, por vernos penosamente obligados a emplear la violencia contra la burguesía? Aun si asumimos la posición neutral de un simple adivino, la predicción es completamente falsa. No hace falta asomarse al futuro para descubrir la violencia de la minoría reaccionaria en toda la sociedad. La acusación se presta óptimamente para lanzar un rotundo ataque contra la sociedad capitalista y para demostrarles a los trabajadores americanos que la llamada democracia americana no es nada más que la dictadura de la burguesía. Entre los trabajadores que hayan leído o escuchado a Cannon y a Goldman, debe haber muchos que han experimentado la violencia diaria de la sociedad burguesa durante huelgas, manifestaciones, mítines; todos ellos, sin excepción, experimentan la violencia normal de trabajar por el salario establecido en el mercado de trabajo, o perecer; la violencia mucho más sensible de la imposición de la guerra; la violencia educativa; la violencia informativa impuesta por los *trusts* periodísticos. Lejos de haber obtenido una noción consciente del medio en que viven y predisponer su espíritu a la rebelión contra el mismo, los trabajadores que observan el proceso han sido tranquilizados respecto al presente. Solo en el futuro la burguesía empleará la violencia.

Además es completamente inexacto, y contribuye a adormilar a los trabajadores, decirles que la burguesía empleará la violencia "después de que la mayoría del pueblo en Estados Unidos quiera que se establezca el socialismo". Ya usa la violencia, siempre la emplea; la burguesía no conoce otro método de gobernar que la violencia. Los trabajadores y agricultores deben responder a la violencia diaria de la burguesía con la violencia mayoritaria y organizada de las masas pobres. No predecimos, más bien aseguramos, pedimos, abogamos por la violencia temporal de la mayoría contra la violencia permanente, orgánica, de la minoría reaccionaria. Hay que romper los prejuicios democráticos del proletariado americano; pero afirmaciones como estas los adormilan.

"Después de todo", podría decir un trabajador inexperto, "¿qué certeza se puede tener de que la burguesía empleará la violencia? Estos hombres que saben mucho solo lo predicen; así que, por el momento, no necesito organizarme para contrarrestar la violencia de los reaccionarios". Esta tendencia a la inactividad se acentuará si el trabajador en cuestión continúa leyendo: "Pensamos demostrar que los acusados nunca abogaron por la violencia, nunca incitaron a la violencia, sino que simplemente predijeron la violencia de la minoría reaccionaria". Es evidente cuando no lo hacen, aún no es necesario.

Y una vez más, como vimos en el caso de la guerra, toda posibilidad de incitar a la acción queda cerrada por la obstrucción preliminar. En el mismo sentido, también es falsa la perspectiva presentada por nuestros camaradas para los años que vienen.

¿Qué medios nos serían valiosos para conquistar a la mayoría del proletariado y a los agricultores pobres? (No solamente al pueblo, según se repite constantemente en el interrogatorio. La pequeña burguesía puede ser neutralizada sin tener que captarla).

En las extensas páginas del interrogatorio a Cannon, no encuentro otra cosa que propaganda, propaganda y más propaganda, como si se tratara de recomendar un remedio patentado para la calvicie. Un breve párrafo, expresado por Cannon en buen sentido, lamentablemente no es suficientemente explícito y enérgico: "Por supuesto, no nos limitamos simplemente a esa predicción. Vamos más lejos, y les aconsejamos a los trabajadores que lo tengan en cuenta y se preparen para no permitir que la minoría reaccionaria caduca frustre la voluntad de la mayoría".

Intento de 'apaciguar' al jurado

Entonces, ¿por qué no alzar la voz en este momento y llamar a los trabajadores a que organicen su propia violencia contra la violencia reaccionaria? Justo después, la perspectiva de lucha contra las bandas fascistas la esboza perfectamente Cannon, pero se observa que aborda una perspectiva inexistente en un sentido inmediato, como si hoy día, frente a la falsa democracia no fuese necesario organizar a las fuerzas de choque del proletariado. Es algo que no se afirma claramente, se presta a la ambigüedad y queda reforzado por la insistencia final en negar la existencia (hoy) de una guardia obrera. En todo caso, es incorrecta la línea que han seguido nuestros camaradas de no aprovechar el proceso para indicarles a las masas cómo y por qué deben ejercer su propia violencia. Más bien tenemos el lamentable diálogo entre Cannon y Goldman destinado a pacificar la conciencia fácilmente espantada del jurado respecto a quién inicia la violencia.

Se supone que de una manera u otra vamos a conquistar a la mayoría para el socialismo. Entonces:

> GOLDMAN: ¿Qué significa la expresión "derrocamiento del estado capitalista"?
>
> CANNON: Significa reemplazarlo con un gobierno de trabajadores y agricultores; eso es lo que queremos decir.
>
> GOLDMAN: ¿Qué significa la expresión "destruir la maquinaria del estado capitalista"?
>
> CANNON: Queremos decir que *cuando* [subrayado mío] establezcamos el gobierno de trabajadores

> y agricultores en este país, el funcionamiento de este gobierno, sus tareas, todo su carácter, será tan profunda y radicalmente diferente de las funciones, las tareas y el carácter del estado burgués que tendremos que cambiarlo en toda su extensión.

Todo el proceso violento y revolucionario, la *guerra civil* que debe preceder el establecimiento de un gobierno de trabajadores y agricultores y del estado proletario, se escamotea; no puedo encontrar otra palabra más eufemística. Por tanto, cuando un poco más adelante Cannon tiene que circunscribirse, ofrece una definición de soviet como la que daría una enciclopedia abreviada, callando todo lo que tenga que ver con su función como órgano de lucha, en contienda y en oposición a los órganos del poder burgués.

¿Qué más puede ser el gobierno de trabajadores y agricultores si no es la culminación de la lucha del proletariado y de los agricultores contra la burguesía? Esa lucha tiene que ser impulsada de ahora en adelante, y desde el inicio de la crisis revolucionaria, se desarrollará *in crescendo,* hasta el punto en que las masas crearán soviets o consejos que dirijan la lucha general del proletariado contra la burguesía, prevean las necesidades de esa lucha, incluso las armas, y permitan en su seno una libertad de lucha ideológica para que las masas puedan elegir a los que mejor los representen. Solo entonces, cuando la tendencia revolucionaria haya adquirido una mayoría en los soviets —y no en las elecciones parlamentarias— la violenta toma del poder destruirá al estado burgués, dejando a los soviets como base del estado proletario.

Cannon afirmó que la maquinaria del estado burgués será destruida "cuando establezcamos el gobierno de trabajadores y agricultores". Pero la posibilidad de dicho gobierno no comienza hasta *después* de que hayamos destruido esa maquinaria. Cannon lo sabe perfectamente, e indudablemente propone actuar en consecuencia. Pero en ese caso, insisto, ¿por qué perder la excelente y singular oportunidad de dar una lección a los trabajadores, indicándoles sin ambages el camino a la lucha y al poder, y a la vez acusando a la burguesía de llevar a cabo un curso reaccionario y pro-fascista? Los pronósticos de cómo la dialéctica social va a reforzar nuestras posiciones no tiene valor real para los trabajadores. El proceso revolucionario es visto aquí como los textos escolares lo describirán en 500 años.

Los trabajadores hoy día necesitan un indicio de la dinámica de la lucha de clases, las formas de organización, los métodos de lucha hasta la guerra civil, las consignas y esto incluye la necesidad de honroso valor frente al enemigo de clase, que ha sido escaso en el proceso. El tono general no ha sido el de acusar sino de pedir disculpas, hasta el punto que a veces uno siente vergüenza; de no señalar y proponer acciones y medios inmediatos para la lucha contra la burguesía y contra la guerra, sino más bien de diluir nuestras ideas en el humanitarismo y empañar su valor *activo* con predicciones de conocimiento como si no fuera honorable el uso de la violencia contra la actual corrupta democracia burguesa.

Completamente demostrativo de lo anteriormente dicho es el hecho de que nuestros camaradas han citado como testigos en su defensa: a Jefferson, Lincoln, la Biblia, Lloyd George, MacDonald; pero cuando aparecen Marx, Lenin, Trotsky y hasta Cannon, son rechazados como voceros no oficiales de nuestra organización. Esta actitud, no muy valiente, no puede conquistar mucha simpatía, o al menos no puede conquistar tanto como lo haría la actitud contraria.

Sé perfectamente que no le estoy enseñando nada a nadie. Lo que he dicho lo conocen mejor los camaradas a quienes se refiere. Ellos coincidirán conmigo respecto a los principios aludidos, salvo quizás, en los problemas de la instrucción militar bajo el control sindical, y el sabotaje, cuestiones que urge clarificar en el partido y en la Internacional. No encuentro otra razón para su actitud en el proceso que consideraciones de que sería una "maniobra útil". Pero precisamente considero un gravísimo error sustituir principios con maniobras en momentos tan importantes para el futuro político del partido. Yo pienso y propongo como principio general que en semejantes procesos nuestros militantes responsables acepten toda la responsabilidad por la aplicación práctica de nuestras ideas. Esto vale más que una sentencia leve al precio de un bonito y engañoso barniz. Propongo que esta crítica se publique en los boletines internos de la Internacional y del Partido Socialista de los Trabajadores.

7 de enero de 1942

Nota: Esta crítica se ha escrito muy de prisa, con el fin de no perder la oportunidad inmediata de transmitirla. No he tomado más que los párrafos que primero me llamaron la atención. Así que me reservo la posibilidad de ampliarla.

Una respuesta de James P. Cannon

1. ESTRATEGIA COMUNISTA EN EL JUICIO

En el juicio por "sedición" en Minneapolis, como también en la batalla sindical que le precedió durante varios meses, los trotskistas americanos fueron sometidos a la prueba y obligados a demostrar de qué madera estaban hechos. En ambos casos, actuaron de una manera digna de los discípulos de Trotsky y estuvieron a la altura de la prueba en todo sentido.

En la lucha con la burocracia sindical, que atrajo la atención nacional, quedó demostrado claramente quiénes eran los auténticos dirigentes de los trabajadores combativos, los auténticos hombres de principios. En el proceso ante el tribunal burgués, el partido, gracias a la conducta de todos los miembros que estaban involucrados, se ganó el derecho a gozar de la confianza de los trabajadores revolucionarios. Las dos luchas, en realidad dos aspectos de una misma lucha, marcaron un momento álgido en la actividad del movimiento americano, que se había ido desarrollando en círculos limitados desde sus inicios 13 años atrás.

Durante esa época el partido, aparte de ciertas excepciones locales, solo había atraído la atención de la vanguardia de los trabajadores conscientes de sus intereses de clase. En el juicio tuvimos la oportunidad, por primera vez, de hablarles a las masas: al pueblo de Estados Unidos. Aprovechamos al máximo la oportunidad, y aplicamos en la práctica, sin cometer faltas graves, los principios fundamentales que habíamos asimilado durante un prolongado período preparatorio. Desde entonces el movimiento en Estados Unidos se encuentra en un plano superior.

Un estudio y debate crítico sobre el juicio solo podría resultar sumamente valioso para la Cuarta Internacional, especialmente para las secciones que aún no han llegado a la coyuntura que conduce del círculo propagandístico al trabajo de masas. Por nuestra parte, acogemos con agrado la discusión y haremos todo lo posible por aportarle algo útil.

Desde el primer momento después de que nos formularon cargos ante el tribunal federal en Minneapolis el pasado mes de julio, reconocimos que el ataque presentaba dos aspectos, y creemos haber valorado acertadamente el significado de ambos. El enjuiciamiento iba dirigido a proscribir al partido y privarlo, posiblemente por mucho tiempo, de los servicios activos de un buen número de sus dirigentes más experimentados. Al mismo tiempo, era evidente que el juicio en masa, si lo abordábamos correctamente, podía ofrecernos la primera verdadera oportunidad de dar a conocer el partido y sus principios a círculos más amplios de trabajadores y obtener de ellos una recepción favorable.

Estrategia de la defensa en el juicio

Desde el principio, nuestra estrategia tomó en cuenta ambos aspectos del problema. Lógicamente, decidimos aprovechar al máximo todas las protecciones legales, los detalles técnicos y los recursos que nos brindaban las leyes y la Constitución. Una dirección del partido que titubeara o no hiciera esto pondría en peligro de manera frívola la legalidad del partido y demostraría una actitud sumamente derrochadora hacia los cuadros del partido. Dicho liderazgo merecería ser expulsado a palos y piedras.

Por otra parte, pensábamos llevar a cabo nuestra defensa en el tribunal, no como una defensa "criminal" sino como una ofensiva propagandística. Sin desatender o provocar insensatamente al jurado, o ayudar innecesariamente a la fiscalía, nuestro objetivo era utilizar el tribunal como foro para popularizar los principios de nuestro movimiento. Considerábamos este segundo propósito nuestro deber y oportunidad primordial, y en ningún momento pretendimos dejar que primaran consideraciones puramente legalistas. Por eso rechazamos firmemente los repetidos consejos de abogados —algunos que ayudaron a Goldman en el juicio y otros a quienes consultamos acerca de su participación— de que elimináramos o restáramos importancia a nuestro programa de "propaganda" y dejáramos a los abogados la estrategia de la defensa.

Por las experiencias bastante malas en anteriores procesos contra militantes en los tribunales de Estados Unidos, sabíamos lo que significaría seguir esos consejos: sería negar o callarse respecto a los principios revolucionarios del movimiento; permitir que los abogados repudiaran o ridiculizaran a los acusados y los hicieran pasar como personas algo tontas y pertenecientes a un partido que no debe ser tomado en serio; y depender de los discursos grandilocuentes de los abogados al jurado para lograr absolver a los acusados de una manera u otra.

En el pleno-conferencia del partido, se ratificó unánimemente las recomendaciones del Comité Nacional sobre la política a seguir en la corte. La resolución de la conferencia delineó así la política:

> La política del partido al defenderse en la corte, obligatoria para todos los miembros del partido que enfrentan cargos, puede ser solo una política digna de nuestro movimiento y nuestra tradición; no tratar de diluir o evadir nuestra doctrina revolucionaria,

“En el juicio tuvimos la oportunidad de hablarles a las masas, al pueblo de Estados Unidos. Aprovechamos al máximo esa oportunidad”. —James P. Cannon

Abajo: Nueva York, junio de 1944. Mitin de 800 personas donde el cartel encima del público reclama, “Revocar la Ley Smith de la Mordaza, Indultar a los 18”. El titular del *Militant* dice, “Líderes sindicales piden libertad de los 18 en mitin de masas en Nueva York”.

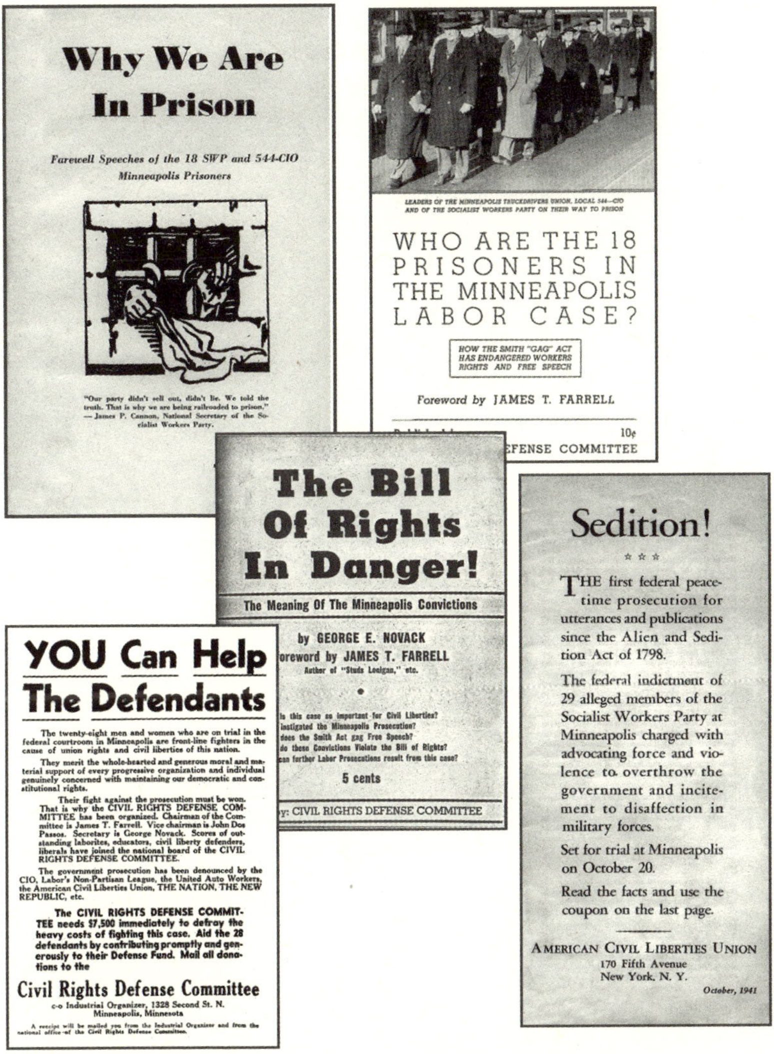

Arriba: Con el *Militant* y folletos a bajo precio, el Partido Socialista de los Trabajadores, el Comité de Defensa de los Derechos Civiles y otras organizaciones y personas hicieron campaña por la excarcelación de los socialistas y la anulación de la Ley Smith, la medida de control del pensamiento bajo la cual fueron condenados.

La campaña ganó el apoyo de 150 sindicatos que representaban a más de 5 millones de trabajadores, así como de cientos de figuras públicas de todos los ámbitos: sindical, político, cultural y pro libertades civiles.

> sino al contrario, defenderla de manera combativa. Al mismo tiempo, afirmamos que tenemos el derecho legal, garantizado por la Carta de Derechos, a propagar nuestros principios.

Esa es la política que llevamos al juicio. Nos guió a cada paso durante el proceso judicial. Y consideramos que se puede afirmar con certeza que la política ha sido plenamente respaldada por los resultados. Nuestros principios se popularizaron ampliamente, 100 o mil veces mejor que nunca, y nuestra conducta ante el tribunal ha recibido la aprobación y simpatía de los trabajadores combativos que siguieron el juicio y leyeron el testimonio.

El juicio fue, por mucho, nuestro mayor éxito propagandístico. Además, hasta los trabajadores que discrepan con nuestro programa han aprobado y aplaudido nuestra actuación en la corte como conducta digna de personas que toman sus principios en serio. Eso lo han constatado todos los camaradas que han transmitido la reacción de los trabajadores al juicio. Durante un recorrido reciente por el país, al ir de una rama del partido a otra, escuchamos invariablemente los mismos informes en todas partes.

Desde luego, nuestra labor en el juicio no fue perfecta: hicimos lo mejor que pudimos dentro de los estrechos confines definidos por la corte. Hay personas más cualificadas que podrán señalar muy fácilmente una u otra cosa que podría haberse hecho más hábilmente. Podemos conceder sin reparos la justeza de estas críticas sin reconocer culpa alguna de nuestra parte, ya que el socialismo no exige que todos estén dotados de igual talento, sino que cada cual aporte de acuerdo a su capacidad. Pero se trata de algo completamente distinto cuando el camarada Munis —y otros críticos de nuestra política— nos acusan de malinterpretar nuestra tarea y desviarnos de los principios marxistas en el juicio. Estamos obligados a decirles firmemente: No, el malentendido está completamente de vuestro lado. La interpretación correcta de nuestra tarea en la corte y la aprobación de las autoridades marxistas están de nuestro lado.

Al demostrar esta afirmación, debemos comenzar con un breve análisis de un aspecto que Munis y los demás pasan por alto: el entorno social en el que se desarrolló el juicio. Nuestros críticos nunca hacen referencia, ni con una palabra, a la situación objetiva en Estados Unidos; a las formas políticas que aún predominan aquí; al grado de madurez —más correctamente, inmadurez— política del proletariado americano; a la correlación de fuerzas de clase; al tamaño y a la situación del partido: en breve, a las peculiaridades específicas de nuestro problema que deben definir nuestro método para acercarnos a los trabajadores que nos escuchan por primera vez desde la caja de resonancia del juicio.

Nuestros críticos hablan en términos generales de juicios y principios, los cuales, al parecer, siempre se han de formular y explicar a los trabajadores en general precisamente de la misma manera. En cambio, nosotros abordamos un juicio específico e intentamos explicarnos ante los trabajadores tales como son en Estados Unidos en el año 1941. Así que chocamos con nuestros críticos ya desde el punto de partida: el análisis, el método. Nuestra respuesta a su crítica debe asumir la misma forma.

Comenzaremos con una exposición de las condiciones concretas del entorno en el cual nuestro partido actuaba en Estados Unidos al momento del juicio y las tareas y técnicas propagandísticas específicas que por consiguiente, a nuestro criterio, se imponían. Después someteremos nuestra posición, al igual que la de nuestros críticos, a la norma que ha de ser decisiva para todos nosotros: las expresiones de los maestros marxistas sobre la aplicación de los principios debatidos.[1]

2. ENTORNO POLÍTICO DEL JUICIO

Estados Unidos, donde se llevó a cabo el juicio, es por mucho la más rica de todas las naciones capitalistas, y por esa razón ha sido una de las pocas de estas naciones que aún pueden darse el lujo de mantener formas democrático-burguesas en la época del declive y la decadencia del capitalismo. Los sindicatos, que en la última década han sido destruidos en un país europeo tras otro, han florecido y han más que duplicado sus miembros en Estados Unidos en el mismo período, parcialmente con estímulo del gobierno. La libertad de expresión y la libertad de prensa, suprimidas o reducidas a una caricatura en otras tierras, han quedado prácticamente irrestrictas en este país. Las elecciones se han celebrado bajo las formas normales de la democracia burguesa —tradicionales en Estados Unidos por más de un siglo— y las grandes masas de trabajadores han participado libremente en ellas. La riqueza y la posición favorecida de Estados Unidos burgués también le ha permitido, a pesar de la devastadora crisis, mantener el nivel de vida de los trabajadores muy por encima del de cualquier otro país.

Estas condiciones objetivas han afectado ineludiblemente la mentalidad de los trabajadores así como la suerte del movimiento político revolucionario. Las implicaciones revolucionarias de la economía estremecida —sostenida por el momento por el auge armamentista— apenas se reflejan en la conciencia de los trabajadores. Su perspectiva está lejos de ser revolucionaria. Para los trabajadores, "política" significa

1. Todas las citas en este documento fueron cotejadas con los textos en inglés.

votar por uno u otro de los grandes partidos capitalistas. El simple hecho de que el movimiento obrero organizado aún no haya recurrido a la acción política independiente, aunque sea sobre una base reformista, sino que en su actividad política sigue siendo apéndice del partido político de Roosevelt: este simple hecho en sí demuestra concluyentemente que los trabajadores americanos aún no han comenzado a convertir su combatividad feroz en el campo de las huelgas económicas, dirigidas contra patrones individuales, en una política independiente dirigida contra los patrones como clase. En cuanto al partido marxista, con su programa para la transformación revolucionaria de la sociedad, ha logrado en este entorno atraer la atención de solo unos pocos miles de personas a su mensaje y a reclutar a sus filas a un número aún menor de los militantes más avanzados y con mayor conciencia de clase.

Los 40 millones de trabajadores americanos, que brindaron un voto obrero casi sólido a favor de Roosevelt, aún están en las primeras etapas primitivas del desarrollo político de clase; están empapados completamente de ilusiones democrático-burguesas; están descontentos hasta cierto grado y tienen una conciencia sindical parcial pero no una conciencia de clase; le tienen un respeto fetichista al gobierno federal como si fuera el gobierno de todo el pueblo, y aspiran a mejorar sus condiciones si votan a favor de políticos burgueses "amigos"; detestan y temen el fascismo, el cual identifican con Hitler; entienden el socialismo y el comunismo únicamente en la versión diseminada por la prensa burguesa y se muestran hostiles o indiferentes hacia ello; la gran mayoría desconoce el verdadero significado del socialismo, su significado marxista revolucionario.

Tales eran los factores externos generales, y esa era la mentalidad de los trabajadores americanos que nuestro partido afrontaba al momento del juicio de Minneapolis en octubre, noviembre y diciembre de 1941. De ahí, ¿qué tareas específicas, qué métodos propagandísticos se imponían? Nos parece que las respuestas son evidentes. La tarea consistía en *obtener una recepción* para nuestras ideas desde la tribuna del juicio. Había que simplificar estas ideas lo más posible, *hacerlas plausibles* para los trabajadores e ilustrarlas cuantas veces fuera posible con ejemplos familiares de la historia de Estados Unidos. Teníamos que dirigirnos a los trabajadores, no en general, no como abstracción, sino tales como existen en realidad en Estados Unidos en 1941. Teníamos que reconocer que las formas de democracia y la legalidad del partido facilitan mucho este trabajo de propaganda y no deben ser descartadas a la ligera. Nuestro deber no era facilitarle el trabajo al fiscal sino hacérselo más difícil, en la medida posible sin renunciar a ningún principio. Estas fueron las consideraciones que nos guiaron en nuestra labor durante el juicio.

Nuestros críticos no hacen referencia a estas consideraciones: al parecer ni siquiera pensaron en ellas. Nuestro método es muy diferente de la simple repetición de fórmulas acerca de la "acción" que no requiere más que una buena memoria. Más precisamente, el método marxista de aplicar los principios a las condiciones concretas —para popularizar un partido y crear un movimiento— es el que puede conducir a la acción en la vida real de la lucha de clases, y no en la página impresa, donde siempre comienza y termina la "acción" de los formalistas sectarios.

Usamos el juicio para explicar nuestro programa

A fin de lograr nuestra principal tarea —utilizar el tribunal como foro para dirigirnos a aquellos trabajadores americanos, tales como son, que nos oirían por primera vez— hacía falta, a nuestro criterio, no un llamado a las armas sino más bien *explicaciones* pacientes y pedagógicas de nuestras doctrinas y de nosotros, así como un tono tranquilo. Por lo tanto adaptamos nuestro método de propaganda, y no nuestros principios, a las circunstancias según las entendíamos. El estilo de propaganda y el tono que empleamos no lo recomendamos como fórmula aplicable de manera universal. Nuestro estilo de propaganda y nuestro tono se adecuaron simplemente a cumplir con los requisitos, en una determinada situación, de un pequeño partido marxista minoritario en un país grande del capitalismo democrático en las condiciones históricas generales que se describieron anteriormente.

El camarada Munis nos acusa de popularizar nuestra propaganda y defendernos (y defender la legalidad del partido) a costa de los principios. Afirma que nuestras declaraciones en el juicio fueron "decididamente oportunistas", que "rayan en una renuncia de principios". Después de hacer estas y semejantes afirmaciones, nos informa que es "un gravísimo error sustituir principios con maniobras". Este lema —no del todo original en nuestro movimiento— puede aceptarse con las siguientes estipulaciones: que el lema se comprenda; que se haga una distinción entre las "maniobras" que sirven a los principios y las que los contradicen; y que se aplique a auténticos y no imaginarios sacrificios de principios. Ese es el meollo de todo el asunto. Los maestros marxistas no cambiaron sus principios, pero al explicarlos frecuentemente cambiaron su manera y su tono y sus puntos de énfasis de acuerdo con la ocasión. Nosotros teníamos el derecho y el deber de hacer lo mismo. Una evaluación de nuestro testimonio desde esta óptica ofrecerá conclusiones diferentes de las que nuestros críticos han sacado tan precipitadamente.

3. VIOLENCIA Y LA TRANSICIÓN AL SOCIALISMO

Nos imputaron, en el primer cargo de la acusación, "conspiración para derrocar al gobierno por la fuerza y la violencia" en violación del estatuto de 1861 que originalmente iba dirigido contra la rebelión de los esclavistas. En el segundo cargo nos imputaron, entre otras cosas, "conspiración para abogar por el derrocamiento del gobierno por la fuerza y la violencia" en violación de la Ley Smith de 1940.

En nuestra defensa, negamos rotundamente que hubiésemos "conspirado" o "abogado" por la violencia, y al afirmar eso no tuvimos la más mínima intención de negar o repudiar principios del marxismo. Reivindicamos el derecho a *explicar* nuestra posición. Testificamos que preferimos una transformación social pacífica; que la burguesía toma la iniciativa con la violencia y que no va a permitir un cambio pacífico; que les aconsejamos a los trabajadores que lo tomen en cuenta y se preparen para *defenderse* contra la violencia de la obsoleta clase reaccionaria minoritaria.

Esta fórmula —100 por ciento correcta en el asunto esencial e irrefutable desde el punto de vista de las autoridades marxistas— no coincidió con los argumentos del fiscal, ni le ayudó a probar su caso contra nosotros. Pero ese no era deber nuestro. A partir de consideraciones completamente opuestas, nuestra exposición no recibe la aprobación del camarada Munis, ni coincide con sus concepciones. Ese tampoco es nuestro deber, porque sus concepciones son arbitrarias y formalistas, y por tanto falsas.

El fiscal quería limitar la discusión sobre el socialismo exclusivamente a la cuestión de "la fuerza y la violencia". En cambio, nosotros —por primera vez en un tribunal americano— tratamos de hacer una exposición, aun si breve y esbozada, de toda la gama de la teoría marxista, como si fuera una clase de estudios básicos para trabajadores no iniciados, en la medida posible dentro del estrecho marco dictado por las reglas del tribunal y las repetidas objeciones del fiscal, ubicando la cuestión de la fuerza en la revolución social en su lugar correcto y proporcional, y asignando la responsabilidad por ella a quien le corresponde: a la clase obsoleta.

Llevamos a cabo esta tarea en el juicio lo mejor que pudimos. Por supuesto, no es posible usar la precisión de una tesis y una explicación integral cuando se trata de un diálogo improvisado, con las respuestas comprimidas a una extrema brevedad por las limitaciones del tiempo, las objeciones de la fiscalía y las decisiones judiciales. No podemos afirmar que nuestras respuestas tuvieron esa precisión y amplitud, y una persona razonable no debe exigirnos eso. Hasta Trotsky reconoció la posibilidad de fallas en el testimonio que él dio bajo condiciones semejantes pero un poco más favorables ante la Comisión Dewey. En respuesta a Ver, quien había criticado una de sus respuestas en el registro publicado de la investigación, él dijo:

> Es posible que exista cierta falta de precisión en el informe taquigráfico. No se trata aquí de un texto programático bien contemplado o siquiera de un artículo, sino de un informe taquigráfico redactado por la Comisión. Usted sabe que no tuve tiempo de revisarlo. Pueden haberse insinuado algunos malentendidos e imprecisiones. Los enemigos pueden utilizarlos, pero los camaradas serios deben entender el problema en su totalidad (*Boletín Interno* No. 3 del Partido Socialista de los Trabajadores).[2]

Aquí puede venir al caso explicar que los procedimientos de los tribunales americanos, a diferencia de los de muchos otros países, no permiten que los acusados hagan exposiciones y "declaraciones" elaboradas. Deben contestar verbalmente y hacer

2. Esta carta también puede encontrarse en León Trotsky, *Escritos, 1937–38*, tomo IX, volumen 1 (Bogotá: Editorial Pluma, 1977), pp. 184-87.

“Asignamos la responsabilidad por el uso de la fuerza en la revolución social a quien le corresponde: a la clase caduca”.
—James P. Cannon

Arriba: París, marzo de 1871. Una asamblea de masas de trabajadores y artesanos proclama la Comuna de París, el primer gobierno del pueblo trabajador.

Cannon citó la explicación de Lenin de que fue el primer estado “sin un ejército permanente, sin una policía opuesta al pueblo, sin una burocracia encima del pueblo”. Dos meses más tarde la Comuna de París fue aplastada por la burguesía francesa; más de 20 mil trabajadores fueron masacrados.

breves sus respuestas y pueden ser interrumpidos en cualquier momento por objeción del fiscal o decisión del juez. En ese ambiente, un testigo está bajo presión constante para que sintetice sus respuestas y omita explicaciones que podrían ser necesarias para tener plena claridad pero que a la corte no le interesan.

Mencionamos estos factores solo para pedir el mismo margen razonable para deficiencias que pidió Trotsky, no para repudiar nada de lo que dijimos. En términos generales, teniendo en cuenta todas las imperfecciones, omisiones y deficiencias en el testimonio oral, logramos nuestros objetivos propagandísticos en el juicio y defendemos lo dicho. La versión taquigráfica de la corte, publicada en miles de copias, llegó a ser y seguirá siendo nuestro documento de propaganda más eficaz. Ofrece un registro revolucionario honesto y franco. Nadie logrará desprestigiarlo.

¿Qué dijimos acerca de la violencia en la transformación de la sociedad del capitalismo al socialismo? Esto es lo que dijimos:

1. Los marxistas preferimos una transición pacífica. "La posición de los marxistas es que el método más económico y preferible, el más conveniente para la transformación social es, desde luego, hacerla pacíficamente".

2. "La opinión de todos los marxistas es que irá acompañado por la violencia".

3. Esa opinión "se basa, como toda la doctrina marxista, en el estudio de la historia, de las experiencias históricas de la humanidad durante los numerosos cambios de la sociedad de una forma a otra, las revoluciones que los han acompañado y la resistencia que invariablemente presentan las clases caducas contra el nuevo orden. Sus intentos de defenderse contra el nuevo orden, o de suprimir con violencia al movimiento a favor de ese nuevo orden, han tenido como consecuencia, hasta ahora, que cada transformación social importante haya sido acompañada por la violencia".

4. La clase gobernante siempre inicia la violencia. "Siempre la clase dominante. Siempre ha sido la clase caduca que no quiere abandonar el escenario cuando llega el momento. Quieren aferrarse a sus privilegios, reforzarlos con medidas violentas, en contra de la mayoría en ascenso, *y se topan con la violencia de masas de la nueva clase,* la cual según ha decretado la historia tomará el poder".

5. Esa es nuestra predicción. Pero "por supuesto, no nos limitamos simplemente a esa predicción. Vamos más allá, y les aconsejamos a los trabajadores que lo tengan en cuenta y se preparen para no permitir que la minoría reaccionaria caduca frustre la voluntad de la mayoría".

> P: ¿Qué papel ocupa el surgimiento y la existencia del fascismo en relación a la posibilidad de violencia?
>
> R: Es realmente el meollo del problema, porque la violencia reaccionaria de la clase capitalista, expresada a través del fascismo, se invoca en contra de los trabajadores. Mucho antes de que el movimiento revolucionario de los trabajadores gane la mayoría, se organizan pandillas fascistas que son subsidiadas con millones por los grandes capitalistas industriales y financieros, según lo demostró el ejemplo de Alemania, y estas bandas fascistas se dedican a desarticular al movimiento obrero por la fuerza. Invaden las sedes sindicales, asesinan a los dirigentes, desbaratan las reuniones, incendian las imprentas y destruyen su funcionamiento mucho antes de que el movimiento obrero haya emprendido el camino de la revolución.
>
> Digo que es ese el meollo de todo el problema de la violencia. Si los trabajadores no reconocen esto y no empiezan a defenderse contra los fascistas, nunca

> tendrán la posibilidad de votar sobre la cuestión de la revolución. Correrán la misma suerte que el proletariado alemán y el italiano y se hallarán encadenados por la esclavitud fascista antes de tener oportunidad de una votación justa sobre la opción de si quieren o no el socialismo.
>
> Para los trabajadores es una cuestión de vida o muerte que se puedan organizar para impedir que el fascismo, que las bandas fascistas, desarticulen las organizaciones obreras, y no esperar hasta que ya sea demasiado tarde. Esto forma parte del programa de nuestro partido.

Eso es todo lo que cualquier marxista realmente necesita decir sobre el tema de la violencia en un tribunal capitalista o en un mitin propagandístico de trabajadores en Estados Unidos en la actualidad. Afirma la verdad, se atiene a los principios y protege la legalidad del partido. Los trabajadores lo comprenderán también. Para citar a Mercutio, de Shakespeare, "No es tan honda como un pozo, ni tan ancha como el pórtico de una iglesia, pero basta".

Sin embargo, el camarada Munis no está satisfecho con nuestro "lamentable diálogo", supuestamente "destinado a pacificar la conciencia fácilmente espantada del jurado respecto a quién inicia la violencia". La respuesta citada anteriormente que les aconseja a los trabajadores que "tengan en cuenta" el curso violento de la clase dominante y "se preparen" no es "suficientemente explícito y enérgico". (Él subestima la agudeza de los trabajadores.) El camarada Munis dice: "¿Por qué no alzar la voz en este momento y llamar a los trabajadores a que organicen su propia violencia contra la violencia reaccionaria?"

¿Por qué no? Porque no era ni necesario ni aconsejable

alzar la voz o convocar a la acción en ese momento. Hablábamos, en primer lugar, para beneficio del trabajador inexperto que leería el testimonio en un periódico o un folleto. Necesitábamos una exposición calmada y cuidadosa para lograr su atención. Este trabajador de ninguna manera está aguardando impacientemente nuestro llamamiento a la acción violenta. Al contrario, él cree firmemente en la llamada democracia y lo primero que preguntará, si se interesa en el socialismo, es: "¿Por qué no podemos lograrlo pacíficamente, a través de las elecciones?" Hace falta *explicarle pacientemente* que, si bien lo preferiríamos así, los patrones no van a permitirlo, recurrirán a la violencia contra la mayoría y los trabajadores tendrán que *defenderse* y defender su *derecho* a cambiar las cosas. Nuestra fórmula *defensiva* no solo es jurídicamente inatacable, "para el jurado", como dicen desdeñosamente nuestros críticos, como si 28 personas acusadas que están en sus cabales, y un partido amenazado con ser proscrito, pudieran darse el lujo de no prestar atención al jurado. Es además la mejor fórmula para hacer una propaganda eficaz.

Estas fórmulas defensivas no las inventamos nosotros. Provienen directamente de los grandes marxistas, que no creían en la buena voluntad de los enemigos de clase y sabían cómo organizar contra ellos acciones, es decir, acciones de masas. E igualmente, estos mismos maestros y organizadores de acciones de masas nunca dejaron de valorar las formas democráticas y la legalidad del partido y de aferrarse a ellas y utilizarlas lo más posible. Nuestros maestros no se retraían ante la fuerza. Nunca trataron de ilusionar a los trabajadores con la promesa de una transformación pacifica y democrática de la sociedad. Pero no siempre hablaban de la violencia de la misma manera, con el mismo tono y con el mismo énfasis. Siempre, cuando se presentaban condiciones parecidas de alguna manera a las nuestras, se pronunciaban como nosotros nos pronunciamos en el juicio. Las pruebas son abundantes y abrumadoras.

Engels y Trotsky sobre la violencia

La primera declaración que se formuló sobre la posición comunista respecto a la violencia y la transición al socialismo aparece en *Principios del comunismo,* un "catecismo" redactado en 1847 que es considerado el primer borrador del *Manifiesto Comunista*. Engels escribió:

"Pregunta XVI: ¿Será posible suprimir por vía pacífica la propiedad privada?

"Respuesta: Sería de desear que fuese así, y los comunistas, como es lógico, serían los últimos en oponerse a ello". (Marx y Engels, *Obras Escogidas,* tomo I, Editorial Progreso, p. 91)

Engels no prometió esa solución y no se le olvidó agregar: "Si todo ello termina, en fin de cuentas, empujando al proletariado subyugado a la revolución, nosotros, los comunistas, defenderemos con hechos, no menos que como ahora lo hacemos de palabra, la causa del proletariado".

La *última* declaración de una autoridad marxista, expresada por Trotsky 93 años más tarde, sigue la misma pauta que la de Engels. En el verano de 1940 el Comité Dies allanó la casa de un camarada en Trotsky, y se llevó algunas publicaciones del partido. Anticipando un ataque contra la posición legal del Partido Socialista de los Trabajadores, el camarada Trotsky nos escribió una carta, en la que nos aconsejaba cómo formular nuestra propaganda y defendernos "desde el punto de vista legal" y advirtiéndonos que no debíamos "suministrar ningún pretexto para desatar persecuciones". Esta carta, como si se hubiera escrito para rebatir por adelantado las quejas ultrarradicales acerca del juicio en Minneapolis, se publicó en *Fourth International,* octubre de 1940, p. 126. Trotsky escribió:

> El caso de Texas es muy importante. La actitud de las personas involucradas puede resultar decisiva desde el punto de vista legal.
>
> Nosotros, por supuesto, no podemos imitar a los estalinistas, que proclaman su absoluta devoción a la democracia burguesa. Sin embargo, no deseamos suministrar ningún pretexto para desatar persecuciones.
>
> En este caso, como en otros, debemos decir la verdad tal cual es; a saber, el mejor método, el más económico y favorable a las masas sería llevar a cabo la transformación de esta sociedad con medios democráticos. La democracia es necesaria también para la organización y educación de las masas. Esa es la razón por la cual siempre estamos prontos para defender los derechos democráticos del pueblo con nuestros propios medios. No obstante, sabemos, en base a la tremenda experiencia histórica, que las Sesenta Familias nunca permitirán la realización democrática de los principios socialistas. En un momento dado, las Sesenta Familias derribarán inevitablemente, o tratarán de derribar, las instituciones democráticas para reemplazarlas por una dictadura reaccionaria. Esto es lo que ocurrió en Italia, Alemania y en los últimos días en Francia, para no mencionar los países de menor importancia. Decimos desde ya que estamos listos para rechazar tales intentos con las armas en la mano y aplastar la dictadura fascista con una dictadura proletaria.

Esta posición corresponde a la realidad histórica y es jurídicamente inatacable.[3]

Defender la legalidad del partido

Estas palabras, escritas por el fundador de nuestro movimiento en el último mes de su vida, no fueron comentarios casuales hechos al azar. Se escribieron en relación directa a un procesamiento anticipado y él nos advirtió específicamente que "la actitud de las personas involucradas puede resultar decisiva desde el punto de vista legal". Apreciaba el valor de la legalidad del partido y no quería que la arriesgáramos innecesariamente. Dijo, casi textualmente: no acepten la imputación del fiscal de que nosotros abogamos por la violencia conspirativa de una minoría. Planteen el problema de una manera que "corresponda a la realidad histórica" y que, al mismo tiempo, por su formulación defensiva, sea "jurídicamente inatacable".

Esa carta fue la línea rectora de nuestra política en el juicio. Aceptamos las palabras de Trotsky como autoridad marxista. Para nosotros no hay otra mayor. Nuestro movimiento, el movimiento de la Cuarta Internacional que surge directamente de la lucha de la Oposición trotskista en Rusia a partir de 1923, encarna en su doctrina y en sus tradiciones el conjunto del marxismo y todas las normas y el ejemplo de Lenin, desarrollados y aplicados a las condiciones del período después de Lenin. Sabemos que en los últimos años ha estado de moda contrastar a Lenin con Trotsky y referirse a Lenin como la autoridad principal. Los seguidores de Oehler en Estados Unidos, por ejemplo, se promocionan como "leninistas" de este tipo. Y hasta Shachtman, cuando coqueteó

---

3. Esta carta se encuentra también en León Trotsky, *Escritos, 1939–40*, tomo XI, volumen 2 (Bogotá: Editorial Pluma, 1976), pp. 465–66.

con el radicalismo por una temporada, trató de invocar a Lenin frente a la política militar desarrollada por Trotsky. No hay mayor verdad o mérito en esta farsa que en los intentos de los oportunistas durante la Primera Guerra Mundial de utilizar a Marx y Engels contra Lenin.

Las cuatro grandes autoridades marxistas —Marx, Engels, Lenin y Trotsky— están unidas en una continuidad ininterrumpida de experiencia reflejada en el pensamiento marxista. Para nosotros, Lenin es Marx en la época de la Primera Guerra Mundial y la Revolución de Octubre. Trotsky es Lenin en la época de la degeneración estalinista y la lucha contra esta, la época del fascismo y la Segunda Guerra Mundial y la preparación del nuevo ascenso de la revolución internacional del proletariado.

A estos "leninistas" —¡Dios me libre!— les gusta repetir citas aisladas de Lenin como respuestas invariables y finales a problemas actuales que surgen bajo condiciones nuevas e infinitamente variadas. Una mayor distorsión del leninismo —que es un método y no una colección de textos bíblicos— es difícil de imaginar. Ellos repiten las palabras de Lenin en una u otra ocasión sin entender que Lenin no siempre se repetía a sí mismo y solo sentía desprecio por esos sustitutos del marxismo vivo que no requieren pensamiento. Una muestra instructiva de esta práctica es el intento de Munis de pintarnos como los que "rechazamos" a Lenin porque nos tomamos la libertad de decir que una frase que él escribió sobre la insurrección en la Rusia zarista de 1906 no es aplicable a nuestra propaganda en Estados Unidos en 1941.

Nuestra franca confesión ante la corte de que somos discípulos de Lenin no alcanza a satisfacer a Munis. Nuestra afirmación de que en nuestro movimiento Lenin "ocupa una posición de mucha estima a la altura de Marx", que "nuestro movimiento apoya las ideas y doctrinas básicas practicadas, promulgadas y aplicadas por Lenin": estas declaraciones, a juicio de nuestro crítico, no son suficientes para constituir una aceptación de Lenin. Él parece pensar que es necesario repetir y aceptar como el evangelio cada palabra que dijo Lenin en toda ocasión sin importar lo que el propio Lenin pudo haber dicho en otras ocasiones sobre el mismo tema.

Él cita la pregunta que hizo el Sr. Schweinhaut, el fiscal, al leer una frase de Lenin de *La revolución de 1905*: "'El exterminio implacable de los jefes civiles y militares es nuestro deber en tiempo de insurrección'... ¿Está usted en desacuerdo con eso?"

Lógicamente, negamos que esta fuese una afirmación de la política del partido hoy día, y la modificamos así: "No estamos de acuerdo con el exterminio de nadie, salvo en el caso de una lucha armada, cuando se aplican las reglas de la guerra". En realidad esto ya expresaba, por respeto a Lenin, mucho más de lo que se necesita decir sobre el tema del exterminio ante un tribunal capitalista o en un discurso propagandístico en Estados Unidos en la actualidad. Pero esto no satisface a Munis. ¿Por qué, insiste él, decir "nadie" en vez de "los jefes civiles y militares?" "¿Por qué rechazar el párrafo?" ¡Debemos repetir a Lenin palabra por palabra!

¿Por qué debemos hacerlo? *Lenin no se repitió a sí mismo palabra por palabra*. Al contrario, él cambió y modificó dichas fórmulas según la ocasión y sin ceremonia. Efectivamente, en la víspera misma de la Revolución de Octubre, cambió esta fórmula precisa tan radicalmente que le dio un sentido distinto, "más moderado" para cumplir mejor sus objetivos políticos en esos momentos. En su carta al Comité Central con fecha del 26 y 27 de septiembre de 1917, *una carta que llamaba a la organización de la insurrección*, omite toda referencia al "exterminio" y simplemente dice: "Debemos... detener al estado mayor general y al gobierno". (Lenin, *Obras*

Completas, tomo 34, Editorial Progreso, p. 255; subrayado nuestro)

Ya en otra ocasión, del 14 al 16 de septiembre de 1917, haciendo una oferta "conciliatoria" al Partido Socialista Revolucionario (SR, eseristas) y a la mayoría menchevique, Lenin propuso que formaran un gobierno SR-Menchevique que respondiera exclusivamente ante los soviets. Dicho gobierno, dijo, "podría garantizar, con una probabilidad gigantesca, un movimiento pacífico de *avance* de toda la revolución en Rusia". Si la propuesta fuera aceptada por los eseristas y los mencheviques, entonces:

> Creo que los bolcheviques no pondrían otras condiciones, confiando en que la verdadera y completa libertad de agitación y la inmediata aplicación de nuevos principios democráticos en la composición de los soviets (nuevas elecciones) y en su funcionamiento garantizarían de por sí el avance pacífico de la revolución y *pondrían fin pacíficamente* a las luchas entre los partidos dentro de los soviets.
>
> ¿Quizá esto sea ya posible? Quizá. Pero si existe, aunque solo sea una posibilidad entre cien, valdría la pena intentarlo. (Lenin, *Obras Completas*, tomo 34, p. 140)

En este caso Lenin solo les pidió a los "jefes civiles y militares" en los "gobernantes" partidos democráticos pequeñoburgueses que tomaran el poder y garantizaran una "verdadera y completa libertad de agitación". Volviendo nuevamente a este tema el 9 de octubre de 1917, escribió:

> Nuestra misión consiste en ayudar a que se haga todo lo posible para asegurar la "última" probabilidad

> de desarrollo pacífico de la revolución, exponiendo nuestro programa, explicando su carácter popular, haciendo ver que coincide indiscutiblemente con los intereses y las reivindicaciones de la inmensa mayoría de la población. (Lenin, *Obras Completas*, tomo 34, p. 238)

Así que Lenin propuso luchar contra "los jefes civiles y militares" de tres maneras diferentes, de acuerdo a las circunstancias, en tres momentos diferentes —por "exterminio", "detención" y "propaganda pacífica". Todas eran igualmente revolucionarias. La ocasión y las circunstancias de cada caso eran diferentes.

Lenin tomó en cuenta estas variaciones y cambió sus propuestas de acuerdo a ellas. Nunca convirtió sus fórmulas tácticas en una camisa de fuerza. Tampoco deberíamos hacerlo nosotros... si queremos ser verdaderos leninistas.

Los capitalistas dominan los medios de violencia

"La violencia es la partera de toda sociedad vieja preñada de una nueva": ese axioma lo conoce todo estudiante del marxismo. Sería un error albergar o diseminar ilusiones al respecto, y no lo hicimos en el juicio. Pero es un gran error sacar la conclusión de que la violencia y el hablar sobre la violencia ayudan a la vanguardia revolucionaria en todo momento y bajo todas las condiciones. Al contrario, las condiciones pacíficas y las formas legales democráticas son las más valiosas en el período cuando el partido aún está acumulando fuerzas y cuando la mayor fuerza y los mayores recursos, incluidos los recursos de la violencia, están del otro lado. Lenin señaló que Engels tenía "plena razón" al escribir "defendiendo la utilización de la legalidad burguesa" y al decirle a la clase dominante alemana en 1891: "¡Disparen ustedes los primeros, señores burgueses!"

Nuestro partido, que todavía se esfuerza en obtener *una recepción* entre la hasta ahora indiferente clase trabajadora de Estados Unidos, es el que menos motivos tiene para recalcar o "abogar" por la violencia. Esta postura está determinada por la actual etapa del desarrollo de clases y la correlación de fuerzas entre las clases en Estados Unidos; y no, como supone Munis tan generosamente, por nuestra exagerada preocupación por una "sentencia leve". De hecho, en nuestro testimonio en el juicio, el tema de la violencia recibió 10 veces más referencias proporcionalmente que el espacio que hemos dedicado en las columnas propagandísticas de nuestra prensa durante los últimos 10 años, incluyendo las voluminosas contribuciones del camarada Trotsky.

Munis expresa su desdén hacia nuestras repetidas y meticulosas explicaciones "respecto a quién inicia la violencia", y nuestro "tono general", por los cuales, dice, "a veces uno siente vergüenza". Como sustituto nos ofrece "honroso valor". Si hubiéramos estado dotados de este singular atributo habríamos dicho, según Munis: "Los trabajadores y agricultores deben responder a la violencia diaria de la burguesía con la violencia mayoritaria y organizada de las masas pobres. No predecimos, más bien aseguramos, pedimos, abogamos por la violencia temporal de la mayoría contra la violencia permanente, orgánica, de la minoría reaccionaria".

No sabemos mucho de "honroso valor", ni tuvimos necesidad de ello. No comparecimos en los juicios con poses de actores, solo como militantes del partido con una tarea política práctica que llevar a cabo. Naturalmente, es bueno que un militante revolucionario tenga la suficiente valentía humana normal para asumir los riesgos implícitos en la lucha contra el capitalismo. Y podemos añadir: También debe tener suficiente prudencia para evitar sacrificios innecesarios. La falta de cualquiera de estas cualidades puede ser una grave deficiencia personal. Pero aun si uno posee ambos rasgos —y en buen estado— no es suficiente para contestar la pregunta más importante que enfrentábamos en el juicio: ¿qué formulaciones, qué tono, qué énfasis sobre el tema de la violencia serían los más propicios para impulsar nuestra causa en las condiciones existentes? La respuesta a esta interrogante debe ser política y no teatral.

Lenin indiscutiblemente ardía de indignación y de odio hacia la opresión de los pueblos, y sabía de la violencia de todos los tipos que es inseparable de un régimen de dominación de clase. Además, si bien es imposible hablar de "valor" y mucho menos de "honroso valor" en relación a Lenin, tan práctico y sin pretensiones —esa grandilocuencia caballeresca le quedaría tan extraña como un sombrero de seda— hay evidencia de que tenía agallas suficientes para ocupar su puesto. Lenin fue el rebelde más terco y recio de la historia. Pero su enfoque hacia el tema de la violencia, al igual que con todas las cuestiones, se definía por consideraciones políticas. De ninguna manera empleaba una sola fórmula universal y un solo tipo de énfasis como lo que Munis nos receta. De hecho, durante los meses y hasta las semanas antes de la victoria, él fue menos "radical" en sus formulaciones para la propaganda del Partido Bolchevique que lo que Munis le exige a nuestro partido, que al momento del juicio solo podría describirse como un grupo de propaganda pequeño y aislado.

Explicar pacientemente

Es sumamente revelador leer cómo el gran maestro de la estrategia revolucionaria, al regresar a Rusia después de la revolución de marzo, desarrolló el trabajo de *movilizar a las masas* en torno al Partido Bolchevique *a través de la propa-*

ganda. El Partido Bolchevique creció a paso de gigante, pero siguió siendo minoritario durante muchos meses. Debe ser muy aleccionador para cualquier fanático de la "violencia" ver cómo Lenin, en estas condiciones, trató persistentemente de desplazar a segundo plano la cuestión de la violencia y evitar una prueba de fuerza prematura. Incluso en fecha tan tardía como el 9 de octubre, como hemos visto, estaba ofreciendo "ayudar a hacer todo lo posible para asegurar la 'última' probabilidad de un *desarrollo pacífico de la revolución*". Cuando finalmente llamó a la acción, fue a la acción de *masa*, y no hubo ninguna bravuconería teatral. El Partido Bolchevique, gracias a su trabajo propagandístico preliminar, contaba con la fuerza masiva necesaria para conducir la acción hasta la victoria.

El 25 de abril, él protestó en *Pravda* contra las "oscuras insinuaciones" del "ministro Nekrásov" sobre "la prédica de la violencia" por parte de los bolcheviques.

> Usted miente, señor ministro y afiliado al partido de la "libertad del pueblo". Quien predica la violencia es el señor Guchkov, amenazando con castigos a los soldados que destituyan a sus jefes. Quien predica la violencia es *Rússkaya Volia*, órgano pogromista de los "republicanos" pogromistas tan amigo suyo.
>
> *Pravda* y sus partidarios, lejos de predicar la violencia, dicen, por el contrario, con la mayor claridad, precisión y exactitud que el centro de gravedad de toda nuestra labor en los momentos actuales está en explicar a las masas proletarias sus tareas proletarias, a diferencia de la pequeña burguesía, que se ha dejado arrastrar por el veneno chovinista. (Lenin, *Obras Completas*, tomo 31, pp. 220–21)

El 4 de mayo el Comité Central del partido adoptó una resolución redactada por Lenin. El propósito de esa resolución era refrenar a la dirección local de Petrogrado, que se adelantaba a los acontecimientos; hacer que la "responsabilidad" por cualquier violencia recayera sobre el "Gobierno Provisional y sus partidarios"; y culpar a la "minoría capitalista" de renuencia a "someterse a la voluntad de la mayoría". He aquí dos párrafos de la resolución:

> 1. Los agitadores y oradores del partido deben rebatir la infame mentira de los periódicos capitalistas y de los periódicos que apoyan a los capitalistas de que amenazamos *con la guerra civil.* Es una infame mentira, pues precisamente en el momento actual, mientras que los capitalistas y su gobierno no pueden ni se atreven a emplear la violencia contra las masas, mientras que la masa de soldados y trabajadores expresa libremente su voluntad y elige y destituye libremente a *todas* las autoridades —*en un momento así* es ingenua, insensata y absurda toda idea de guerra civil— *son imprescindibles la subordinación a la voluntad de la mayoría de la población* y la libre crítica de esta voluntad por la minoría descontenta. Si se llega a la violencia, la responsabilidad recaerá sobre el Gobierno Provisional y sus partidarios.
>
> 2. Con sus gritos contra la guerra civil, el gobierno de los capitalistas y sus periódicos no hacen más que encubrir la falta de deseo de los capitalistas, que constituyen a ciencia cierta una minoría insignificante del pueblo, de someterse a la voluntad de la mayoría. (Lenin, *Obras Completas*, tomo 31, p. 324)

¿No suena asombrosamente parecido al "lamentable diálogo respecto a quién inicia la violencia", contra el cual tan altaneramente protesta Munis? En efecto, la semejanza no es por casualidad. Nuestras formulaciones no cayeron del cielo. Habíamos tomado la molestia de leer a Lenin, no para memorizar sus palabras, sino para aprender la esencia de sus métodos de abordar y movilizar a las masas cuando los bolcheviques seguían siendo una minoría.

El 5 de mayo el Comité Central del Partido Bolchevique, luchando contra las provocaciones del enemigo por un lado y contra la impaciencia revolucionaria en las filas del partido por el otro, aprobó otra resolución propuesta por Lenin. Vale la pena que lo relea 10 veces cualquier camarada que quede impresionado por las frívolas palabras acerca de la "acción" por un partido que carece del necesario apoyo de masas para la acción. La resolución dice:

> La consigna, '¡Abajo el Gobierno Provisional!' no es justa ahora, porque sin una mayoría firme (es decir, organizada y con conciencia de clase) del pueblo al lado del proletariado revolucionario, esa consigna, o no es más que una frase, o se reduce, objetivamente, a tentativas de carácter aventurero. (Lenin, *Obras Completas*, tomo 31, p. 334)

Si estas ideas son correctas, y creemos que lo son, entonces ciertamente sería razonable concluir que el Partido Socialista de los Trabajadores en Estados Unidos tiene por delante unas largas y duras jornadas de trabajo propagandístico, de *explicar pacientemente*. Por esos medios debe asegurarse un apoyo de masas antes de poder darse el lujo de hablar mucho de acción. Lenin sacó estas conclusiones para el Partido Bolchevique, y dispuso instrucciones

Workers of the World Unite!

Socialist Appeal

1000 New Subscribers By April 15th!

WORKERS CAN DEFEAT HITLER

They Can End the Threat of Fascism By Crushing the Capitalist System

Nazis Established On Soviet Border

U.S.S.R. IN PERILOUS SPOT

The Principle of the Thing

FRANCE SPEEDS TREND TOWARDS A DICTATORSHIP

U. S. 'Democracy' Bared In Report

Madrid Surrender Near; Negrin Works With Miaja

Pittman Bill Frees U. S. Hands for War

Office Workers Quit CIO; Protest Union Bureaucracy

SWP Picket Threat Stops Philadelphia Fascist Meet

"Frente a la guerra imperialista, el Partido Socialista de los Trabajadores en Estados Unidos tiene por delante unas largas y duras jornadas de trabajo propagandístico, de *explicar pacientemente*". —*James P. Cannon*

Arriba: Haciendo campaña con el *Socialist Appeal*. El titular afirma, "Los trabajadores pueden derrotar a Hitler: pueden acabar con la amenaza del fascismo aplastando al sistema capitalista". Para esto, explicaba el semanario socialista, el pueblo trabajador necesita su propio gobierno.

precisas en ese sentido, apenas seis meses antes de que se convirtiera en mayoritario. La misma resolución dice en otro párrafo:

> Consignas del momento: (1) *explicar* la línea proletaria y el camino proletario para poner fin a la guerra; (2) *criticar* la política pequeñoburguesa de confianza en el gobierno de los capitalistas y de conciliación con él; (3) hacer *propaganda y agitación* de grupo en grupo en cada regimiento, en cada fábrica, sobre todo entre la parte más atrasada de las masas, personal de servicio doméstico, trabajadores no cualificados, etcétera, pues precisamente en ellos ha tratado de apoyarse la burguesía durante la crisis; (4) *organizar, organizar y una vez más organizar* al proletariado: en cada fábrica, en cada distrito, en cada barriada. (Lenin, *Obras Completas*, tomo 24, pág. 211; subrayado nuestro)

El 6 de mayo, todavía dándoles duro a los irresponsables promotores de la violencia, el dirigente más grande de la acción revolucionaria, quien creía que primero había que "*explicar*" y "*convencer*" y "*ganarse a la mayoría*", escribió:

> La crisis no puede ser superada por la violencia de individuos aislados sobre otros, mediante alzamientos parciales de pequeños grupos armados, mediante intentonas blanquistas de 'conquista del poder', 'detención' del Gobierno Provisional, etcétera.
>
> La consigna del momento es: explicar con mayor precisión, claridad y amplitud la línea del proletariado, su camino para poner fin a la guerra. (Lenin, *Obras Completas*, tomo 31, p. 343)

El marxismo indudablemente es la doctrina de la acción revolucionaria. Pero no tiene nada en común con la "violencia de individuos", "alzamientos parciales de pequeños grupos", ni otras formas de "acción" en las que individuos o minorías intentan sustituir a las masas. Es decir, el marxismo no es el anarquismo o el blanquismo; libra una guerra irreconciliable contra esas tendencias. La acción revolucionaria que contempla el marxismo es la acción de las masas, de la mayoría proletaria, dirigida por el partido de vanguardia. Pero esta acción, y el papel dirigente del partido en ella, solo puede ser *preparada mediante la propaganda*. Esa es la principal lección del desarrollo del Partido Bolchevique después de la revolución de marzo y de cómo finalmente transformó sus consignas, de la propaganda a la acción. Ese era el método de Lenin. Era menos romántico que el de las personas impacientes que sueñan con atajos y milagros evocados por la mágica palabra "acción". Pero, como recompensa, el método de Lenin condujo al final a una poderosa y victoriosa revolución.

Un partido que carece de una base de masas, que aún no es conocido ampliamente por los trabajadores, debe acercarse a ellos a través de la propaganda, de explicaciones pacientes, y no prestar atención a las demandas impacientes a favor de la "acción" que no es capaz de organizar, y del énfasis exagerado en la "violencia" que, en las condiciones existentes, solo puede resultarle contraproducente. Cuando uno aprecia el persistente esmero y hasta la *cautela* del partido de Lenin en evitar provocaciones y aferrarse a su fórmula de *propaganda pacífica* mientras era minoritario, la mera insinuación de que nuestro partido, en la actualidad, con su fuerza actual, tome un rumbo más "audaz", parece totalmente absurda, como una pesadilla ajena de la realidad viviente. Lenin escribió:

> Al gobierno le gustaría que el primer paso irreflexivo hacia la acción lo diéramos nosotros: eso le convendría. Está furioso porque nuestro partido ha lanzado la consigna de una manifestación pacífica. No debemos ceder ni un ápice de nuestros principios a la pequeña burguesía hoy a la expectativa. Para un partido proletario no hay error más peligroso que basar su táctica en deseos subjetivos allí donde lo que hace falta es organización. No podemos decir que la mayoría está con nosotros; en este caso nuestro lema debe ser: cautela, cautela, cautela. (Lenin, *Obras Completas*, tomo 31, p. 368)

De lo anterior debe quedar claro que nuestro rechazo de "responsabilidad" por la violencia en el testimonio ante el tribunal de Minneapolis no fue un artificio especial inventado para "reconciliar al jurado", según se alegó; nuestra presentación del tema, tomada de Lenin, se formuló de manera de cumplir los objetivos políticos de nuestro movimiento en esa situación. No fuimos —ni tuvimos necesidad de ser— indiferentes hacia la legalidad y no "abogamos" por la violencia, según nos imputaron en la formulación de cargos.

Pero tampoco nos presentamos como pacifistas, ni sembramos ilusiones pacifistas. Muy al contrario. Esclarecimos la cuestión de la violencia y la transformación socialista de la sociedad de la misma manera que la esclarecieron nuestros grandes maestros, quienes organizaron una revolución. Es más, ofrecimos una justificación suficientemente franca y precisa de la violencia defensiva de los trabajadores en la lucha de clases diaria antes de la revolución. Las actas del proceso rebosan de pruebas de que efectivamente abogamos por la organización de guardias de defensa obreras. El testimonio va más lejos —y he aquí un detalle que no es de poca importancia— revelando que convertimos palabras en hechos y tomamos parte en la organización y las actividades de las guardias de defensa y los escuadrones de piquetes cuando las condiciones concretas hicieron posibles y prácticas estas acciones.

No somos pacifistas. Todo el mundo sabe —y el fiscal en nuestro juicio no tuvo dificultad en comprobarlo una vez más— que las grandes huelgas de Minneapolis, dirigidas por los trotskistas, no estuvieron libres de violencia y que los trabajadores no fueron las únicas víctimas. No repudiamos la historia documentada ni pedimos disculpas por ella. Cuando el fiscal, al referirse a una de las batallas de la huelga en la que los trabajadores salieron victoriosos, insistió: "¿Es esa una demostración del trotskismo?" él recibió una respuesta franca. Las actas de la corte dicen:

> R: Bueno, puedo darle mi propia opinión, de que estoy sumamente orgulloso del hecho de que los trotskistas contribuyeron a influir en los trabajadores para que se protegieran contra esa clase de violencia.
>
> P: ¿Y a qué clase de violencia se refiere usted?
>
> R: Para eso fueron organizados los agentes, para correr a los trabajadores de las calles. Recibieron una dosis de su propia medicina. Pienso que los trabajadores tienen derecho a defenderse. Si eso es traición, que así sea.

Con este testimonio dijimos todo lo que se necesita decir sobre el tema de la violencia en la lucha de clases diaria, al igual que en el testimonio citado antes dijimos suficiente sobre la violencia y la transición al socialismo. Si este método de presentación no le ayudó al fiscal, podemos decir una vez más: Ese no era deber nuestro. Si se objeta que aún con este ejemplo de la huelga de Minneapolis, que trata un caso innegable de violencia obrera, insistimos en su carácter *defensivo*, solo podemos responder: En la vida real, la diferencia entre las prudentes formulaciones defensivas y los "llamamientos a la acción" hechos a la ligera resulta ser generalmente, a fin de cuentas, la diferencia entre la verdadera acción y simples palabras al respecto.

4. ¿UNA TRANSICIÓN PACÍFICA?

Nuestra insistencia reiterada en el juicio de que *preferimos* una transición pacífica al socialismo, y que recurrimos a la violencia solo como medida defensiva, provoca las objeciones y las burlas de nuestro crítico. Dice Munis, "¿Por qué no pedir perdón, además, por vernos penosamente obligados a emplear la violencia contra la burguesía?" Otras personas posiblemente consideren que a nuestra formulación le faltaba agresividad y combatividad pero, siendo más tolerantes que Munis, lo dejen pasar como un eufemismo jurídico, justificable en esta situación. Ciertamente nuestra formulación benefició nuestra posición desde el punto de vista jurídico, y no dudamos en destacar este aspecto. Además, en nuestra opinión, la declaración de que los trotskistas preferimos un cambio pacífico de la sociedad es un buen método de propaganda para abordar a los trabajadores estadounidenses de mentalidad democrática. Estas dos consideraciones son muy importantes, pero estamos más que dispuestos a aceptar que no justificarían el uso de una afirmación falsa o hipócrita, o una afirmación que contradiga algún principio.

No somos culpables de tal negligencia. Nuestra fórmula en este caso también es la fórmula de los maestros marxistas. Ellos no solo insistieron en la *conveniencia* de un cambio pacífico de la sociedad sino que, en ciertas situaciones excepcionales, consideraron posible dicha revolución pacífica. Por nuestra parte, rechazamos esa posibilidad en Estados Unidos, pero al mismo tiempo afirmamos nuestra preferencia por ella y acusamos a la burguesía gobernante de ser los instigadores de la violencia. En este sentido nos mantuvimos completamente fieles a la doctrina y la tradición marxista. En el estrado en Minneapolis mencionamos la opinión de Marx y Engels respecto a Inglaterra en el siglo 19. Esta es la cita exacta de Engels:

> En tales momentos tendrá que escucharse, sin duda, la voz de un hombre cuya teoría íntegra es el resultado del estudio, efectuado durante toda una vida, de la historia y situación económicas de Inglaterra, y al que ese estudio lo indujo a la conclusión de que, cuando menos en Europa, Inglaterra es el único país en el que la inevitable revolución social podrá llevarse a cabo enteramente por medios pacíficos y legales. No se olvidaba de añadir, ciertamente, que consideraba muy improbable que las clases dominantes inglesas se sometieran, sin una "rebelión a favor de la esclavitud", a esa revolución pacífica y legal. (Engels, Prólogo a *El capital* de Marx, tomo I, vol. 1, Siglo Veintiuno Editores, pp. 31–32)

Debimos haber añadido que las condiciones de Inglaterra en la época de Marx ya no existen y por lo tanto su cálculo está desactualizado y ya no es aplicable. En todo caso, esto lo dejamos bien claro respecto a Estados Unidos.

En *Terrorismo y comunismo*, un libro que de principio a fin va dirigido contra el fetichismo democrático-burgués de Kautsky, Trotsky defendió la violencia de la revolución proletaria como un arma *impuesta* a esta revolución por la violencia de la burguesía contrarrevolucionaria; pero nunca renunció a su preferencia por la vía pacífica. En su introducción a la segunda edición en inglés, publicada en Inglaterra bajo el título de la editorial, *En defensa del terrorismo,* él explica así esta posición:

> De los fabianos podemos oír la objeción de que el proletariado inglés tiene en sus manos la posibilidad de llegar al poder a través del Parlamento, de llevar a cabo pacíficamente —en el marco de la ley, y paso a paso— todos los cambios requeridos en el sistema capitalista, y de esta manera no solo hacer innecesario el terrorismo revolucionario, sino socavar la posición de los aventureros contrarrevolucionarios. A primera vista, una perspectiva de este tipo es especialmente persuasiva a la luz de los muy importantes éxitos del Partido Laborista en las elecciones, pero solo a primera vista, y a una vista muy superficial. *Me temo* que la esperanza fabiana debe considerarse imposible desde el primer momento. *Digo "me temo", ya que un cambio pacífico parlamentario a una nueva estructura social indudablemente ofrecería ventajas muy importantes desde el punto de vista de los intereses de la cultura, y por tanto los del socialismo.* Pero en la política no hay nada más peligroso que confundir lo que deseamos con lo posible. (Trotsky, introducción a la segunda edición en inglés de *En defensa del terrorismo,* página v; subrayado nuestro)

Tratamos de decir lo mismo en el juicio en nuestras propias palabras y a nuestra manera, adecuado a las circunstancias. En esta clásica formulación del tema, las ventajas jurídicas y propagandísticas de nuestra "preferencia por una transición pacífica" se ubican en su lugar correcto junto —y subordinado— a las consideraciones más importantes de todas: "los intereses de la cultura, y por tanto, los del socialismo".

Trotsky, nuevamente, en su introducción al libro *El pensamiento vivo de Marx*, pronosticó una revolución violenta en Estados Unidos, pero no dejó de culpar a la clase dominante y de expresar una preferencia diferente. Dijo Trotsky:

> Por supuesto, sería mejor lograr ese objetivo de una manera pacífica, gradual y democrática. Pero el orden social que se ha vuelto obsoleto nunca cede su lugar a su sucesor sin oponer resistencia.

Los bolcheviques no son responsables de la violencia

Lenin, como se ha demostrado hasta ahora, desmintió con tanta frecuencia las acusaciones de que los bolcheviques eran responsables de la violencia que más de un crítico de aquella época revolucionaria, enfermo de radicalismo e impaciente por la "acción", bien pudo haberle reprochado el "carácter eufemístico y edulcorado" de sus declaraciones y haberse mofado de él con la pregunta irónica: "¿Por qué no pedir perdón, además?" Sea como sea, Lenin, quien estaba preparando la mayor acción de masas en la historia por medio de la propaganda, insistió hasta el último momento que prefería la vía pacífica.

Los días 9 y 10 de octubre prometió apoyar a los soviets "en todos los sentidos" si tomaban posesión del poder y así asegurar un desarrollo pacífico:

> El proletariado no retrocederá ante ningún sacrificio para salvar la revolución, cosa imposible fuera

> del programa que hemos trazado. Ahora bien, el proletariado apoyaría con todas sus fuerzas a los soviets si estos aprovechasen la última posibilidad de desarrollo pacífico de la revolución. (Lenin, *Obras Completas*, tomo 34, p. 246)

En ese mismo artículo sostenía que, aun a esas alturas los soviets tenían la posibilidad —"probablemente su última oportunidad"— de asegurar un desarrollo pacífico:

> Si los soviets asumieran todo el poder, podrían asegurar ya hoy —y, probablemente, esta sea su última oportunidad— el desarrollo pacífico de la revolución, la elección pacífica de los diputados por el pueblo, la lucha pacífica de los partidos dentro de los soviets, la contrastación práctica de los programas de los distintos partidos y el paso pacífico del poder de un partido a otro. (Lenin, *Obras Completas*, tomo 34, p. 246)

Hasta en fecha tan tardía como el 29 de septiembre, Lenin argumentó que en Rusia, en las condiciones singulares que subrayó, "un momento histórico tan excepcional", una transformación pacífica era hasta *probable*:

> El desarrollo pacífico de cualquier revolución es, en general, una cosa extraordinariamente rara y difícil, pues la revolución representa el enconamiento máximo de las más graves contradicciones de clase. Pero en un país campesino, cuando la alianza del proletariado y del campesinado *puede* dar *la paz* a las masas extenuadas por la guerra más injusta y criminal y dar *toda la tierra* a los campesinos; en un país así, en un momento histórico tan excepcional,

> el desarrollo pacífico de la revolución es *posible* y *probable* con el paso de todo el poder a los soviets.
>
> Dentro de los soviets, la lucha de los partidos por el poder puede seguir una vía pacífica si los soviets son democratizados plenamente, si se eliminan los "hurtos mezquinos", el latrocinio de los principios democráticos, como es la concesión a los soldados de un representante por cada 500 electores, y a los trabajadores de uno por cada mil. Estos hurtos mezquinos están condenados a desaparecer en la república democrática. (Lenin, *Obras Completas*, tomo 34, p. 230)

Trotsky, en su *Historia*, ha explicado esta estrategia de los bolcheviques, que no estaba contaminada por el fetichismo de la violencia:

> La transmisión del poder a los soviets significaba la transmisión directa de dicho poder a los conciliadores, cosa que podía llevarse a cabo pacíficamente, mediante el puro y simple licenciamiento del gobierno burgués, que se sostenía gracias a la buena voluntad de los conciliadores y a los restos de confianza que en ellos tenían las masas. La dictadura de los trabajadores y soldados era un hecho desde el 27 de febrero. Pero los trabajadores y soldados no se daban cuenta de ello. Habían confiado el poder a los conciliadores, los cuales, a su vez, lo habían pasado a la burguesía. El cálculo de los bolcheviques respecto a la posibilidad de un desarrollo pacífico de la revolución se basaba, no en la esperanza de que la burguesía cedería voluntariamente el poder a los trabajadores y

> soldados, sino en que estos impedirían a tiempo que los conciliadores cedieran el poder a la burguesía.
>
> La concentración del poder en los soviets bajo el régimen de la democracia soviética habría dado a los bolcheviques completa posibilidad de conquistar la mayoría en esos soviets y, por consiguiente, de formar un gobierno sobre la base de su programa. Para ello no habría sido necesario un levantamiento armado. El cambio de partidos en el poder se habría efectuado de un modo pacífico. Todos los esfuerzos del partido entre abril y julio habían estado orientados en el sentido de asegurar el desarrollo pacífico de la revolución a través de los soviets. "Explicar pacientemente" había sido la clave de la política bolchevique. (Trotsky, *Historia de la Revolución Rusa*, Juan Pablos Editor, tomo 2, p. 347)

Estas palabras de los dos más destacados dirigentes del marxismo en acción tienen un valor educativo para todos los militantes revolucionarios. Las palabras sinceras y francas sobre "el desarrollo pacífico de la revolución"; su ofrecimiento de "llegar a un acuerdo con concesiones" para asegurar "la última posibilidad" de ello; la afirmación sumaria de Trotsky de que la "clave de la política bolchevique" había sido la simple receta de "explicar pacientemente": todo esto demuestra que Lenin y Trotsky estaban completamente libres de retórica grandilocuente radical acerca de la violencia. Pero a su vez organizaron una revolución proletaria victoriosa.

Y se habían preparado tan bien que el traspaso del poder sí ocurrió en Petrogrado sin violencia en gran escala. No falsificamos este hecho histórico durante el juicio cuando dijimos que solo había ocurrido "unas pequeñas refriegas, nada más". La violencia ocurrió después, iniciada por la "rebelión a favor de la esclavitud" que finalmente fue derrotada por la fuerza masiva del pueblo dirigido por el Partido Bolchevique. Esos hechos impresionantes dan cierta autoridad a las explicaciones y fórmulas de Lenin y Trotsky para los que quieren ser marxistas.

5. 'SOMETERSE A LA MAYORÍA'

El camarada Munis no está satisfecho con nuestras afirmaciones en el juicio de que "nos sometemos a la mayoría". Los oehleristas también desprecian esta declaración y la presentan como una especie de repudio capitulador a nuestros principios para impresionar al jurado. Todas estas suposiciones son infundadas. No fue en el juicio que por primera vez se reveló nuestro "sometimiento a la mayoría". Lo dijimos antes del juicio y continuamos repitiéndolo después del juicio. Es una afirmación correcta de nuestra posición porque se atiene a la realidad y a la necesidad. Además, nuestros maestros marxistas lo dijeron antes que nosotros; nosotros lo aprendimos de ellos.

¿Qué otra cosa podemos hacer sino "someternos a la mayoría" si somos marxistas, y no blanquistas o anarquistas atolondrados? Es una ocasión oportuna para examinar esta cuestión, porque creemos que cualquier argumento mal concebido sobre algún tipo de "acción" misteriosa, que supuestamente se nos presenta como posibilidad cuando seguimos siendo no solo una minoría, sino una minoría muy pequeña y numéricamente insignificante, solo puede llevar al partido a una desorientación peligrosa. Una exposición de la posición marxista sobre este tema también puede ser valiosa como antídoto a cualquier vestigio de la tradición semiblanquista de los primeros años de la Internacional Comunista en Estados Unidos.

Los comunistas pioneros en Estados Unidos (y no solo aquí) se enteraron de la victoria bolchevique en Rusia mucho antes de aprender acerca del método político y las técnicas de propaganda mediante las cuales los bolcheviques lograron el apoyo de masas que hizo posible la toma del poder. Sus primeras impresiones sin duda estaban matizadas por los reportajes de la prensa capitalista que presentaban la revolución como un golpe de estado organizado por un grupito. Esta concepción deformada se sintetizó en el título que se le dio a la primera edición americana del folleto clásico de Trotsky, *Terrorismo y comunismo*, publicado por la casa editorial del partido en 1922 bajo un título completamente desorientador: *Dictadura versus democracia*. Nosotros asumimos la "dictadura", por así decirlo, y generosamente le entregamos a la burguesía todas las pretensiones de "democracia".

Esa fue una concesión demasiado grande, quizás perdonable en un movimiento joven que no tenía suficiente conocimiento de la esencia democrática del programa bolchevique, pero hoy ya muy anticuada. La burguesía siempre ha intentado presentar al comunismo como una "conspiración criminal" para enajenar a los trabajadores de ideas profundamente democráticas. Ese fue nuevamente el objetivo en el proceso en Minneapolis. Nuestra tarea en el juicio era hacer lo máximo posible para desmentir esta tergiversación y resaltar la base democrática de nuestro programa; no para aplacar a nuestros enemigos y acosadores, como se supone, sino para revelar la verdad a nuestros amigos, a los trabajadores americanos.

No se puede tocar las campanas e ir en la procesión. O nos "sometemos" a la mayoría y nos limitamos a la propaganda destinada a convencer a la mayoría, o debemos tomar el poder, mejor dicho, *intentar* tomar el poder y romperle el cuello al partido con la "acción" minoritaria.

Las autoridades marxistas son claras y concluyentes en la selección entre estas alternativas. Cuando declaramos en nuestra defensa en la corte sobre el tema de "someterse" a la mayoría, no estábamos "de brazos cruzados" haciendo declaraciones "oportunistas" sobre "pasividad frente a la guerra imperialista", según se nos acusa. Nada por el estilo. El testimonio afirma, repetidamente y con suficiente énfasis, que si bien nos "sometemos a la mayoría" —es decir, no tratamos de hacer insurrecciones o putsches minoritarios— estamos organizando, hablando, escribiendo y "explicando": en otras palabras, realizando *propaganda* con el fin de convencer a la *mayoría* de que apoye nuestro programa, que es el programa de la revolución social.

Tampoco estábamos tratando de "causarle una impresión respetable al jurado sin tomar en cuenta que debemos hablar a nombre de las masas". Por supuesto, no desatendimos estúpidamente al jurado que tenía en sus manos la suerte de 28 camaradas, ni hablar de la legalidad del partido. Pero también —y *especialmente*— estábamos hablando "a nombre de las masas". Dimos testimonio principalmente para que fuera publicado. Nuestro propósito consciente era convencer a los que leyeran el testimonio en forma impresa de la *verdad*: de que el movimiento proletario que aspiramos a dirigir es un movimiento *democrático* y no una "conspiración" como lo presentaban el fiscal y toda la prensa capitalista, y como las lenguas sueltas inconscientemente les ayudaban a presentarlo. No es un ardid para traspasar el poder de una camarilla a otra, sino un movimiento de la mayoría en provecho de la mayoría.

Además, también se puede decir con franqueza que este testimonio fue diseñado conscientemente como un shock educativo para aquellos miembros y partidarios de nuestro movimiento que aún a estas alturas estén coqueteando con la idea de que hay un camino más corto hacia el socialismo mediante una receta misteriosa de "acción".

Todas las autoridades marxistas se han pronunciado con una sola voz sobre este tema.

El *Manifiesto Comunista*, la primera declaración y la más fundamental de los principios del socialismo científico, definió así el movimiento proletario de emancipación, en contraste con todos los demás en la historia:

> Todos los movimientos han sido hasta ahora realizados por minorías o en provecho de minorías. El movimiento proletario es el movimiento independiente y consciente de la inmensa mayoría en provecho de la inmensa mayoría. (Marx y Engels, *El Manifiesto Comunista*, Pathfinder, p. 45)

La estrategia y el método político comunista se desprenden forzosamente de esta premisa fundamental. Los representantes marxistas de gran autoridad nunca y en ningún lugar han formulado el tema de otra forma. Los marxistas buscan hacer la transformación social *con* la mayoría y no *para* la mayoría. La lucha irreconciliable de Marx y Engels contra los blanquistas se centraba en este punto.

En 1895, resumiendo 50 años de experiencia, Engels escribió en su introducción a *Las luchas de clases en Francia* de Marx:

> La época de los ataques por sorpresa, de las revoluciones hechas por pequeñas minorías conscientes a la cabeza de masas inconscientes, ha pasado. Allí donde se trate de una transformación completa de la organización social tienen que intervenir directamente las masas, tienen que haber comprendido ya por sí mismas de qué se trata, por qué dan su sangre y su vida. Esto nos lo ha enseñado

> la historia de los últimos 50 años. (Marx y Engels, *Obras Escogidas*, tomo I, p. 204)

Los sucesores de Marx y Engels siguieron sus pasos. Las experiencias de la Revolución Rusa confirmaron en la vida la premisa fundamental de los fundadores del socialismo científico. Fue precisamente porque Lenin y Trotsky habían asimilado este concepto hasta los huesos que supieron concentrar toda su actividad en la *propaganda para ganarse a la mayoría*, esperando el momento hasta que convencieron a la mayoría, y recurriendo a la "acción" únicamente cuando estaban seguros de que tenían el apoyo de la mayoría.

¿Qué hicieron entretanto? Ellos "*se sometieron a la mayoría*". ¿Qué más podían hacer? Lenin lo explicó cientos de veces, precisamente en los meses y días cuando los bolcheviques se estaban preparando conscientemente la lucha por el poder. En sus "Tesis de abril" sobre "Las tareas del proletariado en la presente revolución", publicada en *Pravda* el 20 de abril, 1917, unos días antes de su regreso a Rusia, Lenin escribió:

> Mientras estemos en minoría, desarrollaremos una labor de criticar y exponer errores, propugnando al mismo tiempo la necesidad de que todo el poder del estado pase a los soviets de diputados obreros, a fin de que, sobre la base de la experiencia, las masas corrijan sus errores. (Lenin, *Obras Completas*, tomo 31, p. 122)

Marxistas, no blanquistas

Unos días más tarde regresó a este tema, explicando que la razón de su actitud era que "no somos blanquistas, somos marxistas". El 22 de abril escribió:

> Para obtener el poder estatal, los trabajadores con conciencia de clase tienen que ganarse a la mayoría: *mientras* no se utilice la violencia contra las masas, no habrá otro camino para llegar al poder. No somos blanquistas, no somos partidarios de la conquista del poder por una minoría. Somos marxistas, partidarios de la lucha proletaria de clases contra la embriaguez pequeñoburguesa, contra el defensismo chovinista, contra las frases hueras, contra el depender de la burguesía. (Lenin, *Obras Completas*, tomo 31, pp. 155–56)

No una o dos veces, sino repetidamente y casi continuamente, para que ni amigos o enemigos pudieran malinterpretarle, en los meses inmediatamente antes de la Revolución de Octubre, Lenin limitó la tarea de los bolcheviques a la propaganda de "criticar", "exponer errores" y "propugnar" a fin de "ganarse a la mayoría". Esto no era camuflaje frente al enemigo sino educación para la vanguardia obrera. Él lo explicó teóricamente como nosotros, siguiéndole, tratamos de explicarlo en lenguaje popular durante el juicio.

Nuevamente en abril de 1917, al rebatir las acusaciones de Plejánov y otros que acusaban a los bolcheviques de "anarquismo, blanquismo, etcétera", Lenin explicó la cuestión una vez más, para beneficio, dijo, de "quien quiera realmente pensar y aprender". En unos pocos párrafos comprimió una tesis profunda que cada miembro de la vanguardia obrera debería aprenderse de memoria. Escribió:

> En mis tesis, me aseguré completamente contra todo salto por encima del aún existente movimiento campesino o del movimiento pequeñoburgués en general, contra todo *juego* a la "conquista del

poder" por parte de un gobierno obrero, contra cualquier aventura blanquista, puesto que me refería directamente a la experiencia de la Comuna de París. Como se sabe, y como lo indicaron detalladamente Marx en 1871 y Engels en 1891, esta experiencia excluía totalmente el blanquismo, asegurando completamente el dominio directo, inmediato e incondicional *de la mayoría* y la actividad de las masas, pero solo en la medida de la actuación *consciente* de la mayoría misma.

En las tesis reduje la cuestión, con plena claridad, a *la lucha por la influencia dentro* de los soviets de diputados de trabajadores, obreros agrícolas, campesinos y soldados. Para no dejar ni asomo de duda al respecto, subrayé *dos veces* en las tesis la necesidad de un trabajo de paciente e insistente "explicación" que "se adapte a las *necesidades prácticas de las masas*".

Gente ignorante o renegados del marxismo, como el señor Plejánov, pueden gritar sobre anarquismo, blanquismo, etcétera. Pero quien quiera realmente pensar y estudiar debe comprender que el blanquismo significa la conquista del poder por una minoría, mientras que los soviets de diputados de trabajadores, obreros agrícolas, campesinos y soldados constituyen evidentemente una organización directa e inmediata *de la mayoría* del pueblo. El trabajo consistente en la lucha por la influencia *dentro* de tales soviets no puede, sencillamente *no puede*, caer en el pantano del blanquismo. Y tampoco puede caer en el pantano del anarquismo, puesto que el anarquismo es la negación de *la necesidad del estado y del poder*

> *estatal en la época de transición* del dominio de la burguesía al dominio del proletariado. Mientras que yo *defiendo*, con una claridad que excluye toda posibilidad de confusión, la necesidad del estado en esta época, aunque —de acuerdo con Marx y la experiencia de la Comuna de París— no de un estado parlamentario burgués del tipo corriente, sino de un estado *sin* un ejército permanente, sin una policía opuesta al pueblo, *sin* una burocracia situada por encima del pueblo. (Lenin, *Obras Completas*, tomo 31, pp. 145–46)

Al explicar de nuevo como "se diferencia el marxismo del blanquismo" —obviamente consideraba absolutamente necesario que los trabajadores avanzados entendieran esto para que estuvieran seguros del terreno a cada paso— él escribió en una carta al Comité Central del partido el 26 y 27 de septiembre de 1917:

> La insurrección, para poder triunfar, no debe apoyarse en una conjura, en un partido, sino en la clase de vanguardia. Esto, en primer lugar. En segundo lugar, debe apoyarse en el *ascenso revolucionario del pueblo.* Y, en tercer lugar, debe apoyarse en *el momento crítico* de la historia de la creciente revolución, cuando esté en su punto álgido la actividad de la vanguardia del pueblo, cuando estén a su máximo nivel *las vacilaciones* en las filas de los enemigos y *en las filas de los amigos débiles, inconsecuentes e indecisos de la revolución*. Estas tres condiciones, al plantear el problema de la insurrección, son precisamente las que diferencian *el marxismo del blanquismo.* (Lenin, *Obras Completas*, tomo 34, pp. 250–51)

Lógicamente, cuando Lenin, o cualquier otro marxista, decía que el partido revolucionario debía tener el apoyo de la mayoría, quería decir la verdadera mayoría cuyo sentir es verificable de diversas maneras además de las urnas electorales del estado burgués. En la víspera de la insurrección escribió su crítica demoledora de Zinóviev y Kámenev, quienes se opusieron a la insurrección afirmando, entre otras razones, que "no tenemos la mayoría entre el pueblo; sin esa condición, la insurrección está condenada".

Lenin, en su "Carta a los camaradas", escrita los días 29 y 30 de octubre, descartó con desprecio a los autores de esa afirmación, diciendo que "son unos falseadores de la verdad o unos pedantes, que desean a toda costa, sin tomar en consideración lo más mínimo la situación real de la revolución, recibir por anticipado garantías de que el Partido Bolchevique obtendrá en todo el país exactamente la mitad de los votos más uno". Sin embargo, se esmeró en comprobar con "hechos" que los bolcheviques tenían a su favor la mayoría: "Las elecciones del 20 de agosto en Petrogrado"... "las elecciones de septiembre a las Dumas distritales de Moscú"... "las nuevas elecciones a los soviets"... "la mayoría de los soviets campesinos" que se habían "pronunciado en contra de la coalición"... "*la masa* de soldados"... "Por último... la insurrección campesina". Concluyó su argumento afirmando: "No, dudar ahora de que la mayoría del pueblo sigue y seguirá a los bolcheviques significa vacilar vergonzosamente". (Lenin, *Obras Completas*, tomo 34, pp. 411–12)

Repudiando una vez más el blanquismo, escribió en su polémica contra Zinóviev y Kámenev:

> Una conjura militar es blanquismo *si* no la organiza el partido de una clase determinada; *si* sus

> organizadores no tienen en cuenta el momento político, en general, y la situación internacional, en particular; *si* ese partido no cuenta con las simpatías de la mayoría del pueblo, demostradas con hechos objetivos... (Lenin, *Obras Completas*, tomo 34, p. 428)

Entre el 25 y el 27 de septiembre Lenin hizo un llamado al Partido Bolchevique para que tomara el poder. En esta carta famosa, dirigida "al Comité Central y a los Comités de Petrogrado y Moscú del Partido Obrero Socialdemócrata de Rusia", Lenin, con la lógica y franqueza que lo caracterizaba, afirma su premisa y su conclusión en la primera oración:

> Después de haber conquistado la mayoría en los soviets de diputados obreros y soldados de ambas capitales, los bolcheviques pueden y *deben* tomar en sus manos el poder del estado.

Él no estaba preocupado de tener una mayoría "formal"; "ninguna revolución espera *eso*". No obstante, estaba seguro de la mayoría *verdadera*. Insistió en la revolución "precisamente ahora", según lo expresó, ni antes ni más tarde, porque:

> La mayoría del pueblo nos *apoya*. Así lo ha demostrado el largo y difícil camino recorrido desde el 6 de mayo hasta el 31 de agosto y hasta el 12 de septiembre: la mayoría en los soviets de ambas capitales es *el fruto* de la evolución del pueblo *hacia nosotros*. Lo mismo demuestran las vacilaciones de los socialistas-revolucionarios

> y mencheviques y el fortalecimiento de los internacionalistas entre ellos. (Lenin, *Obras Completas*, tomo 34, p. 247)

En el juicio de Minneapolis la fiscalía trató de declararnos culpables, según los cargos formulados contra nosotros, de "conspiración para derrocar al gobierno por la fuerza y la violencia". Logramos rebatir esta imputación, y esa parte de la acusación fue rechazada por el jurado. El elemento más eficaz de nuestra refutación de este cargo absurdo contra nuestro pequeño partido fue la manera en que expusimos los fundamentos democráticos del programa proletario, el hecho de que el partido se basa en la mayoría para llevar a cabo su programa y su obligación correspondiente, mientras permanezca en la minoría, de "someterse a la mayoría". Al hacer esta exposición teníamos en mente un objetivo jurídico pero no solamente un objetivo jurídico. Al igual que en todo el testimonio, iba dirigido principalmente a explicar y simplificar nuestros criterios y metas a los trabajadores que serían los futuros lectores de las actas del tribunal cuando se publicaran.

También opinábamos que una reafirmación de la posición marxista al respecto no sería desaprovechada por los miembros de nuestro propio movimiento, y hasta podría ser necesario. La discusión que ha surgido en torno a esta cuestión demuestra que teníamos más razón con esta suposición de lo que sabíamos en ese momento. El socialismo es un movimiento democrático y su programa —el programa de un partido de vanguardia— se puede llevar a cabo únicamente con el apoyo de la mayoría. La tarea básica del partido, mientras permanezca en la minoría, es "la propaganda para ganarse a la mayoría". El afirmar esto no significó una capitulación a los prejuicios del jurado; son las enseñanzas de

Marx y Lenin, según se ha demostrado con las referencias anteriores.

6. EL MARXISMO Y LA GUERRA

Nuestra insistencia en el juicio de que nosotros emprendemos la acción revolucionaria únicamente con el apoyo de la mayoría y no pasando por encima de ella también ha provocado una crítica respecto a nuestra actitud hacia la guerra, pero esta crítica no es más válida que las otras, y tampoco puede apelar a la autoridad de Lenin.

El camarada Munis, expresando su fuerte desaprobación, cita la siguiente respuesta a una pregunta hipotética sobre nuestra actitud en caso que Estados Unidos ingresara a la guerra (era antes de la declaración de guerra).

> Una decisión ha sido tomada, y es aceptada por la mayoría del pueblo, de ir a la guerra. Nuestros camaradas tienen que cumplir con ello.

Munis amplía la brecha entre su comprensión de la política revolucionaria y la nuestra con una fuerte censura de lo que, a nuestro parecer, es obviamente una afirmación correcta y necesaria. Él dice:

> En primer lugar, una decisión de ir a la guerra *no* "ha sido tomada y aceptada por la mayoría del pueblo". Esta declaración puede ser criticada muy severamente, una declaración que censuraríamos de manera muy enérgica si la hubiese hecho un centrista. En lugar de acusar al gobierno de conducir al pueblo americano a una matanza contra la voluntad de la mayoría, en vez de acusarlo

> enfáticamente ante las masas y de demostrarles cómo la mayoría parlamentaria actúa en detrimento de la mayoría del pueblo, Cannon aprueba la decisión de Roosevelt como si realmente correspondiera a la mayoría del pueblo.

Esta ferviente retórica no contiene ni lógica, ni leninismo, ni comprensión de mi afirmación, ni una respuesta a la misma. "En primer lugar" no es cierto que "*aprobé* la decisión de Roosevelt como si realmente correspondiera a la mayoría del pueblo". Lo que dije fue: "la decisión [hipotéticamente] es *aceptada* por la mayoría del pueblo", la decisión que ha sido "tomada" por otros, porque obviamente uno no "acepta" una decisión que uno mismo ha tomado. Pero ese es solo un pequeño punto que muestra que el testimonio fue leído con descuido antes de que fuera criticado con aún más descuido.[4]

La esencia del asunto es que la mayoría sí *acepta* y *apoya*, o activa o pasivamente, "la decisión de ir a la guerra". Esto es un hecho indiscutible, demostrado por la ausencia absoluta de oposición de masas. Es esta actitud de la mayoría con la que tenemos que bregar. El hecho de que la decisión fue *tomada* por otros no nos ayuda. La actitud de las masas frente

---

4. Por un descuido similar al leer el testimonio, Munis despreocupadamente nos presenta "pidiendo la expulsión del partido de militantes que organicen protestas en el ejército" y de "desautorizar la agitación y las protestas en el ejército". Al contrario, defendimos el derecho a dichas protestas y agitación; cualquiera que esté interesado se convencerá de esto si lee el testimonio no muy apresuradamente. Lo que "desautorizamos" son actos individuales fútiles y suicidas de insubordinación y obstrucción por parte de miembros de nuestro pequeño partido, acciones que, en las condiciones existentes, solo los aislarían de la masa de los soldados y repercutirían contra el objetivo de ganarse a la mayoría. Eso no es lo mismo que "desautorizar la agitación y las protestas en el ejército".

a la decisión es lo que tenemos que enfrentar.

¿Qué podemos y debemos hacer como leninistas, mientras prevalezca entre las masas la actitud actual? Esa es la interrogante. Para dejar clara nuestra posición hace falta completar la respuesta ofrecida en el testimonio que Munis interrumpió por la mitad. Él se detiene cuando decimos que "nuestros camaradas tienen que cumplir", sin agregar las oraciones que explican lo que quiere decir "cumplimiento". He aquí las oraciones explicativas:

> En tanto sean elegibles para la conscripción, deben aceptarlo, junto al resto de su generación, e ir a cumplir el deber que se les ha impuesto, *hasta que convenzan a la mayoría de una política distinta.*

Cuando se restaura el texto completo de la cita, empieza a parecer un poco diferente de lo que Munis presentó precipitadamente. No es ni más ni menos que una advertencia a los trabajadores de vanguardia individuales, quienes podrían ser reclutados para el servicio militar, de ir "junto al resto de su generación" y que no derrochen su energía y combatividad con la resistencia individual, negándose a ir al servicio militar, etcétera. ¿Fue correcta esta advertencia? ¿Y fue necesaria? En cuanto a lo correcto de la advertencia, desde la perspectiva leninista, basta con proporcionar dos citas de autoridad. La primera es un extracto representativo de los escritos de Lenin durante la Primera Guerra Mundial:

> Negarse a prestar el servicio militar, las huelgas contra la guerra, etcétera, son una simple tontería, un pobre y cobarde sueño de lucha inerme contra la burguesía armada, y un débil anhelo de destruir el

> capitalismo sin una encarnizada guerra civil o una serie de guerras. (Lenin, *Obras Completas*, tomo 26, p. 41)

La segunda cita se toma de las tesis básicas, "La guerra y la Cuarta Internacional":

> Si las fuerzas del proletariado no alcanzan a evitar la guerra por medio de la revolución —que es la única manera de evitarla— los trabajadores, junto con todo el pueblo, se verán forzados a *participar en el ejército y la guerra.* (Trotsky, *Escritos, 1933–34*, volumen 2, p. 493)

Se supone que esta verdad la conocen todos los revolucionarios. Pero no siempre fue conocida. Durante la Primera Guerra Mundial muchos de los mejores militantes proletarios en Estados Unidos no conocían otra manera de expresar su oposición por principios a la guerra imperialista que por la resistencia individual a la conscripción, objetando y rehusando cumplir el servicio militar, etcétera. Se desperdició así mucha valiosa energía y valentía. Al prestar testimonio ante el tribunal, con miras a publicarlo, supusimos que los militantes obreros entre las filas, quienes aún desconocían las tácticas de Lenin, podrían leer y verse influidos por esta advertencia de "aceptar" junto a las masas "hasta que convenzan a la mayoría de una política distinta". Nuestras palabras iban dirigidas ante todo a ellos.

Lo que aprendimos de Lenin

Ni soñábamos con "aprobar la decisión de Roosevelt" o tener que defender esta formulación elemental en el seno de nuestro propio movimiento. Nuestra intención era simplemente decir —con las palabras y el tono que nos parecían más eficaces desde el punto de vista propagandístico en esa situación— lo qué Lenin dijo en febrero de 1915:

> ¿Qué debían haber hecho los socialistas belgas? Ya que no podían llevar a cabo la revolución social junto con los franceses, etcétera, *debían someterse a la mayoría de la nación* en el momento actual e ir a la guerra… "¡Ciudadanos de Bélgica!… Estamos en minoría; entonces me someto a la voluntad de ustedes y voy a la guerra, pero en la guerra también voy a predicar y preparar la guerra civil de los proletarios de todos los países, porque fuera de ella no hay salvación posible para los campesinos y los trabajadores de Bélgica y de los demás países!" (Lenin, *Obras Completas*, tomo 26, pp. 127–28; subrayado nuestro)

Como pueden ver, Lenin "se somete a la mayoría". Mientras está en minoría, ¿qué hace? "Predica" y "se prepara". Si esta política "puede ser criticada muy severamente", entonces que la crítica vaya dirigida contra Lenin. Él es el autor de esta política. Nosotros aprendimos de él.

Munis cita una oración en el testimonio: "No apoyaríamos la guerra en un sentido político". Ahora, esta frase, incluso por sí sola, es perfectamente correcta. Pero Munis está muy insatisfecho con ella.

"¿Entonces por qué evasivas tan peligrosas?" pregunta. "No veo otra razón que el hecho de que nuestros camaradas han cometido el grave error de dirigirse a un jurado pequeñoburgués por un presente más inmediato, sin prever las luchas futuras. No habría sido mejor afirmar: 'Nos sometemos a su guerra, burguesía americana, porque la violencia de su sociedad nos la impone, *la violencia material de sus armas*. Pero las masas *se volverán* en contra de ustedes. A partir de hoy, nuestro partido está *con* las masas en una lucha irreconciliable contra vuestro régimen de opresión, miseria y matanza. Por lo tanto vamos a luchar contra su guerra con *todos los medios*'" (subrayado nuestro).

Este sustituto agitacionista de la posición que esclarecimos en el juicio es falso de principio a fin, según lo demostraremos.

El testimonio explica lo que entendemos por "oposición política":

> P: Con eso estamos diciendo que no apoyamos ninguna guerra imperialista. No votamos por ella. No votamos por nadie que la promueva. No hablamos a favor de ella. No escribimos a favor de ella. Nos oponemos a ella.

Una declaración de guerra por el gobierno estadounidense no cambiaría nuestra posición:

> P: ¿Si Estados Unidos ingresara al conflicto europeo, qué forma asumiría la oposición del partido hacia la guerra?
>
> R: Mantendríamos nuestra posición.
>
> P: ¿Y esa cuál es?
>
> R: Es decir, no seríamos partidarios de la guerra, aun después ser declarada la guerra. Seguiríamos siendo un partido político opositor frente a la cuestión de la guerra, así como frente a otros problemas.
>
> P: ¿No apoyarían la guerra?
>
> R: Es eso lo que quiero decir, que no apoyaríamos la guerra, en un sentido político.

Sign the Nominating Petitions for Shachtman and Paine!

Cast Your Vote For the Anti-War Candidates!

Socialist Appeal

Official Organ of the Socialist Workers Party, Section of the Fourth International

LET THE PEOPLE VOTE ON WAR

Vol. III, No. 76 NEW YORK, FRIDAY OCTOBER 6, 1939 3c a Copy

WAR ENTRY MOVES STEP NEARER AS "NEUTRALITY" DEBATE OPENS

An Anti-War Candidate Speaks

Aim Behind Embargo Repeal Is To Step Up Munitions Production to War-Time Speed

AFL AND CIO UNIONS JOIN FORCES AGAINST CUDAHY

Albert Goldman Begins Speaking Tour on War

Just Returned from Europe, Noted Labor Orator and Attorney Leaves on National Tour to Speak on War Crisis

WAR PROBLEMS RAISED AT A.L.P. MEETING

Deliberate Silence of ALP Executive Broken By 2 Committeemen

Election Drive Gets Off to Flying Start

Behind the Lines

"Let the People Vote on War!"--Rochester Labor

WAR--WHAT FOR? By James P. Cannon

The First of a Series of Friday Night Lectures

The Aftermath--- The Versailles Treaty

The Peace Which Prepared the New War

Friday, Oct. 6th 8:30 P.M. Irving Plaza (Irving Pl. & 15th St.) ADMISSION—25c

"No apoyamos ninguna guerra imperialista. No votamos por ella. No hablamos a favor de ella. Nos oponemos a ella. Una declaración de guerra por el gobierno estadounidense no cambiaría nuestra posición". *—James P. Cannon*

Arriba: El *Socialist Appeal*, octubre de 1939, un mes después de la declaración de la Segunda Guerra Mundial en Europa. Semana tras semana, el Partido Socialista de los Trabajadores hizo campaña contra el ingreso de Washington a la matanza imperialista.

El titular dice, "Con inicio de debate sobre 'neutralidad', se acerca ingreso a la guerra".

Durante el contrainterrogatorio del fiscal, planteamos la posición de forma más enfática y exacta:

> P: Y ustedes intentarán utilizar la guerra, durante la guerra, para destruir la actual forma del gobierno, ¿no es así?
>
> R: Bueno, no es secreto que queremos cambiar esta forma de gobierno.
>
> P: ¿Y ustedes ven la guerra que se avecina como un momento para lograrlo?
>
> R: Sí, pienso que la guerra que se avecina inevitablemente debilitará a los gobiernos imperialistas en todos los países.
>
> P: Creo que dijo que ustedes no apoyarán la guerra. ¿No creen en la defensa nacional en absoluto?
>
> R: No en los países imperialistas, no.
>
> P: Me refiero a este país.
>
> R: Creo 100 por ciento en defender este país utilizando nuestros propios medios, pero no creo en defender los gobiernos imperialistas del mundo…
>
> P: Me estoy refiriendo al gobierno de Estados Unidos tal y como está establecido constitucionalmente en la actualidad. No creen en defenderlo, ¿verdad?
>
> R: No en un sentido político, no.
>
> P: No cree en defenderlo en ningún sentido, ¿no es cierto?
>
> R: Expliqué el otro día que si la mayoría del pueblo decide a favor de la guerra y participa en la guerra, nuestra gente y la gente bajo nuestra influencia también participará en la guerra. Nosotros no saboteamos la guerra, no la obstruimos. Pero sí

continuamos propagando nuestras ideas, llamando a que cese la guerra y llamando a un cambio de gobierno.

¿Qué más se necesita decir?

Cuando el Sr. Schweinhaut, persistiendo con el tema hasta el final, citó el párrafo sumario del Manifiesto de Guerra de la Cuarta Internacional, y se le contestó con una reafirmación de ese documento que no tenía absolutamente nada de "ambigüedad" o "inexactitud":

> P: Ahora bien, el 29 de junio de 1940, el *Socialist Appeal* publicó lo siguiente del informe del Manifiesto de la Cuarta Internacional: "Independientemente del curso de la guerra, cumplimos nuestra tarea fundamental. Explicamos a los trabajadores que sus intereses son irreconciliables con los del capitalismo sanguinario. Movilizamos a los trabajadores contra el imperialismo. Propagamos la unidad de los trabajadores de todos los países beligerantes y neutrales. Llamamos a la fraternización entre los trabajadores y los soldados en cada país, y entre los soldados que están de lados opuestos del frente de batalla. Movilizamos a las mujeres y a los jóvenes contra la guerra. Realizamos la tarea de preparar la revolución de manera constante, persistente e incansable: en las fábricas, las plantas, los pueblos, los cuarteles, el frente y la flota". Ustedes quieren que los soldados hagan eso, ¿no es así?
>
> R: Sí, pienso que es un resumen de la idea, que los soldados y todos hagan eso. Es la manera de poner fin a esta matanza.

Frente a estas citas de las actas del tribunal, uno puede con razón preguntar: ¿Qué quiere el camarada Munis de nosotros? ¿Qué más hay que decir ante la corte capitalista, o en una exposición propagandística popular en cualquier lugar? Ni Lenin ni Trotsky, a juzgar por sus propios escritos, exigirían más de nuestro partido.

Trotsky, un internacionalista hasta el fondo de su corazón, explicó que un partido socialista que estaba en la minoría al estallar la Primera Guerra Mundial tenía la obligación y *solo podía* mantener una postura de *oposición política* hasta que "se produjera el cambio en los sentimientos de las masas trabajadoras". Así expuso el problema en *La guerra y la Internacional*. Este libro, escrito durante la Primera Guerra Mundial y publicado en Estados Unidos bajo el título de la editora, *The Bolsheviki and World Peace* [Los bolcheviques y la paz mundial], es uno de los clásicos sobre las cuales se ha cultivado y educado nuestro movimiento. Trotsky escribió:

> La vanguardia de la socialdemocracia se siente en minoría; sus organizaciones, para completar la organización del ejército, están destruidas. En semejantes condiciones no se puede pensar en una acción revolucionaria por parte del partido. Y todo esto independientemente de si el pueblo está a favor o no de una guerra determinada. A pesar del carácter colonial de la guerra ruso-japonesa y su impopularidad en Rusia, sus primeros seis meses casi asfixiaron al movimiento revolucionario. Por lo tanto, es bastante evidente que, con las mejores intenciones del mundo, los partidos socialistas no pueden comprometerse a realizar una acción obstruccionista en momentos de movilización, es decir, en momentos

> cuando el socialismo está más aislado políticamente que nunca.
>
> Y por eso no hay nada especialmente imprevisto o desalentador en el hecho de que los partidos obreros no se opusieron a la movilización militar con su propia movilización revolucionaria. Si los socialistas se hubiesen limitado a expresar su repudio a la guerra actual, si se hubiesen negado rotundamente a aceptar responsabilidad por ella y les hubiesen negado el voto de confianza a sus gobiernos y así como el voto a favor de los créditos de guerra, habrían cumplido con su deber en esa coyuntura. Se habrían mantenido en compás de espera, una postura opositora que le habría resultado perfectamente clara al gobierno así como al pueblo. Las futuras acciones habrían sido dictadas por la marcha de los acontecimientos y por los cambios que los hechos de la guerra inevitablemente producen en la conciencia del pueblo. Los lazos que unen a la Internacional se habrían mantenido y la bandera del socialismo no se habría manchado. Aunque temporalmente debilitada, la socialdemocracia habría mantenido libres sus manos para intervenir decisivamente en estos asuntos tan pronto como se produjera el cambio en los sentimientos de las masas trabajadoras. (*The Bolsheviki and World Peace*, pp. 175–77)

Oposición política y propaganda

La misma idea la explicó Trotsky de nuevo, 22 años después, en su testimonio ante la Comisión Dewey en 1937. Él sigue propugnando la "oposición política" como método revolucionario. En esa época Francia tenía una alianza militar con la Unión Soviética, y Stolberg le hizo una pregunta hipotética:

> Usted es una figura revolucionaria responsable. Rusia y Francia tienen ya una alianza militar. Suponga que estalle una guerra internacional… ¿Qué le diría a la clase obrera francesa con respecto a la defensa de la Unión Soviética? ¿"Cambien el gobierno burgués francés", eso les diría?

La respuesta de Trotsky nos resulta especialmente interesante, puesto que Estados Unidos se encuentra hoy en la posición de Francia en 1937 en relación a la Unión Soviética, y la guerra hipotética se ha convertido en realidad:

> Esta pregunta está más o menos respondida en las tesis, "La guerra y la Cuarta Internacional", en este sentido: en Francia, yo permanecería en oposición al gobierno y desarrollaría sistemáticamente esta oposición. En Alemania, haría todo lo posible para sabotear la maquinaria de guerra. Son dos cosas diferentes. En Alemania y Japón, yo aplicaría métodos militares en la medida en que pudiera pelear, oponerme y dañar la maquinaria, la maquinaria militar de Japón, para desorganizarla, tanto en Alemania como en Japón. En Francia, se trata de oponerse políticamente a la burguesía, y preparar la revolución proletaria. Los dos son métodos revolucionarios. Pero en Alemania y Japón yo tengo como mi objetivo inmediato la desorganización de la maquinaria completa. En Francia, tengo el objetivo de la revolución proletaria. (*El caso León Trotsky*, CEIP "León Trotsky", p. 318)

En sus "Tesis de abril" —un documento con suficiente autoridad, ya que era el programa para la lucha revolucionaria de los bolcheviques en Rusia en las condiciones de guerra—Lenin consideró que, al abordar la cuestión de la guerra y el gobierno, bastaba con decir: "No debe hacerse la más mínima concesión al 'defensismo revolucionario'"; "Ningún apoyo al Gobierno Provisional" porque es "un gobierno de capitalistas"; hay que pasar el poder a los soviets, y luego agregar:

> Dada la indudable buena fe de grandes sectores de defensistas revolucionarios entre las filas, que admiten la guerra solo como una necesidad y no para fines de conquista, y dado su engaño por la burguesía, es preciso explicarles su error de un modo singularmente minucioso, paciente y perseverante. (Lenin, *Obras Completas*, tomo 31, p. 121)

Oposición política ("Ningún apoyo al Gobierno Provisional") y *propaganda* ("explicar pacientemente"): estas son las armas con las que Lenin y Trotsky prepararon y finalmente llevaron a cabo la revolución proletaria. También serán suficientes para nosotros. Nuestras explicaciones propagandísticas en el tribunal de Minneapolis sobre nuestra política de guerra no son ni "oportunistas" ni "evasivas". Contienen la esencia de las enseñanzas y la práctica de Lenin y Trotsky.

Sin embargo, las fórmulas alternativas del camarada Munis contienen un error tras otro. Según él, debimos haber dicho:

> Nos sometemos a sus guerras, burguesía americana, porque la violencia de su sociedad nos la impone, la violencia material de sus armas.

Esto no es correcto. Si lo fuera, no tendríamos derecho alguno de condenar los actos de resistencia individual. Cuando trabajadores militantes son recluidos en prisiones y campos de concentración fascistas por sus opiniones y actividades socialistas, ellos se someten, pero solo por coacción, por "la violencia material de las armas". En consecuencia, se alienta y se ayuda a individuos o a pequeños grupos a que "deserten", a que se escapen cuando se presente una oportunidad propicia, sin esperar o siquiera consultar a la mayoría de los demás prisioneros al respecto. El movimiento revolucionario se beneficia de estas "deserciones" individuales porque pueden restituirle al preso la efectividad revolucionaria que la prisión prácticamente imposibilita. Por ejemplo, Trotsky "desertó" dos veces de Siberia, sin por eso ser criticado por los revolucionarios.

El servicio militar obligatorio en tiempos de guerra es un tema completamente diferente. En este caso nos sometemos principalmente *a la mayoría de los trabajadores* que aceptan y apoyan la guerra, sea activa o pasivamente. Puesto que no podemos alcanzar nuestros objetivos socialistas sin la mayoría, debemos ir con ellos, compartir sus privaciones y riesgos, y ganarlos por medio de la propaganda a partir de experiencias comunes. Aceptar el servicio militar en estas circunstancias es una necesidad revolucionaria. La resistencia, la objeción, la deserción, etcétera, por parte de individuos en este caso —que es lo contrario del caso de los prisioneros que se escapan de "la violencia de las armas"— significa desertar del deber de clase. El partido, que aplaude y ayuda al preso que se escapa, condena a los desertores y a los evasores de la conscripción. El prisionero que se escapó se libera a fin de retomar el trabajo revolucionario. El desertor individual del servicio militar se aísla de la masa que debe hacer la revolución, y por lo tanto destruye su propio valor.

"A partir de hoy", Munis nos haría decir, "nuestro partido está con las masas en una lucha irreconciliable contra vuestro régimen de opresión, miseria y matanza. Por lo tanto vamos a luchar contra su guerra con todos los medios".

Aquí se describe correctamente al régimen de la burguesía. Lo demás es incorrecto y contradictorio; "se salta una etapa" en la evolución de la actitud de las masas hacia la guerra, y precisamente la etapa que debe ser el punto de partida para nuestra propaganda: *la etapa actual.* Decirle a la burguesía, "Las masas *se volverán* en contra de ustedes" en el futuro solo significa que aún no lo han hecho. De esto no se desprende lógicamente la afirmación "a partir de hoy, nuestro partido está *con las masas* en una lucha irreconciliable, etcétera".

Hoy día las masas, debido a todo tipo de compulsiones y decepciones y al papel traicionero de la burocracia sindical y de los socialistas renegados y los estalinistas, están aceptando y apoyando la guerra; es decir, están actuando *con la burguesía* y no con nosotros. El problema para nuestro partido es, primero, comprender este hecho primordial y, segundo, mantener una posición de "*oposición política*", y entonces, sobre esa base, buscar un acercamiento a los trabajadores honestamente patrióticos y tratar de alejarlos de la burguesía para ganarlos a nuestro lado por medio de *la propaganda.* Es la única "acción" a la que tenemos acceso, como minoría pequeña, en la actualidad.

También es incorrecto decir que "vamos a luchar contra su guerra por *todos* los medios". Mientras estemos en minoría, luchamos con las armas marxistas de la oposición política, la crítica y la propaganda a favor de un programa obrero y un gobierno obrero. Rechazamos los "medios" pacifistas de la abstención, los "medios" anarquistas de sabotaje individual y los "medios" blanquistas de la insurrección de minorías, el putsch.

Parecería que la explicación errónea de Munis sobre la principal razón por la que un partido revolucionario minoritario "se somete" a la guerra, su tendencia a saltarse una etapa en el desarrollo de los trabajadores y su falta de precisión al hablar de la lucha contra la guerra por "todos los medios": estos errores lo llevan a deslizarse hacia formulaciones igualmente vagas y mal concebidas respecto a los medios de lucha que el partido minoritario del socialismo revolucionario tiene a su alcance y que le son provechosos.

La perpetua habladuría sobre la "acción", como si un pequeño partido minoritario tuviera a su disposición, además de su propaganda —sus "explicaciones"— algún otro tipo de armas vagamente descritas como "acciones" pero no explícitamente definidas, no hace más que confundir y opacar esta cuestión y dejar la puerta abierta a sentimientos de carácter anarquista o blanquista. Siguiendo a los maestros marxistas, a nosotros nos pareció necesario excluir esas concepciones para proteger al partido del peligro de condenarse a la futilidad y destrucción antes de adentrarse en su verdadera tarea en la actualidad: *explicar* a las masas y ganarse a la mayoría.

7. EL MARXISMO Y EL SABOTAJE

Por eso utilizamos la tribuna ofrecida por el juicio para hablar tan explícitamente sobre nuestro rechazo al sabotaje. Por eso negamos tan insistentemente todas las acusaciones al respecto. No —con el permiso de Munis— por falta de "valor" sino porque, como marxistas, no creemos en el sabotaje, el terrorismo u otros medios que sustituyan la acción de las masas con las acciones individuales o de pequeños grupos.

No puede haber dos posiciones sobre esta cuestión. Las autoridades marxistas se ponen universalmente del mismo lado: contra el sabotaje como medio independiente de lucha revolucionaria. Esta "arma" pertenece al arsenal del anarquismo.

El sabotaje en una época estuvo de moda en este país, en

los días políticamente primitivos antes de la Primera Guerra Mundial. Importado de Francia, donde era promovido como remedio milagroso por los anarquistas y los anarcosindicalistas, el sabotaje fue adoptado por los Obreros Industriales del Mundo (Industrial Workers of the World, IWW), los socialistas de izquierda y los intelectuales radicales, quienes en aquellos días tenían una clara coloración anarquista. En una época parecía ofrecerle un maravilloso atajo hacia la victoria a un movimiento al que no le iba muy bien con la monótona tarea de educar y organizar a los trabajadores para la acción de masas.

Las consecuencias de esta insensatez anarquista fueron desastrosas para el IWW. La defensa del sabotaje solo logró repeler a las masas y dejó a los miembros del IWW en una posición legalmente indefendible. Para no quedar completamente enajenado de los trabajadores, y simplemente para la autopreservación de la organización frente a los enjuiciamientos de los años de la guerra, el IWW se vio obligado a tirar por la borda el "arma" del sabotaje con una prisa bastante indecorosa.

Los que recuerdan esta infeliz experiencia, especialmente los que, como participantes en el movimiento sindicalista americano, se quemaron los dedos con este hierro candente, serán los menos inclinados a jugar nuevamente con la idea del sabotaje. El sabotaje no es una consigna de confianza y poder proletario sino de futilidad y desesperación pequeñoburguesa.

Las tesis fundamentales, "La guerra y la Cuarta Internacional", afirman categóricamente:

> Las consignas individualistas y anarquistas
> de la negativa a cumplir el servicio militar, la resistencia pasiva, la deserción, el sabotaje, están en *contradicción básica* con los métodos de la revolución

> proletaria. (Trotsky, *Escritos, 1933–1934,* tomo 5, p. 493; subrayado nuestro)

Lenin escribió:

> Nada de *sabotear* la guerra, nada de lanzarse a acciones individuales, aisladas, en ese espíritu, sino hacer una *propaganda de masas* (no solo entre los "civiles") que conduzca a la transformación de la guerra en guerra civil… *No se trata de sabotear la guerra,* sino de luchar contra el chovinismo… (Lenin, *Obras Completas,* tomo 49, p. 14; subrayado nuestro)

Munis se indigna especialmente con nuestro rechazo al sabotaje en el testimonio, pero se equivoca con su crítica y, al parecer, hasta se equivoca en su comprensión del tema:

"Los acusados", dice, "se vieron forzados a condenar el sabotaje en general, como si se tratara de algo criminal".

Nuevamente:

> En ciertos momentos hay muestras de que los acusados realmente consideran el sabotaje un delito. Si no me equivoco —y espero que sí— es una predisposición moral muy peligrosa.

A eso solo podemos responder con la expresión francesa: "Es peor que un crimen: es una estupidez". En cuanto al aspecto "moral" del problema, no existe para nosotros. Nuestras consideraciones al respecto son exclusivamente políticas.

Por supuesto, si uno quiere descartar la precisión de las definiciones y echarlo todo en un solo saco definido vagamente como "acciones", sin importar la proporción, las circunstancias y la relación entre las acciones *primordiales* y *fundamentales* y las que son *subordinadas* y *auxiliares*: en ese caso podemos debatirlo infinitamente en un círculo cerrado. Pero el marxismo aborrece las expresiones vagas; llama las cosas por su nombre correcto, de manera precisa.

Para nosotros, el sabotaje significa actos individuales de obstrucción y destrucción como sustitutos de la acción de masas. El marxismo así lo define y, por tanto, lo condena. Igual con el terrorismo individual. Pero hay que comprender que estas acciones tienen un cierto atributo cuando se emplean como *sustitutos* de la acción de masas, y un atributo diferente cuando están subordinadas y absorbidas por la acción de masas. El marxismo se opone a los asesinatos terroristas, por ejemplo, pero no a las guerras de liberación libradas por las masas oprimidas, aunque las guerras implican la muerte de algunos individuos antipáticos. Lo mismo con los actos de obstrucción y destrucción *como parte* de las guerras libradas por las masas y *subordinados* a ellas, no como sustituto de ellas. El "terrorismo" y el "sabotaje" entonces ya no son lo mismo. Todo cambia, incluso la actitud de los marxistas, de acuerdo a cuáles son los elementos *predominantes* y cuáles son los *subordinados* en determinadas condiciones.

Por lo tanto, si se insiste en que Trotsky, en su respuesta a Stolberg, abogaba por el sabotaje de la maquinaria militar en Alemania y Japón, hay que señalar que hizo su propuesta solo en caso de guerra contra la Unión Soviética. En ese caso el sabotaje en Alemania y Japón no sería una acción revolucionaria independiente sino una medida militar secundaria en apoyo a la acción de masas del Ejército Rojo. Trotsky nunca propuso el sabotaje como medio para derrocar desde el interior a un régimen fascista u otro tipo de régimen burgués.

El camarada Munis parece infundirle al sabotaje una virtud propia. En cambio, nosotros aceptamos el "sabotaje" únicamente como un factor auxiliar menor en las acciones de masas; o sea, cuando ya no es sabotaje en el sentido normal de la palabra. La diferencia es bastante fundamental.

Munis escribe: "Creo que el sabotaje es un método de empleo táctico cuya aplicación [es] contraproducente *en determinados momentos*" (subrayado nuestro).

Esto pone el problema al revés. El sabotaje es "contraproducente" no solo de vez en cuando sino siempre, cuando se emplea como sustituto para la acción de masas. Al igual que todos los métodos anarquistas, tiende a desorganizar y desmoralizar al movimiento de masas, que es el único que puede llevarnos al socialismo a través de la revolución proletaria. La formulación de Munis, en contraste con la de Trotsky en su artículo "Aprendan a pensar", muestra una gran diferencia de conceptos. Trotsky escribió:

> El partido proletario no recurre a métodos artificiales como quemar almacenes, poner bombas, destruir trenes, etcétera, con el objetivo de conseguir la derrota de su propio gobierno. Aunque tuviese éxito por esa vía, la derrota militar no conduciría de ninguna manera al éxito revolucionario, éxito que solo puede ser garantizado por el movimiento independiente del proletariado...
>
> Por supuesto, los métodos de lucha cambian cuando esta entra en la fase abiertamente revolucionaria. La guerra civil es una guerra y en este aspecto tiene sus leyes particulares. En una guerra civil, bombardear almacenes, destruir trenes y todas las formas de "sabotaje" militar son inevitables. Su conveniencia es decidida exclusivamente por consideraciones militares; la guerra civil continúa la política revolucionaria pero por otros medios,

> precisamente los militares. (Trotsky, *Escritos, 1937–38*, tomo 9, vol. 2, pp. 489–90)

El sabotaje es admisible como arma del movimiento proletario solo "entre comillas" según lo esclareció Trotsky. O sea, cuando en términos estrictos ya no es sabotaje sino una medida militar secundaria para suplementar la acción de masas. Cualquiera que hable de sabotaje fuera de este marco no habla el lenguaje del marxismo.

8. FORMULACIONES DEFENSIVAS Y LA REVOLUCIÓN PROLETARIA

En general se puede decir que el origen de todas las críticas a nuestras exposiciones durante el proceso de Minneapolis radica en el aparente rechazo de las formulaciones defensivas y en una contrapropuesta de "acción ofensiva". Pero la esencia de todo el problema consiste en esto: las formulaciones defensivas preparan y ayudan a crear las acciones de masas auténticas, mientras que "los llamados a la acción", que no están preparados de esta manera, por lo general son un eco en el vacío. No es casualidad que los revolucionarios que entienden esto son precisamente los que se han mostrado capaces de organizar acciones cuando existen las condiciones para ello. En cambio, los sectarios ultraizquierdistas que no entienden el mejor mecanismo para organizar acciones —precisamente, las formulaciones defensivas— siempre permanecen solos y aislados junto con sus consignas impacientes y lo que se imaginan es su intransigencia.

Nuestros críticos explican nuestro uso de formulaciones defensivas con su teoría de que nuestra estrategia en el juicio se guió ante todo por el deseo de recibir sentencias leves. "Nuestros compañeros… tratan de causarle una impresión respetable al jurado sin tomar en cuenta que deben hablar a nombre de las masas". Al parecer, tenemos "una política para las masas y otra cuando se comparece ante un juez burgués".

Sin embargo, esta evaluación de los motivos de los acusados, que no alcanza la altura de un halago, se contradice un poco con el hecho de que inmediatamente publicamos el testimonio en nuestra prensa y posteriormente en miles de ejemplares en forma de folleto, "para las masas". No le negamos a nadie el derecho a opinar sobre el contenido moral de nuestra conducta en el juicio y no tenemos siquiera la intención de debatir el tema sobre esa base. En este ámbito "los hechos dicen más que las palabras". Pero intentaremos —apoyándonos en la autoridad marxista— hacer una exposición política sobre el papel de la organización de las acciones proletarias de masas.

Además, las formulaciones defensivas son un medio indispensable para educar a las masas, que no van a convencerse por las teorías sino únicamente por sus propias experiencias y la propaganda relacionada a estas. La experiencia de las masas pasa mayormente por las acciones defensivas. Por eso las formulaciones defensivas son más fácilmente comprensibles y representan el mejor enfoque de los marxistas revolucionarios hacia las masas. Por último, las fórmulas defensivas desarman parcialmente al enemigo de clase, o en todo caso hacen más difíciles y costosos sus ataques, y este factor táctico y jurídico no es de poca importancia en un país democrático-burgués. ¿Por qué tirar por la borda estas ventajas?

Las formulaciones defensivas conservan su eficacia en todas las acciones que involucran a las masas, desde la más elemental huelga económica hasta la lucha abierta por el poder. Los que aspiran a organizar acciones deberían saberlo.

Las huelgas económicas americanas han sido explosivamente violentas, y no toda la violencia ha sido unilateral. La combatividad instintiva de los trabajadores, según revelan estas huelgas, indica que, cuando llegue el momento de acciones revolucionarias grandiosas, estos mismos trabajadores se mantendrán fieles a su tradición y no quedarán paralizados por el cuaquerismo.

Sin embargo, cualquier dirigente huelguístico digno de ese nombre sabe que uno no moviliza y envía a los huelguistas a la acción contra esquiroles, matones y policías violadores de la ley, dándoles una conferencia sobre las virtudes de la violencia y "llamándolos" a que tomen la "ofensiva". Los trabajadores, por más combativos y audaces que sean, prefieren vencer por medios pacíficos, y en eso simplemente muestran sentido común. Además, los huelguistas al principio casi invariablemente abrigan ilusiones sobre la imparcialidad de las autoridades públicas y tienen la tendencia de suponer que ellos, así como los patrones y sus mercenarios, van a respetar los derechos de los huelguistas y la justicia de su causa.

Ellos necesitan experiencia —que como regla general no tarda en llegar— para que cambie su actitud y se movilicen en acción combativa. También necesitan cierta garantía de que el derecho jurídico está de su lado. Los dirigentes huelguísticos que no buscan la autoexpresión sino más bien el triunfo de la huelga, que entienden que solo se puede vencer con la solidaridad y con la acción de masas, tienen que tener en cuenta estas ilusiones y sentimientos de los trabajadores como punto de partida. Los dirigentes de una huelga nunca comienzan con "llamados" a lengua suelta a favor de la acción ofensiva violenta por parte de los huelguistas. La primera tarea es *explicar* la naturaleza implacable de la lucha, en la cual el interés propio de los patrones excluye el juego limpio, y explicar el papel de las autoridades públicas como sirvientes políticos de los patrones. La segunda tarea es *advertirles* a los trabajadores que anticipen ataques violentos. La tercera tarea es preparar y organizar a los trabajadores *para defenderse y para defender sus derechos*. Por ese rumbo y únicamente, como regla general, por ese rumbo, puede desarrollarse conscientemente el ritmo y el alcance de la lucha. La acción de masas más eficaz de los huelguistas, como sabe todo experimentado organizador de acciones de masas, se organiza y se lleva a cabo bajo *consignas defensivas*.

La lucha por el poder político

Esto no cambia cuando la acción de masas de los trabajadores asciende de la esfera elemental de la huelga económica hasta la cima de la lucha de clases: la lucha abierta por el poder político. También en ese caso, la acción se lleva a cabo bajo lemas defensivos y en gran medida bajo el manto de la legalidad. Trotsky lo ha demostrado tan convincentemente en su obra monumental *Historia de la Revolución Rusa* que no queda margen para un debate serio sobre el tema en nuestras filas. Al estudiante bastaría decirle: ahí está el libro, ve y léelo. Al crítico que se imagina, sin haberlo pensado cuidadosamente, que las formulaciones defensivas significan aprensión o evasivas sobre principios, nosotros afirmamos, y lo vamos a comprobar: Así fue organizada y llevada a la victoria la gran Revolución Rusa.

He aquí como lo explica Trotsky:

> Al bando que ataca, le interesa casi siempre parecer a la defensiva; al partido revolucionario le interesa tener una cobertura legal. El Congreso de los Soviets que se acercaba, aunque sería de hecho un soviet de la revolución, aparecía ante las masas populares como poseedor, si no de toda la soberanía, al menos de la mitad de ella. Era uno de los elementos del

> poder dual que se alzaba contra el otro. Al recurrir al Congreso como la fuente del poder, el Comité Militar Revolucionario acusó de antemano al gobierno de preparar un golpe contra los soviets. Esta acusación se desprendía de la situación misma. Si el gobierno no pensaba capitular sin lucha, debía prepararse para su propia defensa. Mas, por ello mismo, quedaba expuesto a la acusación de conspirar contra el órgano supremo de los trabajadores, los soldados y los campesinos. Al luchar contra el Congreso de los Soviets que habría de derrocar a Kerensky, el gobierno se lanzaba contra el mismo poder de donde Kerensky había surgido.
>
> *"Sería un grave error no ver en todo esto más que sutilezas jurídicas que dejan al pueblo indiferente: al contrario, era bajo este aspecto que los hechos esenciales de la revolución se reflejaban en la conciencia de las masas".* (Trotsky, *Historia de la Revolución Rusa*, tomo 2, p. 682; subrayado nuestro)

Y nuevamente:

> A pesar de que la insurrección no puede vencer más que bajo la forma de ofensiva, ella se desenvuelve con tanto más éxito cuando aparece bajo la forma defensiva. Un poco de lacre oficial sobre la puerta de la redacción bolchevique no es gran cosa como medida de guerra. ¡Pero qué excelente señal para la batalla! (Trotsky, *Historia de la Revolución Rusa*, tomo 2, p. 610)

La noche de la victoriosa insurrección, los bolcheviques acusaron al gobierno oficial de "conspiradores" por llevar a cabo un "asalto" que tuvo que ser resistido por la fuerza:

> Un telefonograma a todos los distritos y a los efectivos de la guarnición hace conocer lo que ha ocurrido: "Los enemigos del pueblo han tomado la ofensiva durante la noche... El Comité Militar Revolucionario dirige la resistencia contra los conspiradores". Los conspiradores son los órganos del poder oficial. Bajo la pluma de los conspiradores revolucionarios, esta definición tiene una resonancia inesperada. Pero ella responde plenamente a las circunstancias y al estado de opinión de las masas. (Trotsky, *Historia de la Revolución Rusa,* tomo 2, pp. 610–11)

Esta acusación fue difundida a todo el país. La insurrección fue justificada como respuesta a la "ofensiva" del enemigo:

> El marinero Kurkov dice en sus recuerdos: "Trotsky nos hizo saber que era necesario transmitir por radio... que la contrarrevolución había tomado la ofensiva". Los términos defensivos, aún aquí, escondían un llamado a la insurrección, dirigido esta vez a todo el país. (Trotsky, *Historia de la Revolución Rusa,* tomo 2, p. 611)

A cada paso, a medida que se desenvolvía la lucha y se acercaba a su punto culminante, los bolcheviques se aferraron a sus fórmulas defensivas, no como decepción mezquina, sino porque era la manera en que lo veían los trabajadores y soldados. Incluso en una reunión de la fracción de los delegados bolcheviques al Congreso de los Soviets, celebrada el 24 de octubre, es decir, el día de la insurrección, todavía consideraron necesario mantener "el manto defensivo con que se cubría la ofensiva". Dice Trotsky:

> No podía plantearse la cuestión de exponer ante la fracción todo el plan de la insurrección: lo que se dice en una asamblea numerosa, aun a puerta cerrada, se difunde siempre fuera. No se podía aún desgarrar el manto defensivo con que se cubría la ofensiva sin arriesgarse a provocar cierta confusión en la conciencia de los diversos efectivos de la guarnición. Pero era indispensable, al mismo tiempo, dar a comprender que la lucha decisiva había comenzado ya y que el Congreso no tendría más que coronarla. (Trotsky, *Historia de la Revolución Rusa*, tomo 2, p. 614)

Los mejores métodos para la revolución proletaria

El 23 de octubre, el día antes de la insurrección, se celebró en Petrogrado una conferencia de la Guardia Roja de toda la ciudad. Los estatutos adoptados por la conferencia, dice Trotsky:

> ...definían a la Guardia Roja como "la organización de las fuerzas armadas del proletariado para combatir la contrarrevolución y defender las conquistas revolucionarias". Advirtamos esto: 24 horas antes de la insurrección, el problema se define en términos defensivos y no ofensivos. (Trotsky, *Historia de la Revolución Rusa*, tomo 2, p. 590)

Naturalmente, siendo bolcheviques, su "defensa" no tenía nada en común con la política de brazos cruzados. Estaban preparados para lo que sucediera, pero nunca renunciaron a la ventaja de "parecer a la defensiva". Trotsky habló en la fracción de delegados bolcheviques el día 24:

"A cada paso, al acercarse la lucha a su punto culminante, los bolcheviques se aferraron a su fórmula defensiva de que la contrarrevolución había tomado la ofensiva: porque así lo veían los trabajadores y soldados". ***—James P. Cannon***

Arriba: Guardia Roja de trabajadores frente a Fábrica de Armamentos Mikhelson, al sur de Moscú, octubre de 1917.

Abajo: Petrogrado, octubre de 1917. Marineros del Báltico ayudan a descargar artillería para defender la revolución contra los capitalistas y latifundistas.

> Recordando recientes artículos de Lenin, Trotsky demuestra que "una conspiración no contradice en modo alguno los principios del marxismo" si las condiciones objetivas vuelven posible e inevitable la insurrección. "La barrera material en la vía al poder debe ser barrida por un golpe violento..." Sin embargo, hasta el presente, la política del Comité Militar Revolucionario no ha sobrepasado los cuadros de la defensiva. Bien entendido, es preciso comprender esta defensiva de una manera muy amplia. Que la prensa bolchevique se publique con la ayuda de fuerzas armadas, o que el *Aurora* pueda permanecer sobre el Neva, "¿es esto defensiva, camaradas? ¡Es defensiva!" Si el gobierno ha pensado arrestarnos, hemos colocado ametralladoras sobre el techo del Smolny. "Es también una defensiva, camaradas". (Trotsky, *Historia de la Revolución Rusa*, tomo 2, pp. 614–15)

Trotsky se esmera en explicar cómo se desarrolló la revolución de octubre usando formulaciones defensivas de un paso a otro a lo largo de 13 o 16 días, durante los cuales "actuaron directamente centenares de miles de soldados y trabajadores, formalmente a la defensiva, pero en realidad atacando". Al final de ese período, estando las masas plenamente movilizadas, quedaba por resolver solo "un problema bastante circunscrito": la insurrección, cuyo éxito estaba asegurado.

> No se comprenderá profundamente la insurrección de octubre si solo se examina la fase final de los acontecimientos. En febrero, la partida de ajedrez de la insurrección se jugó de la primera a la última

> movida, es decir, hasta la rendición del adversario. A fines de octubre, la partida principal ya era cosa del pasado y el día de la insurrección solo había que resolver un problema bastante circunscrito: el jaque mate en dos jugadas. Por lo tanto, debe considerarse que el período insurreccional se extendió desde el 9 de octubre, cuando surgió el conflicto de la guarnición, o desde el 12, cuando se aprobó la resolución para crear el Comité Militar Revolucionario. La maniobra envolvente duró más de 15 días. La etapa más decisiva duró de cinco a seis días, desde la constitución del Comité Militar Revolucionario hasta la toma del Palacio de Invierno. Durante todo este período actuaron directamente centenares de miles de soldados y trabajadores, formalmente a la defensiva, pero en realidad atacando. La última fase, en la cual los sublevados se libraron definitivamente de las formas convencionales de la dualidad de poderes, con su legalidad dudosa y su fraseología defensiva, duró exactamente 24 horas: desde las 2 de la mañana del día 25 hasta las 2 de la mañana del día 26. (Trotsky, *Historia de la Revolución Rusa*, tomo 2, p. 698)

Hasta el momento decisivo los bolcheviques no solo insistieron en la forma defensiva de sus acciones, sino además mantuvieron la legalidad soviética a la que se apegaban las masas "con extraordinario celo". Se habrá sorprendido sobremanera al Sr. Schweinhaut, el fiscal en el juicio de Minneapolis, cuando defendimos la "legalidad" de la revolución de octubre. El fiscal, como muchos otros, se imaginaba que los bolcheviques desdeñosamente descartan bagatelas como las justificaciones jurídicas aún cuando existen. El fiscal se habrá sentido aún más desconcertado cuando demostramos la legalidad de la revolución durante el contrainterrogatorio. Y no estábamos disimulando. También Trotsky explicó esta cuestión cuando rebatió al profesor Pokrovsky, quien había intentado mofarse de los argumentos "legalistas" de los bolcheviques. Trotsky no iba a dejar pasar esos argumentos aunque fueran hechos con tono de broma. Respondió:

> El profesor Pokrovsky llega hasta a negar todo significado a la disyuntiva "soviet o partido". Los soldados no tienen nada de formulistas, él declara con ironía: no necesitaban del Congreso de los Soviets para derrocar a Kerensky. Por humorístico que parezca este modo de plantear la cuestión, deja un punto sin dilucidar: ¿para qué, pues, organizar los soviets, si el partido es suficiente? "Resulta curioso —continúa el profesor— que de este esfuerzo por hacerlo todo más o menos legalmente, nada resultara legal desde el punto de vista soviético, y que el poder, a último momento, no lo tomara el soviet, sino una organización manifiestamente 'ilegal', constituida *ad hoc*".
>
> Pokrovsky señala aquí el hecho de que Trotsky se vio forzado, "en nombre del Comité Militar Revolucionario", y no en nombre del soviet, a declarar inexistente el gobierno de Kerensky. ¡Una conclusión realmente imprevista! El Comité Militar Revolucionario era un órgano electo del soviet. Que el comité hubiese asumido un papel dirigente en la insurrección, no infringía de ningún modo la legalidad soviética, de la que el profesor se burla, pero a la cual las masas se apegaban con extraordinario celo. (Trotsky, *Historia de la Revolución Rusa*, tomo 2, pp. 691–92)

Luego de estas explicaciones de Trotsky sobre las consignas defensivas con las cuales los bolcheviques organizaron su victoriosa lucha por el poder, no debería ser necesario decir nada más sobre el tema. El método adquiere aquí una autoridad intachable en virtud del hecho de que no solo se explicó, sino que también se logró aplicar a la más grande revolución de la historia. Por lo tanto, las formulaciones defensivas que empleamos en el juicio de Minneapolis, lejos de ser repudiadas, deben ser subrayadas aún más decididamente. Son las formulaciones correctas para un enfoque propagandístico dirigido hacia los trabajadores americanos. Y son los mejores métodos para movilizar a los trabajadores hacia la acción de masas en todas las etapas del desarrollo de la revolución proletaria en Estados Unidos.

Nueva York, mayo de 1942

Glosario

AFL – Federación Americana del Trabajo, fundada en 1881, basada en gremios de oficios. Se fusionó con el CIO en 1955 para conformar la AFL-CIO.

Billings, Warren K. (1894–1972) – Organizador sindical condenado en caso amañado junto con Tom Mooney en San Francisco en 1916 por supuesto complot dinamitero. Excarcelado en 1939.

Bóers, guerra de los – Guerra imperialista librada por Londres contra dos repúblicas de colonos holandeses (bóers) en Sudáfrica, 1899–1902.

Camisas Plateadas – Organización fascista fundada por William Dudley Pelley en 1932. Organizó ataques contra sindicatos a través de los años 30.

Cárdenas del Río, Lázaro (1895–1970) – Presidente de México, 1934–40.

Carlson, Grace (1906–92) – Dirigente del PST en Minneapolis y Nueva York. Enjuiciada, condenada y encarcelada bajo la Ley Smith durante Segunda Guerra Mundial.

CIO – Congreso de Organizaciones Industriales. En los años 30 dirigió la sindicalización de obreros en las industrias automotriz, del acero, de la electricidad y otros sectores de producción masiva. Se fusionó con la AFL en 1955 para conformar la AFL-CIO.

Comuna de París – Del 18 de marzo al 28 de mayo de 1871, trabajadores y artesanos de París establecieron su propio gobierno revolucionario, el primer ejemplo en la historia de trabajadores en el poder. Su resistencia fue aplastada por fuerzas de la burguesía francesa. En una ola de terror fueron masacrados más de 20 mil trabajadores.

Coover, Oscar (1887–1950) – Obrero ferroviario y organizador sindical en Minneapolis. Se unió al Partido Comunista en 1920, expulsado en 1928. Miembro fundador en 1929 de la Liga Comunista de América, predecesora del PST. Dirigente del PST hasta su muerte.

Debs, Eugene V. (1855–1926) – Obrero ferroviario, dirigente de huelga ferroviaria de la Pullman en 1894, fundador del Partido Socialista en 1901. Se opuso a la Primera Guerra Mundial imperialista y respaldó la Revolución Rusa pero se quedó en el PS después de la escisión de 1919 con la que se formó al Partido Comunista.

Defensa Obrera Internacional (ILD) – Creada en 1925 por el Partido Comunista, con James P. Cannon como secretario, para defender —independientemente de afiliación política— a trabajadores víctimas de casos amañados.

De Leon, Daniel (1852–1914) – Dirigió Partido Socialista del Trabajo, 1890–1914. Autor de populares folletos sobre marxismo.

Dewey, Comisión – Comisión investigadora encabezada por conocido académico norteamericano John Dewey. Celebró audiencias en México en abril de 1937 sobre acusaciones del régimen de Stalin durante los juicios amañados en Moscú de que Trotsky era "agente" del régimen nazi de Hitler y había cometido "crímenes contra el estado soviético". La comisión declaró a Trotsky no culpable.

Dobbs, Farrell (1907–83) – Se unió a la Liga Comunista de América (predecesora del PST) en 1934; fue su presidente nacional en 1949–53 y secretario nacional en 1953–72. Dirigente entre las filas en huelgas de los Teamsters de 1934; a finales de los años 30 fue dirigente central de la campaña de choferes de larga distancia que sindicalizó a más de 200 mil camioneros desde Dakota del Norte hasta Ohio. Enjuiciado, condenado y encarcelado bajo la Ley Smith durante la Segunda Guerra Mundial.

Dunne, Vincent R. (1890–1970) – Miembro de la Federación Occidental de Mineros y miembro fundador de los Obreros Industriales del Mundo (IWW) en 1905. Miembro fundador del Partido Comunista; expulsado en 1928. Dirigente fundador en 1929 de la Liga Comunista de América, predecesora del PST, y dirigente del partido hasta su muerte. Uno de los dirigentes centrales de huelgas de los Teamsters en Minneapolis en 1934. Enjuiciado, condenado y encarcelado bajo la Ley Smith durante Segunda Guerra Mundial.

Engels, Federico (1820–1895) – Fundador, junto con Carlos Marx, del movimiento obrero comunista moderno.

Goldman, Albert (1897–1960) – Dirigente del Partido Comunista en Chicago, fines de los años 20 y principios de los 30. Se unió a la Liga Comunista de América en 1933. Abogado defensor de dirigentes del PST (incluso de sí mismo) que fueron enjuiciados, condenados y encarcelados bajo la Ley Smith en 1941. Rompió políticamente con el PST en 1946.

Guchkov, Alexander (1862–1936) – Ministro de guerra en el Gobierno Provisional surgido de la revolución de febrero de 1917 en Rusia, antes del triunfo revolucionario de los soviets de trabajadores, campesinos y soldados en la revolución de octubre de 1917 dirigida por los bolcheviques.

Hague, Frank (1876–1956) – Alcalde de Jersey City, Nueva Jersey, por el Partido Demócrata, 1917–47. Conocido en los años 30 por usar policías, grupos de veteranos de guerra y esbirros de los patrones para impedir campañas de sindicalización; dirigente fascista incipiente.

Ickes, Harold (1874–1952) – Secretario del interior en administración de Roosevelt, 1933–46.

Kámenev, Lev (1883–1936) – Bolchevique desde 1903. Electo al Comité Central en 1919, miembro de Buró Político, 1917–26. Capituló ante facción dirigida por Stalin en 1928. Ejecutado durante los juicios amañados de Moscú.

Kerensky, Alexander (1882–1970) – Encabezó Gobierno Provisional antes del triunfo revolucionario de soviets de trabajadores, campesinos y soldados en la revolución de octubre de 1917 dirigida por los bolcheviques.

La Guardia, Fiorello (1882–1947) – Alcalde de Nueva York, 1934–45. En 1937 la dirección del Partido Socialista retiró a su candidato y recomendó votar por La Guardia, postulado en las fórmulas republicana y del "Partido Fusión Municipal".

Lenin, Vladímir I. (1870–1924) – Dirigente central de Partido Bolchevique en Rusia desde 1903. Dirigió a los bolcheviques en la lucha por reemplazar al régimen de capitalistas y latifundistas con soviets (consejos) de trabajadores, campesinos y soldados, octubre de 1917. Dirigente central de la república soviética de trabajadores y agricultores y de la Internacional Comunista.

Lindberg, Charles A. (1902–74) – Dirigente de aislacionista Comité América Primero, basado en una sección de la clase capitalista estadounidense que se oponía a ingresar a la Segunda Guerra Mundial.

Lloyd George, David (1863–1945) – Primer ministro británico, del Partido Liberal (1916–22).

MacDonald, Ramsay (1866–1937) – Primer ministro de Reino Unido, el primero por el Partido Laborista, 1924, 1929–31.

Marx, Carlos (1818–1883) – Fundador, junto con Federico

Engels, del movimiento obrero comunista.

Mencheviques – Facción del Partido Obrero Socialdemócrata, surgida de escisión con los bolcheviques en 1903. Se opuso a la Revolución de Octubre de 1917 dirigida por bolcheviques.

Michel, Louise (1830–1905) – Combatiente en la Comuna de Paris 1871. Capturada, enjuiciada y deportada a colonia francesa de Nueva Caledonia en Oceanía.

Mooney, Tom (1882–1942) – Organizador sindical acusado falsamente en 1916, junto con Warren K. Billings, en San Francisco por supuesto plan dinamitero. Excarcelado en 1939.

Nekrásov, Nikolai V. (1879–1940) – Viceprimer ministro del Gobierno Provisional burgués en Rusia, gobernador general de Finlandia hasta la Revolución de Octubre de 1917.

Obreros Industriales del Mundo (IWW) – Fundado en 1905 como movimiento sindical industrial revolucionario con programa anarco-sindicalista.

Oehler, Hugo (1903–83) – Dirigente de facción sectaria ultraizquierdista en el Partido de los Trabajadores, predecesor del PST.

Partido Bolchevique – Partido obrero revolucionario dirigido por V.I. Lenin; dirigió a los trabajadores y campesinos en el triunfo de la Revolución Rusa de octubre de 1917. En el congreso de 1903 del Partido Obrero Socialdemócrata Ruso fue la facción mayoritaria (bolchevique) y a partir de entonces actuó mayormente como partido independiente de la facción menchevique (minoritario).

Partido de los Agricultores y Trabajadores (Minnesota) – Fundado en 1918 como alianza de trabajadores y pequeños agricultores para defenderse de la explotación capitalista durante la Primera Guerra Mundial. Postuló candidatos independientes contra los partidos Demócrata y Republicano; sus dirigentes limitaron programa a la reforma del capitalismo. Se disolvió en el Partido Demócrata en 1944.

Partido Obrero Socialdemócrata Ruso – Fundado en 1898, antecesor del Partido Comunista de la Unión Soviética. Se dividió en 1903 en facciones bolchevique y menchevique.

Partido Social Revolucionario (Rusia) – También conocido como Partido Socialista Revolucionario. Fundado en 1900 con base entre el campesinado. Su ala derecha se opuso a la revolución de octubre de 1917. Su ala izquierda la apoyó inicialmente y se integró al gobierno de trabajadores y campesinos; luego se pasó a la contrarrevolución.

Pétain, Philippe (1856–1951) – Primer ministro del gobierno Vichy durante ocupación de Francia por el imperialismo alemán, 1940–44.

Plejánov, Jorge V. (1856–1918) – Fundador de primera organización marxista en Rusia, Emancipación del Trabajo, en 1883; autor de muchas obras sobre el marxismo. Apoyó a los mencheviques tras escisión de 1903 en el Partido Obrero Socialdemócrata Ruso. En la Primera Guerra Mundial se pronunció a favor de victoria de régimen zarista y otras potencias de la Entente contra el imperialismo alemán. Se opuso a la Revolución de Octubre.

Pokrovsky, Mijail (1868–1932) – Autor de libro sobre historia de la Revolución Rusa. Nombrado a la Academia Soviética de Ciencias en 1929 bajo Stalin.

Roosevelt, Franklin D. (1882–1945) – Presidente de Estados Unidos, demócrata, 1933–45. Apoyado como "progresista" por el Partido Comunista, el Partido Socialista y la mayoría de la cúpula sindical del CIO y la AFL.

Sacco, Nicola (1891–1927) – Inmigrante anarquista víctima de caso fabricado en 1920, junto con Bartolomeo Vanzetti, bajo cargos de asesinato y robo. Ejecutado en 1927 pese a campaña mundial dirigida por la Defensa Obrera Internacional.

Schweinhaut, Henry A. (1902–70) – Vicefiscal general en la administración Roosevelt, director de la "División de Libertades Civiles" del Departamento de Justicia. Enviado a Minnesota para dirigir la fiscalía en juicio de sedición contra dirigentes del sindicato Teamsters y del PST en 1941. Juez federal en el tribunal de apelaciones en Washington, 1944–70.

Shachtman, Max (1903–72) – Uno de los fundadores del Partido Comunista y de la Liga Comunista, antecesora del PST. Encabezó escisión de oposición pequeñoburguesa en el PST en víspera de ingreso de Estados Unidos a Segunda Guerra Mundial.

Smith, Ley ("de la mordaza") – Promulgada por Presidente Franklin Roosevelt en junio de 1940 como parte de preparativos para mandar a trabajadores estadounidenses a lo que sería la matanza imperialista de la Segunda Guerra Mundial. Aplicada por primera vez en noviembre de 1941 en juicio a dirigentes del sindicato Teamsters y del Partido Socialista de los Trabajadores. A partir de 1949 fue usada contra el Partido Comunista. Convirtió en delito federal el abogar por ideas revolucionarias.

Stalin, José (1879–1953) – Secretario general del Comité Central del Partido Comunista desde 1922. Tras la muerte de Lenin encabezó el rechazo del curso internacionalista revolucionario del PC ruso y de la Internacional Comunista. Organizó juicios amañados en los años 30 y la ejecución de la mayoría de los dirigentes bolcheviques de la época de Lenin.

Stassen, Ley Antihuelga – Ley promulgada en 1939 por el gobernador Harold Stassen de Minnesota que imponía demora de hasta 50 días antes de poder iniciar una huelga.

Tobin, Daniel (1875–1955) – Presidente del sindicato Teamsters, 1907–52. Cooperó estrechamente con la administración Roosevelt en la organización del juicio amañado contra el liderazgo con perspectiva de lucha de clases del local de Minneapolis.

Trotsky, León (1879–1940) – Se unió a los bolcheviques y fue electo al Comité Central en agosto de 1917. Dirigente central de la república soviética, del Ejército Rojo y de la Internacional Comunista. A partir de 1923 dirigió lucha en el PC ruso y la Internacional Comunista para continuar la política internacionalista de los bolcheviques; expulsado del partido en 1927; exiliado en 1929; asesinado por agentes de Stalin.

Vanzetti, Bartolomeo (1888–1927) – Inmigrante anarquista víctima de caso fabricado en 1920, junto con Nicola Sacco, bajo cargos de asesinato y robo. Ejecutado 1927 a pesar de campaña mundial dirigida por la Defensa Obrera Internacional.

Zinóviev, Grigory (1883–1936) – Miembro del Buró Político del Partido Comunista, 1921–27. Presidente de la Internacional Comunista, 1919–26. Ejecutado tras el primer juicio amañado de Moscú.

Índice

50 AÑOS DE OPERACIONES ENCUBIERTAS EN EE.UU.

Nuevo

La policía política de Washington y la clase obrera norteamericana

Larry Seigle, Farrell Dobbs, Steve Clark

Sobre la campaña política del Partido Socialista de los Trabajadores para exponer décadas de espionaje y acoso por el FBI y otras agencias policiacas federales contra organizaciones obreras y otros movimientos sociales. Explica el origen de la enorme ampliación de los poderes presidenciales y del estado de "seguridad nacional" de Washington. Incluye "La guerra imperialista y la clase trabajadora" de Farrell Dobbs. US$10. También en inglés.

NUEVA INTERNACIONAL NO. 8

PARA DEJAR CLARO EL HISTORIAL SOBRE EL FASCISMO Y LA SEGUNDA GUERRA MUNDIAL

Steve Clark, Juventud Socialista

La Segunda Guerra Mundial no fue una "guerra popular contra el fascismo". Fue varias guerras en una. Fue una masacre imperialista para redividir el mundo. Fue una guerra para defender la Unión Soviética contra intentos de las potencias capitalistas de derrocar la primera revolución socialista del mundo. Dio ímpetu a guerras de liberación nacional por todo el mundo. El libro separa los mitos de la realidad sobre las causas y los resultados de estas guerras, y muestra cómo, en medio de estas, los comunistas en Estados Unidos trazaron un curso revolucionario de lucha de clases. US$14. También en inglés.

Los Cinco Cubanos

Los Cinco Cubanos

Quiénes son, por qué les fabricaron un caso, por qué deben ser liberados

Presenta los hechos sobre la lucha mundial por la libertad de Gerardo Hernández, Ramón Labañino, Antonio Guerrero, Fernando González y René González. Muestra cómo esta batalla por defender a los Cinco es parte de la lucha de clases en EE.UU., donde millones de trabajadores conocen bien cómo las cortes y las prisiones se usan para castigar a los que rehúsan aceptar las condiciones que nos impone el capitalismo. US$5. También en inglés y francés.

Cuba y Angola
Luchando por la libertad de África y la nuestra 1975-91

Sobre la misión internacionalista cubana para ayudar al pueblo de Angola a lo largo de 16 años, en las palabras de los que hicieron esa historia, incluidos Fidel Castro, Nelson Mandela y Raúl Castro. Con un artículo especial de Gabriel García Márquez. Incluye relatos de tres de los Cinco Cubanos que combatieron en Angola. US$12. También en inglés.

www.pathfinderpress.com

¡Nuevo de Pathfinder!

Yo me muero como viví

15 acuarelas de Antonio Guerrero en el 15 aniversario del encarcelamiento de los Cinco Cubanos

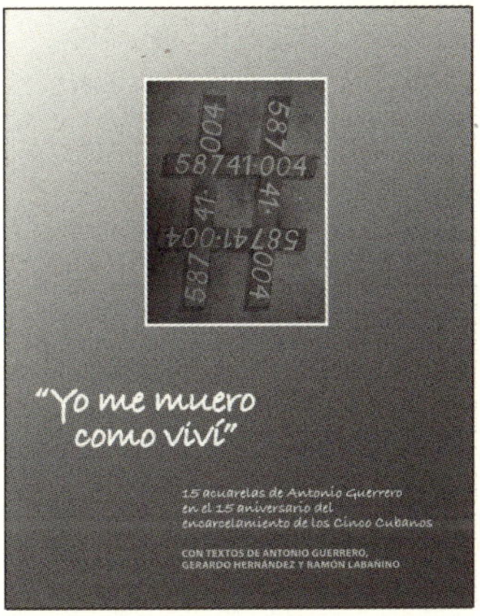

Quince pinturas que recogen gráficamente los 17 meses que los Cinco Cubanos estuvieron en el "hueco" en el Centro Federal de Detención en Miami tras su arresto en 1998. Una ventana a través de la cual los trabajadores en todas partes pueden identificarse con las batallas libradas por los Cinco y apreciar no solo su integridad, valor y creatividad sino su sentido de humor. US$7. También en inglés y persa.

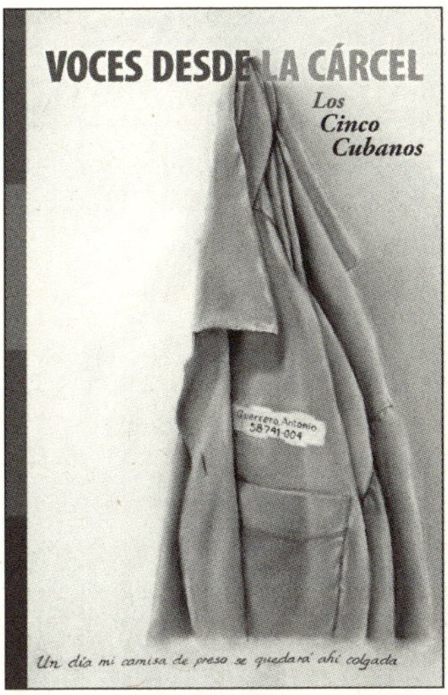

Voces desde la cárcel: Los Cinco Cubanos

La entereza y firmeza revolucionaria y la humanidad de los Cinco se perfilan en las voces que se oyen aquí. Ante todo, vemos el respeto que ellos se han ganado entre otros presos. Y por qué lo mismo sucede entre trabajadores por todas partes que han conocido en carne propia los efectos de la "justicia" capitalista. US$7. También en inglés.

www.pathfinderpress.com

LAS BATALLAS DE LOS TEAMSTERS

Rebelión Teamster
Poder Teamster
Farrell Dobbs

Farrell Dobbs, un joven trabajador que llegó a formar parte del liderazgo de lucha de clases del sindicato de los Teamsters en Minneapolis en la década de 1930, narra la historia de las huelgas y campañas de sindicalización que forjaron el movimiento sindical industrial en toda la región central de Estados Unidos. Los primeros dos de una serie de cuatro tomos escritos por un dirigente central de estas batallas y del movimiento comunista. US$19 cada uno. También en inglés, francés y sueco.

¡Pronto en español!

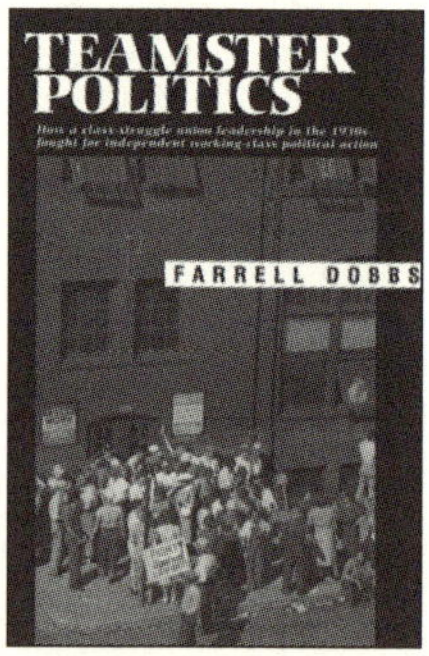

Teamster Politics
(Política Teamster)

Cómo los Teamsters de Minneapolis combatieron casos fabricados por el FBI, ayudaron a organizar a los desempleados, desplegaron una Guardia de Defensa Sindical para repeler a matones fascistas, lucharon por impulsar la acción política obrera independiente y movilizaron fuerzas contra el ingreso del imperialismo estadounidense a la Segunda Guerra Mundial. En inglés. US$19

Teamster Bureaucracy
(Burocracia Teamster)

Cómo la clase patronal, respaldada por la burocracia sindical, intensificó los intentos del gobierno de amordazar a militantes obreros; cómo trabajadores montaron una campaña mundial para liberar a 18 dirigentes sindicales y socialistas presos bajo cargos fabricados a raíz del connotado juicio federal por sedición de 1941. En inglés. US$19

www.pathfinderpress.com

AMPLÍE *su biblioteca revolucionaria*

La clase trabajadora y la transformación de la educación

El fraude de la reforma educativa bajo el capitalismo

JACK BARNES

"Hasta que se reorganice la sociedad para que la educación sea una actividad humana desde que somos muy jóvenes hasta que morimos, no habrá educación digna de la humanidad creadora y trabajadora". US$3. También en inglés, francés, sueco, islandés, persa y griego.

¿Es posible una revolución socialista en Estados Unidos?

Un debate necesario

MARY-ALICE WATERS

En dos charlas, parte de un amplio debate en la Feria del Libro de Venezuela, Waters explica por qué una revolución socialista es posible en Estados Unidos. Explica por qué las luchas revolucionarias del pueblo trabajador son inevitables: los ataques de la clase patronal, impulsados por la crisis, nos impondrán esas luchas. A medida que crece la solidaridad entre una vanguardia combativa del pueblo trabajador, se divisan ya los contornos de batallas de clases por venir. US$7. También en inglés, francés y sueco.

Fighting Racism in World War II

(La lucha contra el racismo en la Segunda Guerra Mundial)

***De las páginas del* Militant**

Un recuento de las luchas contra el racismo y el terror de las turbas linchadoras de 1939 a 1945 ante los llamados patrioteros a aplazar la resistencia hasta la "victoria" de Washington en la Segunda Guerra Mundial. Estas luchas ayudaron a sentar las bases para el movimiento de masas por los derechos de los negros en los años 50 y 60. En inglés. US$25

Malcolm X habla a la juventud

"Ustedes están viviendo en una época de revolución", dijo Malcolm a jóvenes en el Reino Unido en diciembre de 1964. "Por mi parte, me voy a unir a quien sea, no me importa del color que seas, siempre que quieras cambiar las condiciones miserables que existen en esta Tierra". Cuatro charlas y una entrevista ofrecidas a jóvenes en Ghana, el Reino Unido y Estados Unidos en los últimos meses de su vida. US$15. También en inglés y francés.

Puerto Rico:
La independencia es una necesidad

RAFAEL CANCEL MIRANDA

En dos entrevistas, el dirigente independentista puertorriqueño Cancel Miranda —uno de los cinco encarcelados por Washington por más de 25 años hasta 1979— habla sobre la realidad brutal del coloniaje norteamericano, la campaña para liberar a los presos políticos puertorriqueños, el ejemplo de la revolución socialista cubana y la lucha actual por la independencia. US$6. También en inglés.

Cuba y la revolución norteamericana que viene

JACK BARNES

La Revolución Cubana de 1959 tuvo un impacto a nivel mundial, incluso entre los trabajadores y los jóvenes en el corazón del imperialismo. A medida que avanzaba la lucha de masas por los derechos de los negros en Estados Unidos, la transformación social por la cual combatieron y que ganaron las masas trabajadoras cubanas brindó un ejemplo: de que la revolución socialista no solo es necesaria, se puede hacer y defender. Con prólogo de Mary-Alice Waters. US$10. También en inglés y francés.

WWW.PATHFINDERPRESS.COM

La historia del trotskismo americano, 1928–38

Informe de un partícipe

JAMES P. CANNON

"El trotskismo no es un nuevo movimiento, una nueva doctrina", dice Cannon, "sino la restauración, el renacimiento del marxismo genuino tal como se expuso y se practicó en la Revolución Rusa y en los primeros días de la Internacional Comunista". En 12 charlas ofrecidas en 1942, James P. Cannon relata un período decisivo en la tarea de forjar un partido proletario en Estados Unidos. US$22. También en inglés y francés.

La lucha por un partido proletario

JAMES P. CANNON

"Los trabajadores de Estados Unidos tienen fuerza suficiente para tumbar la estructura del capitalismo aquí en este país y para levantar, junto con ellos, al mundo entero cuando se yergan". Tomo complementario de *En defensa del marxismo* de León Trotsky. US$12. También en inglés.

NUEVA INTERNACIONAL NO. 6

Ha comenzado el invierno largo y caliente del capitalismo

JACK BARNES

La actual crisis capitalista global, primera etapa de lo que serán décadas de convulsiones económicas, financieras y sociales, y batallas de clases, va acompañada del cambio más grande en la política y organización militar de Washington desde los preparativos para la Segunda Guerra Mundial. Los trabajadores con disposición de lucha de clases necesitamos encarar esta histórica coyuntura del imperialismo, derivando satisfacción de "meternos en su cara" al trazar un curso revolucionario para afrontarla. US$16. También en inglés, francés, sueco y árabe.

PATHFINDER EN EL MUNDO

Visite nuestro sitio web para una lista completa de títulos
y hacer pedidos

www.pathfinderpress.com

DISTRIBUIDORES DE PATHFINDER

ESTADOS UNIDOS
(y América Latina, el Caribe y el este de Asia)

Libros Pathfinder, 306 W. 37th St., 13° piso,
Nueva York, NY 10018

CANADÁ

Libros Pathfinder, 7107 St. Denis, suite 204,
Montreal, QC, H2S 2S5

REINO UNIDO
(y Europa, África, Oriente Medio y el sur de Asia)

Libros Pathfinder, primer piso, 120 Bethnal Green Road
(entrada en Brick Lane), Londres E2 6DG

AUSTRALIA
(y el sureste de Asia y Oceanía)

Pathfinder, 1er nivel, 3/281-287 Beamish St., Campsie, NSW 2194
Dirección Postal: P.O. Box 164, Campsie, NSW 2194

NUEVA ZELANDA

Pathfinder, 188a Onehunga Mall, Onehunga, Auckland 1061
Dirección Postal: P.O. Box 3025, Auckland 1140

Súmese al Club de Lectores de Pathfinder
para obtener un 15% de descuento en todos los títulos de Pathfinder y mayores descuentos con ofertas especiales. Inscríbase en www.pathfinderpress.com o a través de los distribuidores listados arriba.